Denglisch

Elisabeth G. Schmidt

Elisabeth G. Schmidt

Denglisch

Vereindeutscht + verundeutscht + verneudeutscht

Deutschland schafft seine Sprache ab

DeBehr

Herausgeber: Verlag DeBehr, Radeberg
Erstauflage: 2013
ISBN: 9783944028569

Prolog

Denglisch – die neue offizielle Sprache für Deutsche in Deutschland?

Als ich diesen Begriff zum ersten Mal in einer Pressemitteilung las, wusste ich, wenn es so weitergeht mit der Verundeutschung unserer Muttersprache, wird Deutsch nicht mehr lange Bestand haben. Manche finden diesen Ausdruck vielleicht *cool*, ja, einige sogar *groovy*, ich jedoch finde ihn alarmierend. Das ist einfach *much too much*!

Ist Deutsch tatsächlich eine aussterbende Sprache? Wenn die Unterwanderung unserer deutschen Sprache, hauptsächlich durch Englisch oder Amerikanisch, so rasend schnell fortschreitet wie gerade in den letzten Monaten, besteht kaum noch Hoffnung, unsere Muttersprache zu erhalten. Denglisch hat sich zu einem wahren Flächenbrand ausgebreitet.

Schon als ich ein *Teenager* war – und das sind schon einige Jahrzehnte her –, hörten wir am liebsten englische oder amerikanische *Songs,* und ich frage mich, woran es liegt, dass uns diese Sprache so anzieht? Doch wir versuchten damals nicht, die gehörten Fremdwörter in unsere Sprache Deutsch zu integrieren, wie das heute so extrem der Fall ist.

Bis vor kurzem glaubte man noch, Denglisch sei eine neue Sprache der Jugend, doch mittlerweile ist diese Verunstaltung der deutschen Sprache so weit fortgeschritten, dass sie in allen Altersklassen Einzug gehalten hat. Außerdem kann man an keinem Einkaufs*center*, an keiner Einkaufsstraße – in welchem

Ort auch immer in Deutschland – vorbeigehen, ohne mit englischen oder amerikanischen Wörtern und Begriffen konfrontiert und überflutet zu werden.

Auch Kataloge, ob nun für Mode, Elektronik, Schuhe oder Möbel, sind gespickt damit. Begriffe beider Sprachen haben in allen Bereichen unseres Lebens Einzug gehalten, und es werden täglich mehr. Kaum ein Fernseh- oder Radioprogramm, eine Zeitung oder Werbung verschonen uns mit Übernahmen aus der englischen oder amerikanischen Sprache. Dieses sogenannte Denglisch verbreitet sich wie eine Epidemie, und leider scheint es kaum jemanden zu *echauffier*en. Vor allen Dingen unsere Politiker nicht, die scheint der Wandel überhaupt nicht zu interessieren.

Gerade haben wir die, wie ich glaube, hirnrissigste Rechtschreibreform der deutschen Sprache hinter uns. Schiller und Goethe würden sich im Grab herumdrehen, wüssten sie, was deutsche Sprachwissenschaftler mit der deutschen Sprache gemacht haben. Leider stelle ich immer mehr fest, dass sich nur wenige unserer Sprachwissenschaftler dafür interessieren, wie sehr unsere deutsche Sprache durch meist englische oder amerikanische, aber auch französische Wörter unterwandert und teilweise ersetzt wird. Wie selbstverständlich integrieren wir diese ausländischen Wörter in unsere deutsche Sprache und benutzen sie täglich – was absolut absurd ist, wenn dann noch eine deutsche Vorsilbe vor dieses fremdländische Wort gesetzt wird und zum Schluss eine deutsche Endung. *Chill*en, *sims*en, *blogg*en und s*urf*en sind die mit am häufigsten genutzten Wörter. Das hört sich dann so an:

- Treffen sich zwei Freunde. „Was hast du gestern gemacht?“ – „Ich war zuhause und habe eine Weile ge*blogg*t und mit meiner Schwester ge*sims*t. Danach habe ich den ganzen Nachmittag auf meiner Couch ge*chill*t. Und was hast du gemacht?“ – „Ich habe den ganzen Nachmittag und die halbe Nacht im *Computer* ge*surf*t, ein paar *Wargames* gespielt und meine *Scores* verbessert. Ich möchte es unbedingt aufs *Top* der *High Ranking Score List* schaffen.“

Ein anderes Beispiel schon gewohnter Konversation:

- „Was machst du heute Nachmittag? Kommst du mit zu Dennis? Bei ihm können wir ab*chill*en und in seinem *Computer surf*en. Sein Zimmer ist so richtig schön *chill*ig. Außerdem können wir mit seiner neuen *Playstation* spielen. Die ist super.“

Ge*chill*t, abge*chill*t, ge*blogg*t, ge*chatt*et, ge*sims*t oder ge*surf*t gibt es in der englischen oder amerikanischen Ursprungsversion überhaupt nicht. Wir haben sie ganz einfach vereindeutscht und verundeutscht, indem wir ihnen eine deutsche Vorsilbe und eine deutsche Endung verpasst haben. Aber das wird stillschweigend geduldet, und ich frage mich, warum? Zudem befürchte ich ein wenig, dass die deutschen Kinder durch das Vereindeutschen und Verundeutschen ausländischer Wörter im Erlernen dieser Fremdsprache behindert werden.

Außerdem habe ich festgestellt, dass *chill*en als etwas Positives angesehen wird, dem deutschen Wort faulenzen, was *chill*en ja auf Deutsch heißt, jedoch eher ein negativer *Touch* anhaftet. Faulenzen, einfach nur herumhängen, ist nicht typisch deutsch, denn wir Deutschen sind doch fleißig, arbeitsam und strebsam. Benutzt unsere Jugend deshalb lieber das Wort *chill*en, um kein schlechtes Gewissen zu haben?

Zudem ist diese sogenannte neudeutsche Sprache längst keine, die nur unseren *Kids* vorbehalten ist, sondern ein großer Teil dieser fremden Wörter hat sich mittlerweile fest in unserer deutschen Sprache etabliert.

Stellen wir uns einmal folgendes *Worst-Case-Szenario* vor – natürlich extrem übertrieben:

- Ein deutscher Austauschschüler ist in den USA. Gleich zu Beginn wird er von der Gastfamilie ausgefragt. Da er der Meinung ist, über sehr gute Sprachkenntnisse zu verfügen, fängt er auch gleich zu erzählen an und benutzt schon zu Beginn ein einverdeutschtes, wie er aber glaubt, perfektes englisches Wort: „Ich *have upgeload*et mein …“, doch bevor er weitersprechen kann, zückt der amerikanische Hausherr, ein absoluter Waffen*freak*, seinen Revolver. Warum? Er hatte von dem, was der Junge ihm zu erzählen versuchte, nur *loaded* richtig verstanden – also geladen – und daraufhin typisch überreagiert, indem er seine Waffe zog, denn er fühlte sich bedroht.

Es ist ja nicht nur, dass wir die deutsche Sprache durch solche Wörter verundeutschen und verunglimpfen, nein, wir schädigen damit auch gleichzeitig die englische und amerikanische Sprache aufs Schlimmste. Denn endet im Englischen *loaded* mit einem d, so hängt man in der deutschen Sprache einfach ein t ans Ende. Was im Deutschen grammatikalisch ja auch korrekt ist, doch da es kein deutsches Wort ist, müssten wir doch eigentlich die ursprüngliche Art der Schreibweise beibehalten: *loaded* statt *loade*t. Oder sehe ich das falsch? Und wir setzen noch eine deutsche Vorsilbe vor das eigentliche Verb, nämlich ge-, und schon existiert das ursprüngliche Wort überhaupt nicht mehr, wir haben ein neues „erfunden“.

Und dann ist da noch dieser Hinweis auf ein deutsches Buch, und die ganze Verunglimpfung zeigt sich in dem folgenden Satz:

- „Nun hat auch der *Trailer* des *Print*buches ein kleines *Facelifting* bekommen.“

Das diene doch alles der Globalisierung, sagte mir einmal ein Bekannter, mit dem ich darüber sprach. Globalisierung? *Up*ge*loade*t? Machen wir uns nicht einfach nur lächerlich mit der Verunglimpfung unserer und anderer Sprachen? Wieso sollte es der Globalisierung dienen, wenn wir unsere Muttersprache Deutsch durch Englisch oder Amerikanisch ersetzen?

Das diene doch Europa, meinte ein anderer Bekannter. Wie bitte soll es dem vereinten Europa dienen, wenn wir – und nur wir – unsere Muttersprache aufgeben, um nur noch englisch oder amerikanisch zu sprechen? Dieses Phänomen gibt es nämlich nur bei uns. In keinem anderen europäischen Land wird dessen Sprache so verunstaltet wie bei uns in Deutschland. Wie soll es dem vereinten Europa dienlich sein?

Ein Wort, das nur allzu gut verdeutlicht, wie wenige Deutsche eigentlich von der englischen oder der amerikanischen Sprache wissen und verstehen, ist das Substantiv *Handy*. In diesem Wort offenbaren wir die ganze Peinlichkeit dieses *Hypes,* der Deutschland befallen hat, nämlich unbedingt englisch, amerikanisch sprechen zu wollen und zu glauben, dass man nur damit *in* ist und zur Gesellschaft gehört. Es zeigt gleichzeitig aber auch das totale Unvermögen und die absolute Unkenntnis derjenigen, die diese Sprachveränderung in unserem Land vorantreiben.

Ein neues Produkt kommt auf den Markt, weltweit: ein mobiles Telefon. Während es in den englisch- oder amerikanisch sprachigen Ländern auch so genannt wird, nämlich *Mobile Phone*, *Cell Phone* oder *Cellular Phone*, kommt Deutschland auf eine vermeintlich grandiose Idee und nennt es stolz „Handy".

Handy – was ist das? Da hat Deutschland tatsächlich ein neues englisches Wort erfunden. Zwar gibt es den Begriff *handy* im englischen und amerikanischen Wortschatz, doch dieses Verb bedeutet entweder „zur Hand", „bei der Hand", „greifbar" oder „leicht erreichbar". Wenn man jedoch den Ausdruck *it comes in handy* benutzt, dann bedeutet es „gelegen kommen".

Das Substantiv Handy gibt es in der englischen oder der amerikanischen Sprache überhaupt nicht. Das gibt es nur in Deutschland. Versuchen Sie einem Ausländer zu erklären, dass Sie ihr Handy verlegt haben und es suchen, wird er nicht verstehen, was Sie ihm sagen wollen. Er wird sich nur sehr über Sie wundern.

Melden Sie nie im Ausland ihr Handy als verloren bei der Polizei. Diese könnte an Ihrem Verstand zweifeln und Maßnahmen einleiten, die nicht notwendig wären, würden Sie ihr erklären, dass Sie ihr *Cell Phone* verloren haben, oder dass es Ihnen gestohlen wurde. Verlassen Sie sich nie auf das Wort Handy – es bringt Sie global nicht weiter. *Cell Phone* oder *Mobile Phone* sind die Begriffe für das hiesige Handy, die Sie sich merken sollten. Dann versteht Sie jeder auf der ganzen Welt.

Wenn Sie *handy* den Regeln der Grammatik entsprechend unbedingt benutzen wollen, dann bitte richtig. Wie? Das sehen Sie hier:

- „Mein mobiles Telefon *comes in handy.*"

Die tatsächliche deutsche Sprache aber wird von Sprachwissenschaftlern in einer unmöglichen Art und Weise verunstaltet, angeblich um den Kindern in der Schule das Erlernen dieser Sprache zu erleichtern, aber gegen die Unterwanderung durch die englische oder amerikanische Sprache wird überhaupt nichts unternommen.

Wir können doch nicht die Qualität des zu Erlernenden in der Schule nach den schwächsten Schülern ausrichten, damit verdummen wir alle Schüler. Es gab, und es wird immer Kinder geben, die sich im Allgemeinen schwerer tun mit dem Lernen als die meisten anderen Schüler. Doch dafür aber die klügeren zu bestrafen, *sorry*, das geht doch nicht!

Tatsache ist doch, dass viel zu viele Jugendliche die Schule schwänzen, weil ihnen langweilig ist, da sie zu wenig gefordert werden. Wir sollten unseren Kindern viel mehr zutrauen und sie nicht noch mehr unterfordern. Das ist der Grund und einfach falsch.

Wie leicht Kinder eine Sprache erlernen, zeigt sich doch in der Art und Weise, wie hungrig sie nach ausländischen Begriffen sind, und wie schnell sie diese Wörter lernen und akzentfrei aussprechen. Kein Wunder, dass Deutsch dabei auf der Strecke bleibt.

Das eine oder andere Wort sei doch deutsch, werden einige Leser sagen. Daran kann man erkennen, wie vereindeutscht viele der englischen und amerikanischen, aber zum Teil auch französischen Wörter schon sind. Ich hätte *never ever* gedacht, mich angesprochen zu fühlen, einmal über so ein Thema zu schreiben.

Auf die Idee dazu kam ich, als ich mit meiner zweiundachtzigjährigen Tante einkaufen ging und sie mich mehrmals entgeistert fragte: „Kannst du mir das bitte einmal übersetzen? Du kannst doch Englisch, ich weiß nicht, was das heißen soll." Meine Tante stand vor einem großen Wühltisch, und auf dem *Flyer* darüber wurden Malerpinsel angepriesen. „Ich bräuchte so einen Satz Pinsel, weißt du, wo verschiedene Größen zusammen in einer Packung sind."

Ihr hilfloser Blick machte mich wütend, wütend darüber, dass Menschen, die der englischen Sprache nicht mächtig sind, sich kaum noch auskennen in verschiedensten Situationen und an viel zu vielen Orten in Deutschland. Eine Schande ist das! Auf dem *Flyer* stand in großen *Lettern* „Pinsel-*Set,* 5-teilig". Das Wort *Set* kannte meine Tante nicht, aber wäre „Pinselsatz, 5-

teilig“ zu lesen gewesen, hätte sie bestimmt gewusst, was gemeint war.

Es erschreckte mich aber auch, und ich erkannte in dem Augenblick, dass viel zu viele Deutsche, zum großen Teil ältere Menschen, sich nicht mehr zurechtfinden: Weil ihre Muttersprache Deutsch immer mehr verundeutscht wird, weil sie das neue Deutsch nicht mehr verstehen und sich daher ausgegrenzt und verunsichert fühlen. Und Wörter, die aber auch gar nichts mit unserer Sprache zu tun haben, werden, ohne groß darüber nachzudenken, in unsere Sprache integriert. Dass es Millionen von Deutschen gibt, die keine Fremdsprache beherrschen, wird einfach ignoriert. Gewollt?

Wenn sich Deutsche nicht mehr zurechtfinden wegen der Überflutung ihrer Muttersprache mit ausländischen Begriffen, dann stimmt etwas nicht. Es handelt sich ja um kein vorübergehendes *Phänomen*, im Gegenteil, es wächst und nimmt immer mehr zu.

Je öfter ich die Zeitung lese, und je mehr Nachrichten ich im Fernsehen höre, fällt mir auf, dass gerade die Presse uns mit englischen und amerikanischen Ausdrücken überhäuft. Was mich noch bestürzter macht, ist unsere Werbung. Da wird mittlerweile für deutsche Produkte teilweise nur noch in englischer Sprache geworben. Könnte ich ja verstehen, wenn diese Werbung auch anderswo laufen würde, aber nein, sie läuft hier in Deutschland!

Die *Slogans* für ein deutsches Automobil der oberen Preisklasse klingen so:

- *Intelligent Drive* – Mission erfüllt,

- *Collision-Prevent-Assist*-System.

Und für den *Sprint*er dieser gleichen deutschen Automarke wird wie folgt geworben:

- *Vans born to run.*

Werbung für andere deutsche Automarken:

- *Call me* Adam,
- *Say Hello to* Adam,
- Der neue E-*up* – einfach elektrisch.

Nun mag man argumentieren, dass gerade bei diesem Autobauer die Amerikaner mit*involv*iert sind, aber das ändert nichts an der Tatsache, dass diese Werbung in Deutschland ausgestrahlt wird – für ein nichtdeutsches Auto:

- *The Power to Surprise.*

Die Vermarktung eines Motorenöls klingt so:

- *It's more than just oil, it's liquid engineering.*

Weiß Otto Normalverbraucher eigentlich, was dieser *Slogan* bedeutet? Den Sinn kann auch ich kaum erkennen, wörtlich übersetzt, heißt es: „Es ist mehr als nur Öl – es ist flüssige Technik." Warum kann man nicht gleich in Deutsch werben, damit jeder versteht, was gemeint ist?

So gibt es noch unzählige Beispiele von Werbung für Produkte, in der kein einziges deutsches Wort vorkommt. Die Macher scheinen sich sehr sicher zu sein, dass die Deutschen die Waren trotzdem kaufen werden.

Ein Deo-Werbe*spo*t fordert auf:

- *Perform like a Man.*

Was könnte gemeint sein – sich wie ein Mann verhalten? Wer weiß, was dieser Werbeprofi sich dabei gedacht hat. Ob sich dieses Deo besser verkauft, würde eine deutsche Werbung gezeigt?

Ein Futter für die Katzen:

- *Perfect fit.*

Werbung für Modellbauen:

- *Build your Dream.*

Ich frage mich ernstlich, wie viel Prozent der Zuschauer wissen, um was es in folgender Werbung geht – kann das Sinn und Zweck einer guten *Promotion* sein?

- Mach dich freier – werde *reBuyer*.

Werbung für Schuhe:

- *Get the most wanted Trendsetter.*

Werbung für Winterstiefel:

- *Get your Boots on.*

Wenn ich diese Werbung schon nicht begreife, wie geht es dann den vielen anderen Menschen in Deutschland, die kein Englisch verstehen?

Ein *Flash,* der regelmäßig über die Bildschirme flimmert:

- *Gettings the best around.*

Auch diese Werbung tut das für ein deutsches Zustellunternehmen bei uns in Deutschland:

- *Excellence. Simply Delivered.*

Wissen Sie, was dieser Werbespruch bedeuten soll? Ich weiß es schon, aber woher sollen es meine Tante und andere Menschen wissen, die nie die englische Sprache erlernt haben? Sollte Werbung nicht ein Produkt anpreisen, um es besser zu vermarkten? Doch wenn keiner weiß, worum es bei diesem Produkt geht, wo liegt dann der Sinn darin? Er erschließt sich mir nicht.

Im Internet fällt mir diese Werbung auf:

- *Best of Summer and Sale*,
- *Release.* Termin steht endlich – noch vor Weihnachten können *Game*r die neue *Playstation* kaufen,
- Neues *Entertain*-Angebot – telefonieren und *surf*en im Paket,
- Ein besonderes *Feature* für Ihr Armband,
- *Secret Escapes Germany.*

Und dann sehe ich Werbung für Orte ganz in meiner Nähe:

- *Relax-Cottage* in der Eifel zu vermieten.

Soll heißen: Ein Landhaus zum Entspannen – einfach, oder? Wenn man es weiß, dann schon.

- *Truck-Spotting*-Wettbewerb an der Mosel.

Keine Ahnung, was *Truck Spotting* ist. Zählen die dort Lastkraftwagen? Nur zum besseren Verständnis: Ich wohne nicht in England oder Amerika – ich wohne in Deutschland.

Was mich zusätzlich aufregt, sind die englischen oder amerikanischen Titel der Fernsehsendungen. Man macht sich noch nicht einmal mehr die Mühe, sie ins Deutsche zu übersetzen. Ich frage mich, wie lange es wohl noch dauert, bis die Sendungen selbst nur noch im Originalton ausgestrahlt werden – unter der Prämisse, den Deutschen kann man es ruhig verkaufen, die akzeptieren alles.
Filme liegen dabei ganz weit vorne:

- *The Punishe*r – *Action*film,
- *Get Rich or die Tryin'* – *Action*film,
- *Outdoor Heroes* –Doku *Soap*,
- *Command Performance* – *Action*film,
- *The Bannen Way* – *Action*film,
- *Set Up* – *Action*film,
- *Mission: Impossible* – Agentenfilm,
- *Sydney White* – Liebeskomödie,
- *Bad Teacher* – Komödie,
- *Black Sheep* – *Horror*film,
- *Freakdog* – *Horror*film,
- *Jennifer's Body* – *Thriller*,

- *Tiger & Dragon – Fantasy*film,
- *The Fighter* – Drama,
- *Soundtrack for a Revolution* – Dokumentation,
- *Do the Right Thing* – Drama,
- *Final Destination* – Horrorfilm,
- Tina – *What's Love Got to Do with It*? – Drama,
- *World Invasion: Battle Los Angeles – Science-Fiction-*Film,
- *X-Man – Comicadaption.*

Comicadaption? Was für eine Art Film ist das denn? Sehen sich deutsche Zuschauer wirklich Filme an, von denen sie nicht wissen, um was es dabei geht?

Wenn ja, warum tun sie so etwas? Aus Langeweile etwa oder weil ihnen nicht genug Auswahl an deutschen Filmen angeboten wird, und weil sie gar keine andere Wahl haben, als sich diese amerikanischen *Movies* anzusehen?

Oder nehmen wir deutsche *Daily Soaps* und Serien, denen man von vornherein schon gar keine deutschen Titel mehr gibt:

- *X-Diaries – love, sun & fun*,
- *Family Stories,*
- *Doctor's Diary,*
- *Undercover Boss,*
- *Crime*-Doku.

Fragen Sie mich bitte nicht, was diese *Soaps* beinhalten, und worum es dabei im Einzelnen geht – ich habe nämlich nicht die geringste Ahnung. Die Serie *Undercover Boss* habe ich mir ein-, zweimal angesehen, und sie ist nicht schlecht: ein Chef, der unerkannt seine Untergebenen ausspioniert, aber auf positive Art und Weise und meistens mit *Happy End* für die Angestellten.

Es gibt deutsche *Soaps* mit wenigstens ein paar deutschen Wörtern im Titel:

- *Goodbye* Deutschland,
- *Wild Girls* auf *High Heels* durch Afrika,
- *Teenie*mütter.

Neue deutsche Unterhaltungs*shows*, die teilweise von den USA übernommen wurden, haben der Einfachheit halber und sorglos gleich ihre englischen oder amerikanischen Titel beibehalten. Ich finde, es besteht absolut kein Grund, sie nicht in die deutsche Sprache zu übersetzen, nämlich um diese Sendungen für alle deutschsprechenden Zuschauer verständlicher zu machen.

Hier einige Beispiele belassener Originaltitel:

- *Pool Champions*,
- *The biggest Loser*,
- *Catch the Millionaire – Money makes the world go round*,
- *Clash! Boom! Bang!*,
- *Cash Crash – VIP Edition*.

Selbst die öffentlich-rechtlichen Sender scheuen sich nicht, englische oder amerikanische Wörter zu benutzen:

- ZDF-*History*,
- Hart aber *fair*,
- Sport*club History*,

- (R)echt *clever*.

Sie schrecken auch nicht davor zurück, einige der täglichen deutschen Fernseh-Produktionen als *Daily Soap* oder *Telenovela* anzupreisen.

Zu guter Letzt noch die Nachrichten, die längst auf vielen Sendern unter *News* bekanntgegeben werden:

- *Late News*,
- *Newstime*,
- *Newsticker.*

Auch die *Boulevard*-Magazine geben sich fast nur noch englische oder amerikanische Namen:

- *red! Stars, Lifestyle & More.*

Man könnte glauben, wir befinden uns in Amerika!

Da ich hier nicht mit grammatikalischen Beispielen und Begriffen langweiligen will, habe ich in der nachfolgenden, alltäglichen, aber fiktiven Geschichte aufgeführt, wie sehr unsere deutsche Sprache schon von ausländischen Begriffen und Wörtern durchsetzt und zum Teil ersetzt ist, und wie selbstverständlich wir die Übernahme dieser Wörter und Begriffe in unsere deutsche Sprache akzeptiert haben. Ich habe alle ausländischen Wörter, die wir, ohne groß darüber nachzudenken, in den deutschen Sprachgebrauch übernommen haben, von Beginn an kursiv gekennzeichnet, um darzulegen, wie unterlaufen unsere deutsche Sprache schon ist.

Und auch gegenwärtig übernehmen wir, sozusagen im Schnelldurchgang, weitere nichtdeutsche Wörter und verundeutschen und vereindeutschen sie in unsere Sprache: sozusagen ein *Happening* mit *Open-End*.

Natürlich kann ich in diesem Buch nicht alle Fremdwörter, sogenannte „neudeutsche“ Begriffe, aufführen. Die, die ich in meinem Werk beleuchtet habe, sind *quasi* die Spitze des Eisbergs, aber die hier gezeigten Beispiele bieten einen erschreckenden Überblick über das Ausmaß der Unterwanderung unserer deutschen Sprache. Manche dieser Wörter sind uns schon so vertraut, dass wir sie überhaupt nicht mehr als Fremdwörter ansehen:

- *Toast*,
- *Grill*,
- *Ketchup*,
- *Spray*,
- *Top*,
- *Know-how*,
- *Baby*,
- *Manager*,
- *Top Secret*,
- *Stress*,
- *Blazer*,
- *Lifting*,
- *Import*,
- *Export*,
- *Playback*,

- *Pokerface,*
- *Picknick,*
- *Revue,*
- *Flirt,*
- *Clown,*
- *okay,*
- *Love.*

Auch ganze Sprüche sind uns schon geläufig:

- *Big Brother is watching you,*
- *Learning by doing,*
- *Give me five,*
- *Sex sells,*
- *Money makes the world go round,*
- *Nobody is perfect,*
- *Don't worry, be happy,*
- *Take it easy,*
- *Never give up,*
- *What goes around comes around,*
- *Keep smiling,*
- *Up to date,*
- *The American Way of Life.*

Und wenn der Fotograf *Cheese* sagt, wissen wir selbstverständlich, dass wir lächeln sollen.

Einige Menschen, mit denen ich über die Verunglimpfung unserer deutschen Sprache diskutierte, sagten mir, man müsse schließlich mit der Zeit gehen, *in* sein. Hallo? Mit der Zeit gehen, um jeden Preis, der Globalisierung zuliebe? Um den Preis meiner Muttersprache Deutsch? Nein, das sehe ich nicht ein, da bin und bleibe ich lieber *out*.

Immer öfter frage ich mich, soll Deutsch durch die Weltsprache Englisch ersetzt werden – für die Vision von einem Vereinten Europa? Für die Globalisierung? Angeblich wird unsere Sprache durch diese vielen englischen und amerikanischen Begriffe bereichert. Nein, deutsche Wörter werden durch diese ersetzt, ja, sogar verunstaltet!

Bei uns, in einem Land, in dem bei der sogenannten „Beamtensprache“, ein *Relikt* aus längst vergangener Zeit, das „Allzeit-Gestrige“ noch immer allgegenwärtig ist und Kinder in dieser ganz speziellen Sprache als „Abkömmlinge“ bezeichnet werden, wächst eine neue Sprache heran, nämlich Denglisch. Der *Clou* daran ist, dass moderne Eltern ihre Kinder heutzutage *Kids* oder *Kiddies* nennen – genauso unangebracht wie „Abkömmlinge“, aber dieses Beispiel zeigt deutlich, wie groß die sprachliche Kluft schon vorangeschritten ist, und wie weit sie bereits auseinander*driftet*.

Da gibt es auch bei allem *goodwill* nichts schönzureden. Kinder können sich nicht dagegen wehren, wir Erwachsene schon.

Da ich nicht alle englischen oder amerikanischen Wörter und Begriffe, die wir mittlerweile in unseren alltäglichen Sprachgebrauch übernommen haben und die wir wie selbstverständlich benutzen, in die folgende kleine *Story* einfügen konnte, ließ es sich leider nicht vermeiden, an diese Geschichte einige Aufzählungen anzufügen, um zu verdeutlichen, wie groß die Überflutung schon ist.

Ich möchte mit diesem Buch erreichen, dass sich die Deutschen jedes Mal, wenn sie einen dieser *In*-Begriffe benutzen, bewusst sind, dass sie in diesem Moment ihre eigene Muttersprache verraten. Vielleicht können wir so Denglisch ein wenig reduzieren und aufhalten – das alleine wäre schon ein Erfolg.

Kapitel 1
Ein ganz normaler Tag

Nachdem ich fast ausgeschlafen habe, werde ich durch den extrem lauten und durchdringenden Ton meines Weckers aus meinen Träumen gerissen. Sofort nach dem grellen *Sound* schaltet mein Radiowecker automatisch auf meinen Lieblingssender um, und ich höre einen *Oldie*, der zum Träumen einlädt. *Wind of Change* – ich liebe diesen *Song* und die *Message*, die er beinhaltet.

Während ich den romantischen Klängen lausche, denke ich unwillkürlich an meinen letzten *All-inclusive*-Kurz*trip* auf eine kleine Insel …

Meine beste Freundin und ich hatten uns ein paar Wochen zuvor aus einer Laune heraus *Last-Minute*-Prospekte angesehen und umgehend das *Rail-&-Fly*-Angebot eines Reiseveranstalters genutzt, um uns ein paar Tage vom *stress*igen Alltag zu erholen. Es war keiner dieser *design*ten Urlaube von Reiseveranstaltern, sondern ein kurzer Individualurlaub mit einem verlockenden *All-you-can-eat*-Angebot.

Ich selbst hatte großes Interesse an einem *Adventure-Trip*, aber meine Freundin war dafür nicht zu haben. Sie wollte keinen *Stress* im Urlaub.

Am Morgen der Abreise fuhren wir schon früh mit dem *Intercity* direkt zum nächstgelegenen *Airport* und *check*ten unsere Koffer am *Counter* unserer *Airline* ein. Überraschend schnell erhielten wir unsere Flug*tickets*, und wir begaben uns anschließend ins Passagier*terminal*.

Während wir dort darauf warteten, ins Flugzeug einge*check*t zu werden, bemerkte ich ein anderes Flugzeug, das augenscheinlich einen *touch-and-go* nach dem anderen flog. Immer wieder setzte es auf, stieg sofort wieder hoch, flog eine Schleife und versuchte, erneut zu landen. „Sicher ein Pilot in der Ausbildung, der Landungen übt“, dachte ich mir.

Ehe wir es uns versahen, bekamen wir unsere *Boarding Passes*, und dann saßen wir auch schon im Flugzeug. Natürlich gab es bei diesem Flug keine *First Class,* geschweige denn *Businnes Class*. Es waren nur enge *Economy-Class*-Sitze vorhanden, aber trotzdem war es war keiner dieser Billigflieger, sondern eine Fluggesellschaft der *Star Alliance*, ein Zusammenschluss mehrerer *Airlines*, die an einem gemeinsamen Werbeprogramm teilnehmen: *Miles & More,* was bedeutet, dass der Passagier für jede geflogene Meile mit diesen *Airlines* Punkte gutgeschrieben bekommt, und wenn er genug Punkte hat, einen Flug entweder umsonst oder sehr günstig bekommt. So einen *Service* können *Low Cost Carrier* nicht bieten.

Außer meinem *Bordcase* dufte ich auch noch meine Handtasche mitnehmen, was bei Billig-*Airlines* nicht erlaubt ist. Der *Service* an *Bord* war ausgezeichnet. Die netten *Stewardessen* – mittlerweile nennt man sie tatsächlich Flugbegleiter – waren sehr bemüht, die Passagiere zufrieden zu stellen, und wir flogen *nonstop* zu unserem Ferienziel.

Als meine Freundin und ich verreisten, gab es noch keine Diskussion darüber, ob unser Flugzeug mit einem Ozon-*Converter* ausgestattet ist oder nicht. Heute wird ein großes Theater darum gemacht, und die *News* darüber füllen die Schlagzeilen in den Medien.

Nach der Ankunft wurden wir schon erwartet und mit einem *Shuttle*bus direkt zu unserem Hotel gefahren. Selbstverständlich konnten wir nicht erwarten, bei dieser *Last-Minute*-Reise in einer luxuriösen *Suite* untergebracht zu werden, doch unser gemeinsames Zimmer war überraschend groß und komfortabel. Auch die Qualität des *Housekeepings* war bemerkenswert, denn es war kein Staubkörnchen zu entdecken, und die Laken auf den Betten waren glatt gezogen und blütenweiß. Wir waren tatsächlich in einem *First-Class*-Hotel untergebracht.

Am ersten Tag auf der Insel unternahmen wir eine kombinierte *Sightseeing*-und-*Shopping-Tour*, und ich denke noch mit Schaudern an den *Tour Guide* zurück, der ununterbrochen von den Sehenswürdigkeiten, an denen wir vorbeifuhren, plapperte.

Ich kann die Urlauber nicht verstehen, die eine Reise zum Meer buchen, und die dann den ganzen Tag am hoteleigenen *Swimmingpool* verbringen, um sich in der Sonne braten zu lassen. So ein Urlaub wäre nichts für mich.

Den zweiten Tag verbrachten wir nur am Strand, sahen den *Beachvolleyball*-Spielern und den *Surfer*n zu, *chill*ten und sammelten so Kraft für den nervigen *Job* zuhause. Mit Schmunzeln beobachteten wir zwei ziemlich füllige, schon etwas in die Jahre gekommene *Ladies* mit ihren *Toy Boys*, die sich direkt auf den beiden Liegen neben uns niedergelassen hatten.

Die jungen *Callboys* fingen an, die breiten Rücken der Damen einzucremen, und einer von ihnen stöhnte „Mama *mia*" so laut, dass wir es hören konnten. Sehnsüchtig und etwas neidisch sahen sie anderen jungen Männern zu, die sich gekonnt in Szene setzten, indem sie mit ihren *Surf*brettern waghalsige *Manöver* auf den Wellen vollführten und dafür bewundernde Blicke von den zum Teil sehr jungen Urlauberinnen ernteten.

Diese Insel ist ein wahres Paradies und ein weltbekanntes *Eldorado* für *Surfer* aus aller Welt.

Mit Wehmut dachte ich an meinen Freund und an unseren letzten Urlaub, den wir gemeinsam auf einer anderen, weit entfernteren kleinen Insel verbracht hatten. Während er stundenlang mit seinem *Kite surft*e, lag ich auf meiner Sonnenliege und sah ihm dabei zu. Ich war allerdings nicht die Einzige, die seinen gestählten *Body* bewunderte. Am liebsten hätte ich den anderen Frauen, die ihm hinterhersahen, „*Hands off*, das ist mein *Lover*" zugerufen. Ich vermisse ihn sehr und freue mich schon auf unseren nächsten gemeinsamen Urlaub.

Zu Beginn unserer Beziehung bestand mein Freund darauf, wenigstens einmal im Jahr zusammen mit ihm und anderen *Camping*freunden für eine Woche zu *campen*. Extra für diesen *Camping Trip* hatte er für uns beide die neuesten und supermodernsten Schlafsäcke, sogenannte *Body Bags* gekauft. „Ach, habt ihr auch die Leichensäcke?", scherzten seine Freunde, als wir unsere Schlafsäcke auspackten. Was mein Freund nicht gewusst hatte, war, dass der Begriff *Body Bags* in Amerika

Leichensäcke bedeutet. Dieser Umstand half mir nicht gerade, mich mit *Campen* anzufreunden, im Gegenteil.

Während dieser *Camping*woche gingen mein Freund und zwei seiner anderen Freunde einem Kombisport nach, der mir Angst einflößte. Diese gefährlichen Freizeitvergnügen nennen sich *Canyoning*, *Rafting*, *Caving* und *Trekking*. Das bedeutet unter anderem steile Schluchten erklettern, wilde Wasser mit einem Boot befahren und andere gefährliche Dinge. Regelmäßig an einem Tag dieses Campingurlaubes mieteten sie sich außerdem ein *Off-road Vehicle* und fuhren damit in unzugängliche Gebiete. Ich stand jedes Mal große Ängste um ihn aus, obwohl mein Freund mir immer wieder versicherte, dass *Safety first* stets an erster Stelle für ihn stand.

An einem der Abende gingen wir stets in ein nahe gelegenes *Restaurant*, um uns über das *All-you-can-eat-Buffet* im wahrsten Sinne des Wortes herzumachen. Alleine wegen dieses *Buffets* konnte ich einem *Campingurlaub* auch ein bisschen Positives abgewinnen.

Als mein Freund bemerkte, wie schwer es mir fiel, an dieser Art Urlaub Freude zu finden, und nachdem einige dieser Freunde zwischenzeitlich Familien gegründet hatten und kein Interesse mehr an dem gemeinsamen *Camping*urlaub und dem gefährlichen Kombisport zeigten, gab auch mein Freund ihn, sehr zu meiner Freude, auf. Noch einmal danach versuchte er, mich mit *Caravaning* von dieser Freizeitgestaltung zu überzeugen, aber es war zwecklos.

Um ihm eine Freude zu bereiten, wollte ich vor einem Jahr ein *Glamping Weekend* buchen, also eine *glamouröse* Art des *Campings*, doch mit einer solchen *Outdoor*-Reise konnte ich ihm wiederum keine Freude bereiten. „*Forget it*“, meinte er freundlich, „entweder richtig *camp*en oder überhaupt nicht.“ Seitdem haben wir nie mehr ge*camp*t, und ich muss sagen, es macht mich nicht wirklich traurig.

Meine Freundin, die mich auf den Kurz*trip* begleitete, ist zurzeit *Single*. Um einen neuen Mann kennen zu lernen, hatte sie vor kurzem an einem sogenannten *Speed Dating* teilgenommen, was sich aber als großer *Flop* entpuppte. Sie war ziemlich enttäuscht davon. Als *Single-Mom* hat sie es sowieso schwer, einen neuen Partner zu finden. Dabei ist ihre kleine Tochter, so wie jetzt auch, viel bei Oma und Opa und fühlt sich auch sehr wohl dort.

Abends besuchten wir die hoteleigene Bar. Während ich meinen *Longdrink* genoss, schlürfte meine Freundin ihren *Aperitif.* Andere Gäste nippten an ihren *Cocktails,* und wir lauschten der *One-Man-Show* eines ganz passablen Sängers. Er lieferte zwar keine *Performance par excellence*, doch sein Gesang war recht ansprechend. Danach gingen wir relativ früh zu Bett, da wir uns für den nächsten Morgen im *Spa*-Bereich angemeldet hatten.

Das Hotel verfügte über eine richtige *Beauty*- und *Wellness*-Oase, und wir wollten uns einmal so richtig verwöhnen lassen, bevor es spät abends mit dem Flugzeug wieder zurück nach Hause ging. Selbstverständlich hatte meine Freundin, ein Foto*freak,* wieder einmal alles mit ihrem *Camcorder* festgehalten –

vor allen Dingen, als ich ein Gesichts*peeling* erhielt und unter der dick aufgetragenen *Peeling-Lotion* kaum noch zu erkennen war. Anschließend erhielt ich von einer *Wellness-Masseurin* eine *Touch-to-Relax*-Massage, gefolgt von einer *Hot-Stone*-Therapie, während sich meine Freundin unterdessen mit einer *Hot-Chocolate*-Massage verwöhnen ließ. Wir fühlten uns ausgesprochen wohl dabei.

Während ich zwei Stunden vor der geplanten Abreise gemütlich in einem Bistro, meinem persönlichen *Hotspot* auf der Insel, noch einen *Cappuccino* genoss und überlegte, was ich meiner Mutter als kleines *Souvenir* von dieser Kurzreise mitbringen könnte, saß meine Freundin im *Foyer* unseres Hotels, das ziemlich bekannt dafür ist, dass viele Prominente dort absteigen, und wartete ungeduldig auf *Celebrities*, also berühmte Menschen, die meist in einem *Oldtimer* mit *Chauffeur* vom Flughafen abgeholt und zum Hotel gebracht werden.

Hatte sie dann endlich die *VIPs,* die *Very Important People,* erspäht – oft sind diese *Stars* umrahmt von mehreren *Bodyguards* –, setzte sie so schnell wie möglich ihre *Eye Tracking Camera* auf, die über einen *Zoom* verfügte, mit der sie die Stars so nahe an sich heran*zoom*en konnte, dass es so aussah, als ständen sie direkt vor ihr. Aber sie lief ihnen auch nach, um sie zu filmen, und hoffte stets, dabei ein *Interview* zu erhalten. Anschließend sah sie sich diese Aufnahmen auf dem *Laptop* in ihrem Zimmer an und war *happy*.

Sie lebt davon, dass sie Aufnahmen und dazugehörige *Interviews* nach Rückkehr verschiedenen Fernsehanstalten und einschlägigen Magazinen verkauft. Dabei hofft sie natürlich immer auf einen guten *Deal,* und nur derjenige Interessent, der am meisten bezahlt, bekommt am Ende die Aufnahmen von ihr.

Doch bevor ich weiter von den erholsamen Tagen träumen kann, wird der wunderschöne *Song* aus meinem Radiowecker neben meinem Bett jäh durch den marktschreierischen Werbeblock eines bekannten Möbelherstellers und *Designers* unterbrochen. „*Upgrade your home*", schallt es mir aus meinem Radio entgegen. „*Home Staging* – wir kommen, wenn Sie Ihre Wohnung in Szene setzen wollen."

Und ohne eine Pause geht es weiter.

„*Last Summer Days* – viele Sommer*highlights* radikal reduziert. Verpassen Sie nicht die neue Sendung *Flirt Coach*, heute Abend, einundzwanzig Uhr. Und noch ein Hinweis: Heute und morgen beteiligen sich viele *Online-Shops* an einem großen *Wild Sale* – das dürfen Sie sich auf keinen Fall entgehen lassen."

Ehe ich mich umdrehen kann, folgt schon *Invisible for black and white*, ein Werbe*blog* für ein *Deodorant*. Als dann die Anleitung für das *Fitness* zum Frühstück aus dem Radio schallt, mache ich es schnell aus, an diesem Morgen fällt es mir extrem schwer, aus meinem Bett zu kommen.

Immer wenn mein Freund auf Dienstreisen ist, und ich bin alleine zu Hause, langweile ich mich meistens abends und *zappe* mich durch die Fernsehprogramme, um mich etwas abzulenken. Normalerweise stehe ich nicht auf Sendungen wie *Sitcoms* oder *Blockbusters* wie *Two and a Half Men* oder *The Big Bang*

Theory. Auch *Mike & Molly* sowie *How I met Your Mother, Scrubs,* oder *Family Guy* sehe ich mir sonst nie an.

Gestern Abend fühlte ich mich so alleine, dass ich mich sogar für kurze Zeit mit *Comedy*serien wie *Suburgatory*, *New Girl* und *The New Normal* von meiner Einsamkeit abzulenken versuchte – vergebens. *Mystery*serien, *Action*filme, *Fantasy*filme sowie *Science-Fiction Movies* helfen mir auch bei der schlimmsten Einsamkeit nicht. Doku-*Soaps* und *Talkshows* langweilen mich eher, und daher *zapp*te ich schnell weiter. Kurz nach Mitternacht hörte ich noch den *Breaking News* des Infomagazins *News & Stories* zu und schlief dann sehr spät erst ein.

Höchste Zeit, endlich aufzustehen, um mich für meinen *Job* heute bereit zu machen! Der war ursprünglich als *Home Office Job* ausgeschrieben, doch da ich lieber unter Menschen bin, hatte ich meinen neuen *Boss* schnell davon überzeugt, dass ich viel effektiver in einem Büro in seiner Firma arbeiten würde als alleine zuhause. Aber heute, wo ich so müde bin, bereue ich, dass ich nicht von daheim aus arbeiten kann.

Ich ziehe mein *Sleepshirt* aus. Ist mein Freund hier, schlafe ich entweder in einem *Pyjama*, *Shorty*, einem raffinierten, durchsichtigen *Negligé* oder in einem *sexy Babydoll* – ein modischer, kurzer Schlafanzug, der gerade seine *Renaissance* erlebt, und den mein Freund ganz besonders mag. Ich rasiere meine Achseln mit meinem *Ladyshaver*, *Waxing* ist einfach zu schmerzhaft unter den Armen, das mache ich nur bei meinen Beinen. Nach einer ausgiebigen Dusche mit meiner bevorzugten *Cashmere Moments Shower Lotion* wasche ich mir meine Haare mit einem *Oil Repair Shampoo*.

Bis vor kurzem trug ich meine Haare noch sehr lang und um ihnen mehr Volumen zu verleihen, hatte ich mir von meinem *Friseur Extensions* einfügen lassen. Die Pflege war extrem zeitaufwendig, aber nun mit meinen kurzen Haaren geht alles viel schneller. Eigentlich sind meine Haare blond, doch seit ich sie mit einem leichten *Touch* von rot gefärbt habe, sehen sie viel *trend*iger aus.

Meine *Haircare*-Produkte sind vielfältig. Es gab Zeiten, da war ich mit meinen Haaren etwas experimentierfreudiger. Ich färbte sie regelmäßig mit einer *Color Mask*, jeweils in einer anderen Farbe. Doch diese wilden Zeiten sind längst Vergangenheit. Jetzt pflege ich meine Haare regelmäßig mit einem *Hair Conditioner* und frische die Farbe mit einem *Re-nature-Shampoo for natural Colors* auf, doch nicht heute, sonst wird die Zeit zu knapp. Die Werbung *Special Hair Care for you* ist sichtlich bei mir auf offene Ohren getroffen.

Für mein Gesicht benutze ich regelmäßig einen *Cleansing Conditioner*, der meine viel zu großen Poren schließt und mir ein frisches Aussehen gibt. Abends trage ich immer eine *Facial Mask* auf, die meine Haut beruhigt und gleichzeitig pflegt. Anschließend creme ich meinen ganzen Körper mit einer wohlriechenden *Bodylotion* ein.

Ich könnte auch eine *Soft*pflegecreme oder eine *Bodymilk* benutzen, aber die fetten zu stark, und die benutze ich meist nur am Wochenende. Manchmal benutze ich aber auch eine *High-Tolerance*- Creme für sensible Haut, aber eher selten. Ich besitze mehrere verschiedene *Care*-Produkte für meine Haut und wechsle fast täglich deren Anwendung.

Zu guter Letzt benutze ich heute noch ein *Roll-on*-Deodorant und binde ein Handtuch um meine nassen Haare, schlüpfe in meinen Bademantel und in meine *Hot-Socks*-Wärme-*Slippers*, die ich für einige Minuten in der Mikrowelle erhitzt habe, laufe die Treppen hinunter und hole die Zeitung aus dem Kasten.

Jetzt bereite ich mir mein Frühstück zu. Die Wahl fällt mir wirklich nicht leicht, da ich eine große Auswahl habe: *Cornflakes* – die mein Freund so mag –, reine Frühstücks*cerealien*, *Choko Crunchy*, knackiger *Toast* mit Honig aus dem funktionellen Plastik-*Squeezer* oder ein *Crunchy*-Müsli. Ich wähle die *Cornflakes*, schiebe noch schnell ein *Coffee Pad* in meine Kaffeemaschine und schlage die Zeitung auf, die ich, während ich frühstücke, flüchtig durchlesen will.

Es gibt auch Tage, da bereite ich mir morgens eine Tasse *Instant*-Tee oder *Instant*-Kaffee zu, aber das mache ich nur, wenn ich wirklich in Eile bin.

Als Erstes springen mir die Schlagzeilen der heutigen Ausgabe in die Augen:

- Die Band ist *fit* für das morgige *Festival*,
- Offene *Inhouse*-Seminare für Betriebsräte geplant,
- Grausamer Fall von *Animal Hording* entdeckt,
- *Ressourc*en im Müll besser nutzen,
- *Aquajogging* immer beliebter,

- Spanische Schauspieler wollen, dass Heimatstadt wieder zum *Hotspot* der Schönen und Reichen wird,
- Betrunkener Verkehrs*rowdy* verursacht schweren Verkehrsunfall und begeht anschließend Fahrerflucht,
- Das *Shooting* war ein voller Erfolg,
- Eine deutsche Schlagersängerin, die *Godmother of Punk*,
- *Miss* und *Mister* Handwerk gesucht,
- Neuer *Coach* für unser Fußball*team* stellt sich heute vor,
- Wenn diese Voraussage wirklich eintrifft, ist das *Horror-Szenario* perfekt,
- In unserer Stadt wird demnächst ein neues *Hardrock-Café* eröffnet,
- Verloren geglaubter *Teddy* sorgt für *Happy End*,
- *Entourage* des *Teenie Stars* soll einen Mann blutig geschlagen haben,
- Neue Flüchtlings-*Soap* bei den Öffentlich-Rechtlichen in der Kritik,
- An diesem Wochenende wieder *Horror*-Nächte und *Monster*-Kampf,
- Wurde die Prinzessin doch ermordet?,
- *No comment* aus dem Königshaus,
- Die Herzogin zeigt ganz *relax*t ihren *After-Baby-Body.*

Die Einleitung eines Artikels liest sich so:

Ganz schön *cool*! Die *Queen* trägt jetzt eine 3-D-Brille. Mit eigens dafür *design*ter *Queen*-Brille testete sie die Wirkung dieser *cool*en Brille sofort selbst. Leider konnte sie nicht zur Mitternachtsmesse, denn sie hatte einen Schnupfen. Darüber war sie überhaupt nicht *amused*.

Auf den Werbeseiten suche ich vergebens nach einem preiswerten *Outdoor-Navigations-System* mit *Open-Street- Map*-Karten, das sich mein Freund zum Geburtstag wünscht. Ich nehme mir aber vor, heute nach der Arbeit in einem Geschäft in der *City* danach zu suchen.

Nachdem ich fertig gefrühstückt habe, putze ich ausgiebig meine Zähne und stelle dabei fest, dass es wieder einmal Zeit ist, einen Termin bei meinem Zahnarzt zu machen, um meine Zähne *bleech*en zu lassen. Anschließend föhne ich meine Haare und *style* sie mit Haargel. Danach trage ich ein leichtes *Foundation* auf, betone meine Lippen mit einem schimmernden *Lipgloss* und verlängere meine Wimpern mit einer dunklen *Mascara*. Zum Schluss noch etwas *Rouge* auf meine Wangen und ein paar feine Striche mit meinem *Eyeliner,* und mein *Make-up* ist beendet. Im Gegensatz zu einer meiner Kolleginnen, die ein *Permanent Make-up* trägt und aussieht, als ob ihr Gesicht schon einige Male ge*lifte*t worden sei, und daher jeden Tag gleich wirkt, schminke ich mich jeden Morgen neu.

Ich schnuppere noch schnell an der *Aftershave Lotion* meines Freundes, die ziemlich verlassen neben meinen Schminkutensilien steht. Ich liebe diesen Duft und fühle wieder einmal, wie sehr mir mein Liebster fehlt. Jetzt nur noch ein paar Tropfen *Eau de Cologne* hinter meine Ohren und auf die Innenseiten meiner Unterarme, und meine Morgen*toilette* ist beendet.

Jetzt stehe ich vor der schweren Wahl des *Outfits* für den heutigen Tag. Mein neuer Kleiderschrank mit seiner *Soft-Closing*-Technik der Türen birgt eine große Auswahl an *Jeans*, *Sweatshirts*, *Sportswear*, *Leggings* sowie *Boots*. Doch die sind in der Position, die ich bekleide, ein absolutes *No-Go*, aber ein *Slip* sowie ein *Push-up Bra* und ein weißes *T-Shirt* sind erlaubt.

String Tangas oder *Jazz Pants* trage ich nur, wenn ich mit meinen *Girls* ausgehe oder, was selten genug der Fall ist, einmal eine *Disco* besuche. Ich gehe nicht mehr allzu gerne dorthin, seitdem sie mit diesen intensiven und manchmal peinlichen *Bodychecks* an der Eingangstür begonnen haben. Sicher, es sind weibliche *Securities*, die die *Checks* durchführen, trotzdem ist es mir unangenehm, wenn ihre Finger über meinen *Body* gleiten.

Auch die Musik, die seit kurzem von den *Discjockeys* aufgelegt wird, ist nicht so ganz nach meinem Geschmack. Vielleicht werde ich aber langsam einfach zu alt für solche Dinge.

Während ich meine Schublade nach einem passenden *Slip* durchforsche, streift mein Blick die Bermuda-*Shorts* und die *Retropants* meines Freundes, die genau neben meinen *Slips* und meinen restlichen *Dessous* liegen. Ein Fach darüber liegen seine *T-Shirts* und *Pyjamas*. Wieder steigen eine leichte Wehmut und eine große Sehnsucht nach ihm in mir auf. Ich vermisse ihn so sehr. Aber es nützt nichts, ich muss mich fertig anziehen.

Eine leichte *Stretch*hose mit farblich abgestimmtem *Top* und *High Heels* vollenden mein *Outfit* für den heutigen Tag. Für den Fall, dass es nachmittags kühler wird, so wie vorhergesagt, nehme ich mir vorsorglich noch einen *Blazer* mit. Ich würde ja nur allzu gerne meine neuen, *topstyl*ischen *Jeans* anziehen, aber zu Beginn meiner Tätigkeit in dieser Firma hatte ich mir einen dicken *Fauxpax* geleistet, den ich nie wieder machen werde.

Gleich am zweiten Tag erschien ich in einer *bleached Jeans* und einem *pink*farbenen *Sweatshirt* zur Arbeit und wurde mehr oder weniger diskret darauf hingewiesen, dass diese Art der Bekleidung äußerst unangebracht und nicht erwünscht sei. Wörtlich sagte mir eine Kollegin, ein wenig süffisant: „Meine Liebe, wir finden, Sie sind etwas *underdressed*“, und rauschte davon. Natürlich war ich peinlich berührt von dieser Aussage und bemühte mich fortan, eleganter gekleidet zur Arbeit zu erscheinen. Ich sehe mich selbst nicht als *Fashion Queen,* aber ein wenig mit der Mode gehe ich schon gerne. Sehr gerne würde ich auch meine *stonewashed Jeans* tragen, aber selbst die werden nicht gerne in der Firma gesehen.

Mcin Vermieter fährt gerade mit seinem fabrikneuen *Van* an meinem Küchenfenster vorbei, um rechtzeitig zur Arbeit zu kommen. Er fährt aus Prinzip nur deutsche Autos, denn er ist von der Qualität dieser Automarken überzeugt und kauft daher nur Personenkraftwagen von deutschen Herstellern. Nie würde er die Marke wechseln. Die Farbe seines neuen Autos ist *cherry red* und sieht toll aus. Der Wagen verfüge über einen *Four Wheel Drive* und über eine supermoderne *Bluemotion Technology*, hatte er mir stolz erzählt, als ich den das erste Mal bewunderte. Dieselbe Automarke hat ein Model, das mir sehr gut gefällt: *Cheer Up* – das wäre das ideale Auto für mich.

Jetzt wird es aber höchste Zeit, ich muss los. Nun, da ich auch die Kleiderfrage an diesem Morgen zielsicher getroffen habe, kommt noch ein wenig *Styling Spray* auf meine Haare. Ein letzter Blick in den Spiegel – ich bin mit mir zufrieden. In der Küche stecke ich mir noch ein paar *Pick-Up*-Kekse eines bekannten deutschen Herstellers und ein *Sandwich*, das ich mir noch eilig geschmiert habe, in meine Tasche, schnappe mir meinen Schlüsselbund, der auf dem *Sidebord* im Flur liegt und stürze mich in den Berufsverkehr.

Gemütlich fahre ich zu meiner Arbeitsstelle, nein, nicht etwa mit meinem eigenen Auto, nein, das habe ich schon vor einiger Zeit abgeschafft, denn die Spritpreise sowie die Kosten der Autosteuer und der Versicherung waren mir einfach zu hoch. Außerdem verfügt das Haus, in dem ich wohne, weder über eine Autogarage noch über einen *Carport* oder Stellplatz. Seitdem betreibe ich, wenn ich einmal ein Auto benötige, *Carsharing* und benutze diesen Wagen nur, wenn ich meine Eltern oder Freunde, die etwas weiter entfernt wohnen, besuchen will. Stattdessen fahre ich jeden Tag mit der Straßenbahn zu meiner Arbeitsstelle und kann mir dabei gemütlich die Auslagen der Schaufenster ansehen und dabei eventuell Geschäfte entdecken, die *Sales* oder andere Angebote anbieten, die mich vielleicht interessieren könnten. Zwischendurch sehe ich mal eben in meinem *Tablet-PC* nach, ob ich neue *E-Mails* erhalten habe.

Tatsächlich, es findet sich eine *E-Mail* in dem Ordner Unbekannt. Darin steht: „Der folgende *Videoclip* bietet brauchbare *Contents* und *promoted* gleichzeitig einen neuen *Launch*." Keine Ahnung, wer mir diese abstruse *Message* geschickt hat, mit einem unbehaglichen Gefühl lösche ich sie.

Es hält mich aber nicht davon ab, eine neue Nachricht auf *Facebook* zu *post*en und einige *Posts* meiner *Facebook*- Freunde zu lesen. *Tweets* habe ich keine erhalten, doch ich *tweet*e, dass das Wetter bei uns einfach super ist. Während ich *tweet*e, muss ich plötzlich schmunzeln: Es bedeutet doch, dass ich zwitschere. Würden so viele Deutsche einen Zwitscher zwitschern, wenn sie wüssten, dass einen *Tweet tweet*en bedeutet, einen Zwitscher zu zwitschern?

Wenn ich nicht vorhabe zu schreiben oder zu arbeiten, ist der *Tablet-PC* eine großartige Alternative zu meinem etwas schweren und sperrigen *Laptop*. Zu Beginn hatte ich zwar Probleme, mir meine Lieblings-*Apps down*zu*load*en, aber nach ein paar Anrufen bei der *Hotline* und mit einer neuen *Hardware* gelingt mir das jetzt problemlos. Mein Freund will, wenn er zurück ist, noch die neue *Software* dafür installieren. Ich bin stolz auf mich, dass ich mir alle wichtigen und für mich relevanten *Apps* selbst *down*ge*load*et habe.

Außerdem kann ich den *Tablet-PC* auch wunderbar als *E-Book-Reader* benutzen. Da ich über eine *Allnet-Flatrate* für mein *Handy*, das natürlich mit einem *Touchscreen Display* ausgestattet ist, meinen *Laptop*, meinen *Tablet-PC* – auch mit *Touchscreen* –, meinen *Personal Computer* daheim und mein Festnetztelefon zu Hause verfüge, kann ich jederzeit und überall sorglos *mail*en, *tweet*en, *surf*en, *post*en, *sims*en, *chatt*en, *blogg*en oder einfach nur mal telefonieren. Durch diese *Flatrate* bin ich unabhängig von den sogenannten *Hotspots* oder *WLAN Stations*. Außerdem habe ich so jederzeit Zugriff auf meinen *Organizer*, ohne den ich mir meine Lebensplanung überhaupt nicht mehr vorstellen kann.

Währenddessen klingelt mein *Handy,* und eine Freundin fragt, ob ich heute Abend Lust hätte, mit ihr zum *Aerobic*-Kurs im neu eröffneten *Fitness Center* zu gehen. Ich werde ihr später eine *E-Mail* schicken, denn es ist noch zu früh für die Planung des Abends. Ich *blogg*e noch schnell ein *Statement* zu einem Thema, das mich besonders interessiert. Dabei möchte ich mich nicht als typische *Blogg*erin bezeichnen, aber ab und zu macht mir das *Blogg*en Spaß.

Dann sehe ich, dass mein Freund mir eine liebe Nachricht und ein *Smiley* ge*sims*t hat, was mich sehr glücklich macht. Ich *sims*e ihm schnell ein *LoL*, was in diesem Fall *Lots of Love* bedeutet, schicke drei *Smileys* hinterher und wünsche ihm einen erfolgreichen Tag.

LoL bedeutet manchmal aber auch *Laughing out loud*, doch so etwas würde ich meinem Freund nie *sims*en, außer, er schickt mir einen *Joke*. Er ist *Event Manager* und nicht nur mein *Lover*, nein, er ist definitiv mein *Mister Right*. Früher war mein Freund ein erfolgreicher *Banker* und *Broker*, doch er fühlte sich nicht wohl in seinem Beruf. Seitdem er als *Event Manager* um die Welt reist, ist er glücklich.

Durch diese langen Trennungen leiden aber leider unser Privatleben sowie unser *Sex*leben – sie sind quasi nicht vorhanden. Wir haben uns vorgenommen, später einmal ein *One-Way-Ticket* zu kaufen und uns in einem komfortablen *Lodge* auf einer einsamen Insel für immer niederzulassen. Doch bis dahin ist es noch ein langer Weg.

Mir gegenüber in der Bahn sitzt ein attraktiver junger Mann. Seine Haare sind *styl*isch gegelt und wir *flirt*en ein wenig. Er erinnert mich an unseren Sportlehrer in der Grundschule. Der trug immer ein blaues *T-Shirt* mit der Aufschrift *Instructor* auf dem Rücken. Als ihn einmal eine kleine Schülerin fragte, was das Wort *Instructor* bedeutet, sagte er „Lehrer". Ich weiß noch heute, wie die Kleine sich vor ihn hinstellte und erwiderte: „Und warum steht dann nicht Lehrer drauf? Warum so ein Wort, das wir nicht verstehen?" Der Lehrer sah sie erstaunt an, wusste aber keine Antwort. Danach trug er dieses blaue *Shirt* nie mehr.

Gerade fährt die S-Bahn am hiesigen *Jobcenter* vorbei. Es steht schon eine lange Schlange von Menschen vor der Tür, die alle auf Arbeitssuche sind. Gott sei Dank bin ich nicht dabei.

Heute Morgen lag ein Werbe*flyer* eines Modegeschäftes, an dem wir nun vorbeikommen, in der Zeitung, und es fällt mir auf, dass die Schaufenster mit großen *Sales-Flyer*n plakatiert sind. Ich nehme mir vor, nach Feierabend dieses Geschäft zu besuchen, vielleicht finde ich ja ein paar gute *Deals*. Weiterhin bemerke ich, dass die Autos auf der Straße neben der Bahn im *Stop-and-go*-Tempo dahinschleichen. Die Bahn jedoch hat immer freie Fahrt.

Schon nach kurzer Zeit bin ich an der Firma angekommen, für die ich seit fast zwei Jahren arbeite. So früh am Morgen strömen zig Angestellte zur Eingangstür.

„*Hi*, hast du Lust, morgen Abend nach der *Happy Hour* mit mir zu einer *Pool Party* bei Jenny zu gehen?" Es ist Sandy, eine Arbeitskollegin, die mir diese Frage zuruft. „Sie ist mit einem berühmten *Open Water Diver* befreundet, und er wird uns einige seiner Kunststücke im *Pool* zeigen.“ Ich zucke mit den Schultern, um ihr zu zeigen, dass ich noch unschlüssig bin. „Ich benötige deine *Decision* bis heute Nachmittag, *okay*? Ach, ja, der *Dress-Code* für uns *Girls* morgen Abend lautet *Bikini*.“

Ich nicke und betrete mein Büro. Eigentlich bin ich nicht so das *Partygirl* und bleibe lieber zuhause, doch wenn ich nicht aufpasse, mutiere ich noch zu einem richtigen *Couch-Potato.*

Ein *Headhunter* hatte mich vor mehr als einem Jahr bei meiner alten Firma abgeworben und mir diesen neuen *Job* vermittelt. Damals arbeitete ich als *Management Assistant* mit *Bachelor's Degree* in der *Marketing*-Abteilung. Doch ich war nicht glücklich in der Firma, obwohl mir die Arbeit großen Spaß bereitete und mich forderte. Daher kam das Angebot des *Headhunters* genau richtig – außerdem war ich bereit für eine neue *Challenge*.

Ich bin vielseitig einsetzbar, da ich während meines Studiums in den Semesterferien und am Wochenende unter anderem als *Script-Girl* bei einer Film-Firma *job*bte, wo ich zwischen den einzelnen *Takes* die Film*crew* auch mal mit Essen und Getränken versorgen musste. Und ich *job*bte als Telefon*coach*, als *Junior Controller*, außerdem als *Trainee Consultant*, als *Hostess* auf verschiedenen Messen, zudem als *Assistant Sales Manager* und als *Assistant Marketing Manager,* um mir mein Studium zu finanzieren. Bevor ich jedoch mit dem Studieren anfing, verbrachte ich ein ganzes Jahr als *Au-Pair* in Amerika, um meine exklusiv in der Schule erlernten Englischkenntnisse zu vertiefen.

Als ich in meiner jetzigen Firma zu arbeiten begann, war ich schon nach kurzer Zeit begeistert von dem *Team*geist und der *Team*arbeit zwischen den Chefs und den Angestellten. So etwas findet man selten. Um hier erfolgreich arbeiten zu können, muss jeder Angestellte über ein großes Maß an *Team*fähigkeit verfügen. In meiner vorherigen Firma gab es kein *Fair Play*. Dort waren *Mobbing* und *Stress* an der Tagesordnung, hauptsächlich hervorgerufen durch ein miserables, sogenanntes *Missmanagement* und schlechtes *Leadership* in der Chefetage. Ein unübersehbares *Poster* mit dem *Slogan Time is Money* prangte an der Wand eines jeden einzelnen Büros des mittelständischen Unternehmens. Außerdem regierte eine durch einen Minister *protegierte* Sekretärin in der Chefetage, eine richtige *Bitch*, die glaubte, nur weil sie das *Protegé* eines Ministers war und immer noch ist, sich alles herausnehmen zu können. Ich stand kurz vor einem totalen *Burn-out-Syndrom*, als der *Headhunter* mich glücklicherweise abwarb.

Unser jetziger Geschäftsführer ist ein richtiger *Gentleman*, der zum Beispiel bereitwillig einer Angestellten die Tür öffnet und sie als Erste hindurchgehen lässt, falls er zufällig gleichzeitig mir ihr das Zimmer betreten will. „*Ladies first*", sagt er mit einem Lächeln und gibt damit ein gutes Beispiel für seine männlichen Kollegen ab. Ein *Macho* hätte hier absolut keine Chance. Mein *Engagement* für diese Firma ist ungebrochen, und solange die Bedingungen so positiv bleiben, wie sie zurzeit sind, wird sich daran auch nichts ändern.

An meinem Schreibtisch angekommen, schalte ich sofort meinen *Highspeed Computer* ein, und schon nach wenigen *Clicks* mit der *Mouse* beginnt mein *PC* zu arbeiten. Seitdem unser System*administrator* einige *Chips* in meinem Computer ausgetauscht hat, läuft er ohne Probleme. Mein *Scanner*, der auch gleichzeitig mein Drucker ist, macht extrem laute Geräusche und mein *Mousepad* fliegt nun schon zum x-ten Male auf den Boden. Es wird langsam Zeit, dass ich eine Funk*mouse* sowie eine Funktastatur bekomme.

Auf dem Bildschirm meines *Computers* erscheint eine standardisierte Nachricht unseres System*administrator*s, dass es wieder einmal an der Zeit ist, unser Passwort zu ändern, um möglichen *Hacker*angriffen vorzubeugen, die immer professioneller und hinterhältiger werden.

Als das Telefon klingelt, meldet mir der *Assistant Controller*, dass unser *Manager* ein *Meeting* im kleinen Konferenzraum angesetzt hat, und ich sofort kommen soll. „Vergiss nicht dein *Input* zum Thema des letzten *Meetings*", ruft er noch ins Telefon, bevor er auflegt. Während ich die *Slides* mit den erwünschten *Inputs* ausdrucke, klingelt erneut das Telefon. „Halte dein *Statement,* aber bitte so kurz wie möglich, der *Boss* hat es heute extrem eilig."

Der *Assistant Controller* steht unter großem *Stress,* und ich beeile mich, um pünktlich zum *Meeting* zu erscheinen, denn unser höchster *Boss* hasst nichts so sehr wie Unpünktlichkeit. Während ich darauf warte, dass die *Slides* endlich ausgedruckt sind, öffnet sich die Tür, und ein sehr ge*stress*ter Kollege reicht mir ein Stück Papier. „Würdest du mir bitte den Bericht hier noch schnell ein*scann*en und als *Slide* ausdrucken? Das wäre sehr nett. Bitte auch zum *Meeting* mitbringen." Bevor ich antworten kann, ist er auch schon wieder weg.

So schnell ich nur kann, *scanne* ich das Dokument ein und füge es meinem laufenden Druckauftrag hinzu. Endlich ist alles geschafft, und ich eile zu unserem Konferenzraum und hoffe, dass das *Meeting* noch nicht begonnen hat – hat es Gott sei Dank nicht.

Ich setze mich neben unseren *Senior Controller*, ein netter älterer Herr. Daneben sitzt Karl, der *Junior Controller*, der große Chancen hat, selbst einmal die Stelle als *Senior Controller* einzunehmen, wenn der ältere *Job*inhaber in seinen wohlverdienten Ruhestand geht. Auch das große *Flipchart* steht schon für das *Meeting* bereit.

Kurz vor der Frühstückspause endet die Besprechung, und nachdem ich wieder zurück in meinem Büro bin, verspeise ich genüsslich meine *Pick-Up*-Kekse. „Gehst du heute Mittag mit zum *Fastfood-Restaurant*?" Meine Kollegin Helen, die in der *Import-* und *Export*abteilung unserer Firma arbeitet, hat ihren Kopf durch die Tür gesteckt und schaut mich an mit einem Lächeln auf ihren Lippen. Ob sie auch einige andere Kollegen zum *Lunch* begleiten wollen, möchte sie noch wissen. Eine kurze Überlegung, und dann nicke ich. „Ja, gerne." Eigentlich mache ich mir nichts aus *Junkfood*, aber so einen saftigen *Hamburger*, *Cheeseburger* oder *Chickenburger* und Fritten mit ganz viel *Ketchup*, ja, darauf hätte ich schon Appetit.

Als wir dann unser Essen bestellen, denke ich nicht mehr an meine gute Figur, sondern *order*e auch gleich noch einen leckeren *Milkshake* zu meinem *Cheeseburger*. Der schmeckt hier immer besonders gut. Meine Kollegin Helen liebt *Chicken Wings* und isst lieber *Soft*eis als Nachtisch, und Laura, die andere Kollegin, die uns begleitet, isst nur einen *Ceasar Salad* und trinkt dazu aber eine *frozen Lemonade*. Nein, so ein kaltes Getränk könnte ich nicht zu meinem Mittagessen konsumieren, da, glaube ich, würde mein Magen rebellieren.

Max, unser Auszubildender, vervollständigt unsere kleine Gruppe, und er kann sich überhaupt nicht entscheiden, was er heute essen will. Nach unendlich langer Überlegungszeit aber hat er sich dann doch für mehrere verschiedene *Fastfoods* entschieden. Er kann es sich leisten, denn schließlich ist er noch im Wachstum begriffen.

Laura ist eine kleine, zierliche Person, und man sieht ihr nicht an, dass sie schon zwei Kinder hat. Doch insgesamt haben sie und ihr Mann fünf Kinder. Drei davon stammen aus der ersten Ehe ihres Mannes, und sie wohnen auch bei ihnen. Sie leben alle zusammen als *Patchwork*-Familie in einer großen *Souterrain*-Wohnung, in der die Kinder nach Lust und Laune herumtollen können, und sie belästigen damit niemanden, da keiner mehr unter ihnen wohnt. Ich bewundere Laura, wie sie Familie und Arbeit unter einen Hut bekommt. „Früher war ich eine richtige *Femme fatale*, aber durch die Ehe bin ich ruhiger geworden“, hatte Laura mir einmal erzählt.

Ich kann es kaum glauben, wenn ich sie jetzt so sehe. Zwar arbeitet Laura nicht ganztags, sie nutzt das *Timesharing*-Angebot, das unsere Firma berufstätigen Müttern anbietet, und teilt sich ihre Stelle mit einer anderen Kollegin, stemmt trotzdem täglich eine Menge Arbeit und beweist mal wieder, wie *Multitasking*-fähig wir Frauen doch sind. Ich hoffe, dass mir die Firma – als Mutter irgendwann – auch so ein alternatives *Jobsharing*-Angebot macht.

Ab und zu *babysitt*e ich die fünf Kinder von Laura, um ihr und ihrem Mann ein wenig Zweisamkeit zu ermöglichen. „Sie sagen, du wärst der beste *Babysitter* der Welt“, meinte Laura einmal dankbar, und es machte mich stolz. Aber ihre Kinder machen auch keine Arbeit, denn sie sind äußerst pflegeleicht und *easy* zu *handel*n. Und einmal im Jahr, während Laura mit ihrer Familie Urlaub macht, bin ich auch für ihre Wohnung zuständig. Seitdem ich das *Housesitting* übernommen habe, ist noch nie bei ihnen eingebrochen worden.

„Letztes Wochenende haben wir meine Eltern auf dem Land besucht. Am Sonntag haben wir zusammen einen Spaziergang durch das Dorf gemacht, und ich konnte nicht glauben, wie sich dort alles verändert hat.“ Laura sieht uns an und fährt dann fort: „Viele Geschäfte stehen leer, und in einem kleinen Modehaus stand auf der einen Schaufensterscheibe *Kid's Corner* und auf der anderen *Men's Sale*, und gegenüber an einem noch kleineren Laden war ein großes Schild mit der Aufschrift *Skull Tattoo* über der Eingangstür. Ob der Meister wirklich nur am Schädel tätowiert?“ Keiner wusste das genau.

„Ich habe in dem Dorf etwas gefunden, was ich schon so lange suche, nämlich einen *Crêpes-Maker*, stellt euch das mal vor, auf dem Dorf. Fast hatte ich den in dem Schaufenster des Elektroladens übersehen. Leider hatte das Geschäft nicht geöffnet, und jetzt hoffe ich, meine Mutter hat verstanden, wie sehr ich mir so eine *coole* Küchenmaschine wünsche, und schenkt sie mir zu meinem Geburtstag.“ Helen klang sehr zuversichtlich, und ich hoffe, dass ihre Mutter sie nicht enttäuscht und ihr den *Crêpes-Maker* wirklich kauft.

Plötzlich, während wir weiter genüsslich essen, heulen draußen Reifen auf, es folgen ein lautes quietschendes Bremsgeräusch und dann ein furchtbarer Knall. Mein Essen fällt mir aus der Hand, und ich werde kreidebleich und zittere am ganzen Körper. „Was ist los?“ Besorgt sehen mich meine Kolleginnen an, während Max nach draußen eilt, um zu sehen, was passiert ist. „Ach, nichts“, versuche ich abzulenken, aber sie fragen nach. „Mein Freund und ich hatten vor ein paar Jahren einen schweren *Crash*. Es passierte bei unserem ersten *Rendezvous*. Das Auto war anschließend Schrott, aber uns war Gott sei Dank nicht allzu viel passiert. Doch jedes Mal, wenn ich das Aufheulen von Reifen und dieses ganz bestimmte Quietschen und Krachen höre, habe ich ein furchtbares *Déjà-vu*-Erlebnis und das Gefühl, wieder mitten im Unfallgeschehen von damals zu sein.“

Die Kolleginnen streicheln beruhigend meine Hände, und als Max zurückkommt und erzählt, dass nichts Schlimmes passiert sei, werde ich langsam ruhiger. „Ganz schön *heavy*, der *Crash*, der da gerade passiert ist. So ein Angeber wollte vor ein paar *Girlies* mit seinem heißen Schlitten protzen und ist voll auf eine Parkbank gefahren, auf der aber zum Glück niemand saß. Sein Wagen ist komplett totalisiert, sogar die Seiten*airbags* sind explodiert. Geschieht ihm recht! Der ist ein richtiger Ab*turn*er. Ist bestimmt noch ein *Greenhorn* und hat den Führerschein noch nicht lange. Hoffentlich veranlassen die *Cops* einen *Drugwipe-Test* bei ihm. *Shit happens*!“

Nun muss ich doch leicht schmunzeln über die Ausdrucksart von Max, obwohl mir *shit happens* so gar nicht gefällt. Doch solange er diese Ausdrücke nicht in der Firma benutzt, werde ich ihn nicht rügen. Woher nur weiß er so gut Bescheid über die Untersuchungsmethoden der Polizei, den möglichen Drogenkonsum bei einem Menschen festzustellen? Hat man ihn vielleicht schon einmal einem solchen *Drug-Detecting- Test* unterzogen?

Max wurde immer unruhiger, und auf Nachfrage erklärte er: „Ich habe gerade einen totalen Tabak*flash*." Als wir ihn verständnislos ansahen, erklärte er: „Ich bin doch dabei, mir das Rauchen abzugewöhnen, aber das ist so schwer, und ich bekomme regelmäßig *Flashs* durch den ganzen Körper. Aber ich halte durch."

„Mein Freund hat mich zu einer *Open House Bottle Party* eingeladen. Da kann jeder kommen, der will. Nur muss jeder sein Getränk selbst mitbringen. Find ich *cool*." Ich wundere mich immer mehr, wie Max gleichzeitig seinen Mund mit Essen vollstopfen und dabei sich noch klar und deutlich artikulieren kann. „So etwas haben wir früher auch gemacht", antwortet Laura, und ihre Augen fangen an zu leuchten. Sie verwundert und erstaunt mich immer mehr. Ich dachte, sie wäre eher eine Stubenhockerin gewesen, so scheu und schüchtern sie ist. „Einmal feierten meine *Clique* und ich eine Rotwein-*Party*, aber da ging es mir anschließend überhaupt nicht gut. Von Rotwein bekomme ich immer einen *Flush,* und dann sieht mein Gesicht aus wie eine Tomate. Außerdem bekomme ich von Rotwein am nächsten Tag regelmäßig Kopfschmerzen." Laura und ein *Hangover*? Kann ich mir beim besten Willen nicht vorstellen.

Am Tisch nebenan erkenne ich meinen Nachbarn mit seinem etwa zweieinhalb Jahre alten Sohn. Gerade höre ich, wie er

„*Give me five*“ zu ihm sagt und dabei seine große Hand der kleinen Hand seines Sohnes entgegenstreckt. Der putzige kleine Knirps weiß schon ganz genau, was diese englischen Wörter bedeuten und schlägt mit seiner kleinen Patschhand kräftig in die große Pranke seines Vaters. Ich kann mich noch erinnern, wie dieser Vater als kleiner Junge mit seinen Eltern aus Osteuropa zu uns zog, und wie schwer es ihm damals fiel, die deutsche Sprache zu erlernen. Wir gingen in dieselbe Klasse, und daher weiß ich es so genau. Nun, als erwachsener Mann bringt er seinem kleinen Sohn, der kaum Deutsch sprechen kann, schon eine Fremdsprache bei, nämlich Englisch. Ist das der neue *Trend*? Ist diese Sprache wichtiger als unsere deutsche Sprache – unsere eigentliche Muttersprache?

Unser Lehrling Maximilian – wir nennen ihn alle nur mit seinem *Nicknam*en Max – bestellt zu seiner Portion *Chicken Nuggets* mit würzigem *Dip* noch ein *Long Chicken Sandwich*, das es heute im Angebot gibt, und zwei *Energy Drinks*, um seine fast nicht vorhandenen Muskeln und seinen imaginären *Sixpack* zu unterstützen. Er möchte so gerne als *tough* gelten und merkt dabei überhaupt nicht, dass wir ihn oft belächeln.

In der letzten Zeit singt er bei jeder Gelegenheit das Lied einer neu gegründeten *Boygroup* und nervt damit jeden. Helen hat ihn einmal darauf hingewiesen, dass die Sänger meistens *playback* singen, also nur den Mund aufmachen und so tun, als ob sie singen – doch das wollte er einfach nicht glauben. Zum Essen hat er die Ärmel seines Hemdes aufgerollt, und an einem seiner Unterarme kann ich ein kleines *Tattoo* erkennen. Gut, dass das unser *Management* nicht weiß, denn *Tattoos* sind nicht erwünscht – schließlich arbeiten wir ja in einer wohl situierten Firma.

Gut, dass unser *Management* auch nicht weiß, dass ich, als ich noch jünger war, bei einigen *Sit-ins* mitgemacht hatte, um gegen das *Establishment* zu protestieren. Und gut, dass meine Mutter mich damals vehement und erfolgreich davon abgehalten hatte, mir ein *Piercing* in meine Unterlippe stechen zu lassen. Zwar habe ich aus Trotz und vor lauter Enttäuschung eine Woche lang nicht mehr mit ihr gesprochen, aber heute bin ich ihr so dankbar dafür. Mit einem derartig sichtbaren *Piercing* hätte ich auch nicht die geringste *Chance* gehabt, so eine Anstellung, die ich jetzt innehabe, jemals zu bekommen.

Mit Schmunzeln muss ich auch daran denken, wie meine Mutter mir einmal von ihrer *Flower-Power*-Zeit und der damaligen *Peace*-Bewegung erzählte, an der sie mehrmals teilgenommen hatte. Meine Mutter war schon eine richtige *Power*frau, nein, sie war es nicht nur, sie ist es auch heute noch! Ich bin sehr stolz auf sie. Sie und mein Vater gehören mittlerweile der Generation *Best Ager* an, und sie genießen ihr gemeinsames Leben.

Meine Mutter hatte mich erst zur Welt gebracht, als sie schon Mitte dreißig war. Sie war anders als die meisten Frauen zu dieser Zeit, die fast alle jung heirateten, sofort Kinder wollten und für einen richtigen *Babyboom* in Deutschland sorgten. Daher ist sie mittlerweile nicht mehr die Jüngste, aber immer noch sehr attraktiv.

Ich bin so stolz auf Mama, denn sie *job*bt nebenbei noch als *Best Age Model* und ist zum Leidwesen meines Vaters oft tagelang für *Shootings* unterwegs. Das letzte *Shooting* war für ein ganz bekanntes Schuh*label* und sie *model*te unter anderem für Hersteller von *Softwalk*-Schnürschuhen, *Slippers* und *Trotteurs*, die noch lange nicht *passé* sind. So auch zum Beispiel Schuhe mit *Plateau*sohlen, in denen sie gekonnt über den Laufsteg stolziert und die seit kurzem wieder total *in* sind. Selbst in *Plateau-Wedges* lief sie noch graziös über den *Catwalk,* was aber auch an dem weiten, sehr eleganten beigen *Swinger* lag, den sie dabei trug. Aber am besten gefielen ihr *Sling*-Schuhe und *Sabots*. Dabei trug sie jeweils verschieden farbige *Capes*, was diese Schuhe natürlich noch besser zur Geltung brachte.

Zu Beginn ihrer *Model*tätigkeit geriet sie arg in die *Bredouille*, denn sie hatte es meinem Vater verschwiegen. Der ist eher ein wenig konservativ und trägt am liebsten seinen uralten *Blouson* zu allen Gelegenheiten. Heute jedoch ist er stolz auf sie und ihren *Job* und begleitet sie immer häufiger zu den obligatorischen *After-Show-Partys*. Und mir überlässt sie dann meistens die obligatorischen *Giveaways*, die die Models bei so einer Party immer als Abschiedsgeschenk bekommen.

Ich habe sogar zwei große *Poster* mit meiner Mutter, auf denen sie als *Mannequin* für Schals zu sehen ist, in meinem Arbeitszimmer zuhause an der Wand hängen. Auf dem einen Bild trägt sie einen *fancy Loop*-Schal und auf dem anderen *Poster* einen *styl*ischen *Crinkle*-Schal. Natürlich trägt sie auf beiden *Postern* das passende *Outfit* dazu, und sie sieht einfach umwerfend aus, da sie in all den Jahren nie aus der *Fasson* geraten ist. Sie macht immer noch ein gutes Bild auf den *Catwalks* der Veranstalter. Ich hoffe, dass ich später einmal genauso gut aussehe wie sie jetzt. Dass sie regelmäßig Anti-*Aging*-Cremes benutzt, macht sich bezahlt.

„Hat jemand Interesse an *Tickets* für das *Open-Air-Festival* nächste Woche?“, unterbricht Max meine Gedanken. Wir schütteln verneinend unsere Köpfe. „Schade. Aber ich muss schon sagen, das hier ist das beste Essen der Welt“, gesteht Max genüsslich, und ich stelle mir vor, was er wohl sagen würde, wenn er in einem *Restaurant* essen würde, in dem der *Sous*chef selbst das Essen zubereitet. Ob es ihm da schmecken würde? Ich hege berechtigte Zweifel.

Während ich Max beobachte, wie er ein *Chicken Nugget* nach dem anderen in seinem Mund verschwinden lässt, muss ich an den Bericht denken, den ich am Abend zuvor im Fernsehen gesehen hatte. Es ging um *Foodsharing* und *Container*n und um Menschen in unserem reichen Deutschland, die so arm sind, dass sie die Müll*container* nach Essbarem durchwühlen, um nicht zu verhungern.

Schnell lenke ich meine Gedanken ab und beobachte, wie am Nachbartisch ein gut gekleideter Herr – er könnte ein *Banker* oder *Investor* sein – genussvoll in einen *Hot Dog* beißt und nicht bemerkt, wie der viel zu dick aufgetragene *Ketchup* auf sein blütenweißes Hemd tropft. Er starrt gedankenverloren vor sich hin, und ich frage mich, ob er vielleicht gerade daran denkt, wie es den Besitzern von *Hedgefonds* oder *Returnfonds* gerade geht und ob sie mit der Krise, in der diese *Fonds* zurzeit stecken, ohne Probleme zurechtkommen. Vielleicht fragt er sich aber auch, ob er seine Kunden beim Verkauf dieser *Fonds*, damals, als ein richtiger *Boom* nach *Fonds* die *Banker* zu immer mehr Verkäufen trieb, gut genug beraten hat. Richtig *happy* und *relax*t sieht er nicht aus, und kommt er mir auch nicht so vor.

Meine Gedanken werden durch die lauthalse Quengelei eines kleinen Kindes in der Kinderecke unterbrochen: „Mama, Mama, der Junge hier hat mich gerade ge*push*t." Und ein anderes Kind schreit lauthals: „Mama, ich will ein *Happy Meal*, Mama, hörst du?"

Ich beobachte weiter, wie ein Auto nach dem anderen am *Drive-in*-Schalter vorbeirollt und die zuvor bestellten Speisen abholt. Dann kommt auf einmal der *Assistant Food Beverage Manager* an unseren Tisch – ein kleines Schildchen an seiner Kleidung zeigt uns mehr oder weniger diskret seine Stellung in diesem *Restaurant* an – und fragt, ob wir an einer Umfrage der *Fast-Food*-Kette teilnehmen wollen, doch wir lehnen ab, denn dafür reicht die Zeit nicht mehr.

Plötzlich hört Max auf, seine *Chicken Nuggets* in sich hineinzustopfen, und seine Augen werden immer größer. Ich folge seinem Blick und erspähe ein junges Mädchen, das gerade an einem anderen Tisch aufgestanden ist und sich nach draußen begibt. „*Wow*, die ist der *Burner*", japst Max mit halbvollem Mund. „Mein Gott ist die *hot*. Mit der hätte ich gerne einmal ein heißes *Date*. Ich bin total ge*flash*t."

Ich muss zugeben, die junge Dame sieht wirklich gut aus in ihrem hautengen, tiefausgeschnittenen *Top* und ihren *Slim Jeans*, oder sind es *Jeggings*? Auf alle Fälle trägt sie eine *slinky* Hose, die sie sehr *sexy* wirken lässt. Sie hat schon längst das *Fast-Food-Restaurant* verlassen, als Max sich endlich von ihrem Anblick erholt und weiteressen kann.

Er ahmt sogleich mit großer Leidenschaft einen jungen Mann nach, den er einmal in einer *Castingshow* gesehen hat, und der sich „Der *Check*er" nennt. Dieser sogenannte *Check*er schaffte es sogar bis in den *Recall* dieser bekannten deutschen *Castingshow*. Maximilians größter Traum ist es, einmal an so einem *Casting* teilzunehmen, von der *Jury* ins *Recall* gewählt zu werden und eventuell als neuer *Shooting Star* am deutschen Schlagerhimmel aufzugehen und sehr bekannt zu werden.

Ein anderer *Dream* von ihm ist, vielleicht einmal sogar seinen Lieblings*star* in *Backstage live* erleben zu dürfen oder gemeinsam mit ihm auf der Bühne zu *perform*en. Manchmal imitierte Max dessen *Songs* im Büro, doch die Kollegen baten ihn flehentlich, damit aufzuhören, was ihn ein wenig verletzte. Er selbst sieht sich insgeheim schon als aufgehender *Star* am Schlagerhimmel.

„Aber ich glaube, um sie zu einem *Date* überreden zu können, müsste ich Muskeln haben wie der *Ironman*, der letzte Woche das große *Event* auf Hawaii gewonnen hat. Bei Sport *Science*, der Sportwissenschaft, haben die Kraftpakete Muskeln, Mann, oh Mann."

Verstohlen blickt er zu der Tür, hinter der die junge Dame verschwunden war. Dabei macht er ein ulkiges *Duckface*, genauso wie manche *Models* bei nicht endend wollenden Foto-*Shootings* oder einige Prominente, die es einfach nicht lassen können und ein sogenanntes Entengesicht aufsetzen, sobald sie fotografiert werden. Sie fürchten einen *Image*schaden, sollte sie einmal jemand unvorteilhaft vor die Linse bekommen.

„Heute Abend freue ich mich auf die Glotze." Max *dip*pt ein weiteres *Chicken Nugget* in ein Schälchen roter Soße. Manchmal nervt mich seine Ausdrucksweise. Meine Oma, würde sie noch leben, wäre jetzt bestimmt sehr *echauffiert*. „Da gibt es eine neue Krimi-*Soap*, *Detroit Swap*, und anschließend folgen *Law & Order mit New York* und später noch *Psych*. Was ich auch mag, ist *Criminal Minds*, einfach geil. Eigentlich schade, dass meine Eltern kein *Pay TV* haben, sonst wäre die Auswahl noch größer.“

Mir schwirrt der Kopf vor lauter Fernsehsendungen, die ich nicht kenne.

„Aber vorher sehe ich mir noch *Crash* an, so eine tolle *Clipshow*, die fahren alles zu Schrott. Da ist der *Crash* von eben *Peanuts* dagegen. Ich würde mir ja auch gerne die Doku-*Soap* X-*Diaries – love, sun & fun* ansehen, aber die kommt tagsüber, und da muss ich ja arbeiten.“ Ein tiefer Seufzer folgt dieser Aussage von Max. „Hat jemand von euch schon einmal *Flashpoint* angeschaut?“ Wir verneinen. „Was ist das denn?“, fragt ihn Helen. „Keine Ahnung.“ Max kaut noch immer mit vollen Backen. „Kommt auch heute Abend, aber leider viel zu spät. Ich muss ja früh raus. Genau wie *Warehouse 13*, total geil.“ Wieder seufzt Max auf, und langsam leert sich sein Tablett. „Wenn du dir regelmäßig die *Primetime Highlights* ansiehst“, rät Helen, „bist du immer auf dem Laufenden. Da stellen sie auch manchmal *Newcomer-Cover-Versionen* von alten Schlagern vor, und einige davon klingen richtig geil.“

„Ich würde mir ja gerne ab und zu die Sendung *Shopping Queen* ansehen, aber die kommt leider immer nachmittags.“

„Die *Queen* geht *shop*pen?“, frage ich Helen irritiert, und alle lachen. „Was für ein *Nonsens*, nein, das ist der Titel der *Daily Soap*“ – ich bin verwundert darüber, dass Helen sich für so etwas interessiert –, „oder die Krimiserien *Revenge* und *Crossing Jordan* oder *King*. Ach ja, und *Criminal Minds* und *The Cop* mit *Crime Szene* Paris und *CSI: Miami* – so etwas gefällt mir. *Navy CIS* ist auch gut. Oder *talk talk talk,* die *Late Night Show* und *red! Stars*, *Livestyle & More*. Die Sendungen sind gut, aber werden leider viel zu spät gesendet. Da zeigen sie unter anderem, was die sogenannten *Stars* oder, besser gesagt, Möchtegern-*Starletts* nicht alles dafür tun, um ein wenig *Publicity* zu erlangen. Ja“, meint sie ein wenig verschämt, „so ein kleiner *Voyeur* steckt doch wohl in jedem, oder?“

Mir schwirrt der Kopf.

„Gibt es auch deutsche Sendungen, die ihr euch anschaut?“ Laura, Max und Helen sehen mich verwundert an, und eigentlich erwarte ich auch keine Antwort auf meine Frage. „Ich sehe gerne *Mr. Bean*, die *Cartoon*-Serie, die gefällt mir.“ Ich bin erstaunt, dass Laura dafür noch Zeit aufbringen kann. „Und kürzlich habe ich mir bei einem *Teleshopping*-Kanal einen neuen Staubsauger gekauft.“ Ja, das traue ich Laura schon eher zu. Und bevor ich weiter darüber nachdenken kann, fährt Laura schon fort: „*Beauty & the Nerd* ist angeblich eine deutsche Unterhaltungs*show*, aber was bedeutet der Titel, und was für eine Show ist das?“ Sie sieht mich fragend an, aber ohne meine Antwort abzuwarten, spricht sie weiter: „Wissen die Macher der *Show* überhaupt, was für einen Namen sie ihrer Show verpasst haben? Ich weiß es nicht, und darum sehe ich mir so etwas auch nicht an!“

„Warum hat eine deutsche *Show* keinen deutschen Titel, damit jeder versteht, worum es da geht?“ Laura sieht mich erneut fragend an. Ich kann ihre Frage nicht beantworten und zucke nur mit den Schultern. „Anscheinend haben die Macher dieser *Show* bedenkenlos und ohne groß nachzudenken den Originaltitel von den Amerikanern übernommen, weil er doch so *in* klingt. Ich weiß es nicht, und darum interessieren mich solche Sendungen auch überhaupt nicht, und ich sehe mir so etwas auch nicht an!"

„*What a bitch!*", unterbricht Max plötzlich wütend unsere Unterhaltung. Er zeigt auf ein kleines Mädchen, das ihm eine seiner Fritten auf seine neue Jeans gelegt hat. Die Kleine lächelt ihn aber so lieb an, dass er sich schnell beruhigt. „Kennst du *ReBuy*?" Ich schüttle meinen Kopf. *ReBuy*, was ist das denn schon wieder? „Da kannst du Sachen, die du nicht mehr willst, verkaufen und bekommst Geld dafür", klärt mich Max freundlich auf. „Und wo finde ich das? Gibt es das in unserer Stadt?" Max lacht schallend auf. „Doch nicht in der Stadt, findest du im *Internet*. Ich zeig's dir nachher." Max ist nicht umsonst der *Sunny Boy* der Firma. „Hast du die *News* heute Morgen im Fernsehen gesehen? Da haben sie berichtet, dass Deutschland eventuell *Fracking* erlauben will." Helen sieht mich kopfschüttelnd an, und bevor ich antworten kann, ruft Max dazwischen: „Was ist das denn? *Fracking*? Hört sich *cool* an. Kann man das kaufen?"

Diese *Teenager* heutzutage! Die kennen nur ihr *iPad* oder ihr *Smartphone*, alles andere scheint sie nicht zu interessieren.

„Morgen findet ein *Luxus Sale* bei *Who's perfect* statt." Max sieht uns gespannt an, aber das interessiert weder mich noch Laura oder Helen. Selbst bei einem *Sale* sind deren Preise noch so *exorbitant* hoch, sodass wir es uns nicht leisten können, dorthin *shop*pen zu gehen. „Ich freue mich so auf den Feierabend“, unterbricht Helen die monotone Unterhaltung. „Mein Mann und ich haben vor, einen ganz *relax*ten *Couching*-Abend in unserem *Loft* zu verbringen.“

Ich beneide Helen ein wenig. Während mein Freund unterwegs ist, und ich quasi als *Single* die Abende und das Wochenende meist allein verbringen muss, obwohl ich eigentlich in einer festen Beziehung lebe, *couchen* sie und ihr Mann in ihrem *Penthouse Apartment*, das sie sich vor einigen Monaten gekauft haben. Helen und ihr Mann hatten beschlossen, dass sie kein *Baby* wollen. „*Kids* sind einfach zu nervig“, hatte Helen einmal zu mir gesagt, und stattdessen kauften sie sich dieses luxuriöse *Apartment*. „In circa fünfzehn Jahren wird sich der Kauf *amortisiert* haben.“

Schon wenn man diese luxuriöse Wohnung betritt, verschlägt es einem den Atem. Das *Master Bedroom* alleine ist mit fast dreißig Quadratmetern größer als mein Wohnzimmer. In ihrem Badezimmer steht nicht einfach so eine Badewanne, nein, sie besitzen einen großen *Whirlpool*, den sie beide gleichzeitig benutzen können. Erwartet man eine einfache Dusche, so wird man auch in dieser Richtung enttäuscht, denn die ebenerdige *Rainshower*-Dusche in Helens Badezimmer ist so groß, dass auch hier leicht zwei Personen gleichzeitig duschen können. Phänomenal sind auch die Lichterspiele, die dieser *Shower* hervorzaubert, während das Wasser herunterläuft. Als krönenden Abschluss schließt sich noch ihr eigenes, komplett eingerichtetes *Fitness*-Studio in einem der hinteren Räume des Apartments an.

Natürlich haben sie und ihr Mann auch einen privaten *Personal Trainer*, der sie dreimal in der Woche auf *Tour*en bringt.

Am liebsten hätte ich bei meinem Besuch den *Crosstrainer* ausprobiert, aber die Zeit reichte nicht dafür.

Da Helen und ihr Mann beide gutbezahlte Positionen innehaben, sie als *Risk Manager* in unserer Firma und ihr Mann, der sich als *Self-made-Geschäftsmann* hochgearbeitet hat und nun als *Senior Engineer* für *Design* in einer anderen großen Firma angestellt ist, können sie sich dieses luxuriöse *Loft* ohne weiteres leisten – obwohl sie sich beim Kauf über die, wie Helen glaubte, viel zu hohe Makler-*Courtage* sehr ärgerte.

Als ich die *Penthouse*-Wohnung zum ersten Mal besichtigte, war ich einfach nur sprachlos. Es war, als ob man die *Lounge* eines *First-Class*-Hotels betreten würde. An der Wand gegenüber der Eingangstür steht der Spruch „*My home is my castle*“, der zutreffender nicht sein kann, und an der Wand daneben prangt ein riesiges *Gallery Print*. Darauf ist die *Skyline* von Hamburg, Helens Heimatstadt abgebildet. Durch das riesige Wohnzimmer gelangt man in einen lauschigen Wintergarten, in dem Sessel und Liegen zum Verweilen und Ausspannen einladen – wie ich finde, das *Highlight* der Wohnung. „Unsere *Chillout Lounge*“, meinte Helen glücklich, „demnächst lassen wir unser Zuhause in ein *Smarthome* umwandeln.“

Ich sah sie erstaunt an, denn mit diesem Begriff konnte ich überhaupt nichts anfangen. Bevor ich sie danach fragen konnte, fuhr sie fort: „*Smarthome* ist ein übers *Internet* steuerbares Zuhause. Da kann ich zum Beispiel vom Büro aus die Rollläden auf- und zumachen oder das Licht an- und ausschalten, die Heizung regulieren oder den Ofen anmachen. Na ja …, und so weiter und so weiter.“ Sie schaute mich erwartungsvoll an, und ein Fremder hätte bestimmt gedacht: „*Fishing for*

Compliments.“ Aber der Typ dazu war sie nicht, nein, sie war einfach nur stolz auf ihre Wohnung – und sie kann stolz darauf sein.

Obwohl diese supermodern eingerichtet ist, versprüht Helens Wohnung einen gewissen Charme und einen ganz besonderen *Flair.* Weit über den Dächern unserer Stadt haben Helen und ihr Mann außerdem keine nervigen Nachbarn, die sie stören.

Meine Wohnung liegt in einem Mehrparteienhaus, das leider ziemlich hellhörig ist. Neben mir wohnt ein alter, schwerhöriger Mann, der regelmäßig abends den Fernseher so laut stellt, dass ich jedes Wort verstehen kann. Die ersten Monate dort war ich fast am Verzweifeln. Dann sammelte eine andere Mieterin für seinen fünfundachtzigsten Geburtstag, und mir kam die rettende Idee: Ich kaufte ihm zusätzlich zu dem Geschenk von uns allen noch ein *Headset* und erklärte ihm, wie es funktioniert. „Ich muss Sie wohl sehr gestört haben“, sagte er, etwas zerknirscht, aber dankbar. „Wenn ich mal etwas für Sie tun kann, melden Sie sich bitte“, bot er mir lächelnd an. Er beschämte mich mit seinen lieben Worten, aber seitdem höre ich seinen Fernseher nicht mehr. Und außerdem bin ich durch die häufige Abwesenheit meines Freundes eine richtige *Do-it-yourself*-Expertin geworden und benötige keine Hilfe.

Mein Vater war und ist begeisterter Fußball-*Fan*, doch seitdem immer mehr rabiate *Hooligans* die Fußballstadien unsicher machen, sieht er sich die Spiele nur noch im Fernsehen an, manchmal zum Leidwesen meiner Mutter. Ihr hatte ich damals zu ihrem Geburtstag auch ein *Headset* gekauft, zum Glück kann sie damit ungestört ihrer Musik lauschen, wobei sei handarbeitet, während mein Vater sein Fußballspiel in Ruhe ansieht.

So können sie beide letztendlich den Abend nebeneinander auf der Couch genießen, fühlen sich nicht alleine, aber auch nicht behelligt durch den anderen.

Klar könnte ich mir ein größeres *Apartment* leisten, aber damit wollen mein Freund und ich noch warten, bis er einen festen *Job* hat und nicht mehr so oft in der Welt herumtingeln muss. Wann das sein wird, und in welcher Stadt wir dann schließlich wohnen werden, steht noch in den Sternen.

Bevor ich in diese Stadt zog und die Wohnung mietete, verfolgte mich ein *Stalker* auf Schritt und Tritt. Gott sei Dank habe ich jetzt Ruhe vor ihm – ich hoffe, dass es auch so bleibt.

Nachdem wir fertig gegessen haben, geben wir noch eine Bestellung *to Go* auf, denn leider muss immer einer von uns, abwechselnd während der Mittagspause, die Telefonzentrale bedienen. Da diese Zentrale gleichzeitig auch die *Hotline* unserer Firma ist, muss immer jemand da sein, und dieses Mal ist es Jenny, die am Telefon bleiben musste. Sie wünscht sich einen *Cheeseburger Royal* mit Fritten mit *Mayonnaise*.

„Heute ist ein Kumpel von mir mit seinem Vater zum Nachlass-*Hopping,* und da bin ich gespannt, welche Antiquitäten sie dieses Mal finden.“ Bevor Max weiterreden und ich ihn fragen kann, was Nachlass-*Hopping* bedeutet, drängt Laura zum Aufbruch. „Wir müssen los. Kommt, macht schnell, es ist allerhöchste Zeit.“

Kaum zurück in meinem Arbeitsraum, erhalte ich einen Anruf, dass ich sofort ins Büro des leitenden *Managers* kommen soll. In dem kleinen Besprechungsraum, der sich direkt daneben befindet, halten sich schon andere Kollegen auf.

Unser *Boss* erklärt uns, dass alle, die sich hier zusammengefunden haben, an einem *Masterplan* für ein großes, anstehendes Projekt mitarbeiten sollen. Es geht unter anderem auch darum, dass wir unseren bereits bestehenden guten *Level* und hervorragenden Ruf in der Branche erhalten. Ich fühle mich geehrt dabei, mitarbeiten zu dürfen, aber dadurch wird meine *To-do*-Liste immer länger.

Nachdem der Assistent der Geschäftsführung uns detailliert erklärt hat, um was es sich dabei handelt, bittet er jeden Einzelnen von uns um ein *Resümee* bis spätestens Ende der Woche. Ich freue mich auf dieses Projekt und weiß jetzt schon, dass es für mich das berufliche *Highlight* der Woche werden wird. Ich bin wahrlich kein *Workaholic*, aber ich kann mich, wenn nötig, an einer Aufgabe so lange festbeißen, bis sie erledigt ist.

Im Rahmen einer Werbe*kampagne* für ein großes Sportbekleidungsunternehmen hatte ich eine Umfrage über das Freizeitverhalten vieler berufstätiger Bürger gestartet. Die ersten Resultate dieser Umfrage treffen nun ein, und ich muss die Daten im *Computer* erfassen. Ich bin überrascht, wie viele nach ihrem *Job* entweder regelmäßig *jogg*en, *Nordic Walking* betreiben oder in einem *Fitness*-Studio ihren *Body* stählen. Das Sportbekleidungsunternehmen benötigt diese Daten, um genau zu wissen, welche Art von *Sportswear* die Deutschen *favor*isieren und welche am meisten hergestellt werden muss.

Als ob ich nicht schon genug zu tun hätte, hat mich unser Chef auch noch damit beauftragt, für unsere diesjährige Betriebsfeier eine geeignete *Location* zu finden. „Sie wissen, dass viele Kinder dabei sein werden. Ich bitte Sie, dies zu berücksichtigen.“ Das bedeutet, dass ich wohl stundenlang an meinem *Computer* nach Auto-*Scootern* und Karussells, die man buchen kann, Ausschau halten muss.

Außerdem tagt in dieser Woche die Gesellschaft der *Bonding Engineers* bei uns, und dafür gibt es noch viele Dinge zu erledigen. Das bedeutet aber auch, dass ich ein wenig an *Speed* zulegen muss, um das mir übertragene Pensum zu schaffen. Über nicht genug Arbeit kann ich nicht klagen, aber sie macht einfach Spaß.

In der Nachmittagspause habe ich fast keinen Hunger, aber ich esse trotzdem mein mitgebrachtes *Sandwich*, damit es nicht verdirbt. „Kommst du morgen Abend mit?“ Es ist Sandy, die mich anruft, um mich daran zu erinnern, dass ich ihr eigentlich sagen wollte, ob ich sie morgen Abend zu diesem sogenannten *It-Girl* und deren *Pool Party* begleite. Doch ich habe keine Lust, und Sandy ist ein wenig enttäuscht. „Bist du *busy,* oder nimmst du gerade ein *Break*?“

„Ein *Break*“, nuschle ich mit vollem Mund ins Telefon. „*Sorry*, Süße. Wenn du fertig bist, rufst du mich zurück?“ Ich nicke ins Telefon, da meine Mutter mir als Kind verboten hatte, mit vollem Mund zu sprechen – und daran halte ich mich noch immer.

Nach der Arbeit beschließe ich, zu Fuß nach Hause zu gehen, um eventuell ein wenig zu *shop*pen. An einem großen Einkaufsmarkt prangt ein riesiges Schild mit der Aufschrift „*Autumn/Winter: Speed-Shopping – come in and find out*“. Doch heute habe ich keine Lust darauf herauszufinden, was es dort schon für den Herbst und den Winter zu kaufen gibt, dafür interessiert mich das *Sales*-Schild an einem Schaufenster eines Schuhgeschäftes schon mehr. In einem Werbe*flyer* dieses Geschäftes, der heute Morgen meiner Zeitung beigefügt war, hatte ich gelesen, dass bestimmte Schuhe eines bekannten Schuh*labels* dort *on Sale* seien, und vielleicht konnte ich ja ein Schnäppchen erstehen.

Als Erstes fallen mir dunkle, elegante *Pumps* auf, die, vom Preis her gesehen, fast um die Hälfte reduziert waren. *Pumps* sind nicht nach meinem Geschmack, aber meiner Mutter würden sie bestimmt gefallen. Ich *simse* ihr sofort dieses tolle Angebot.

Während ich zwischen *Slippers*, *Flip Flops*, *Clogs*, *Ballerinas* und *Peeptoe Shoes* herumwandere, fällt mir ein ganz besonderes Angebot in die Augen: ein Paar modische, lachsfarbene *High Heels* mit farblich abgestimmten *Nylons* und farblich passendem Leder-*Shopper*. So etwas hatte ich noch nie gesehen. Da der Preis stimmt und die *High Heels* genau passen, kaufe ich mir diese drei Artikel sofort. Ich muss zugeben, ich bin nicht nur ein Schuh*freak*, sondern auch modische Taschen aller Art haben es mir angetan.

Was mir an diesem Geschäft auch besonders gut gefällt, ist die große Abteilung für Kinder. Hier steht am Eingang „*Mini Trendsetter*“ auf einem Schild, und die kleinen *Boots* heißen *Monster High* für *monstercool*e *Girlies*. Daneben in einem großen Korb liegen Schuhe, auf denen der Name *Barbie* steht, kleine Schuhe mit dem Namen *Illumination* blinken dazwischen, und für kleine Jungs gibt es *Star Wars Sneakers*.

Zu jedem Paar *Planes*-Schuhe erhalten die kleinen Kunden zusätzlich einen *Dusty-Crophopper-Styropor*-Flieger gratis dazu.

Für *Teenager* gibt es *Sneakers* mit *Star*-Faktor, denn sie können bei einem Wettbewerb ein *Meet & Greet* mit einer berühmten *Teenie*-Sängerin und *Tickets* für eines ihrer Konzerte gewinnen. Diese Sängerin ist groß abgebildet und wirbt mit „*Live your Style*".

Über der Abteilung für Männer hängt ein riesiges Schild mit der Aufschrift „Dein *Style*" – doch Schuhe muss sich mein Freund schon selbst kaufen.

Während ich weiter durch die *Shopping*meile unserer Stadt schlendere, beobachte ich auf der gegenüberliegenden Straßenseite, wie ein *City Guide* interessierten *Tourist*en eine Statue vor unserem Rathaus erklärt. Plötzlich erhalte ich von hinten einen unsanften Schubs von einem *Inlineskater*, der sich rücksichtslos seinen Weg durch die Fußgänger bahnt. Ich stoße dabei versehentlich auf ein Werbeplakat, das mir mitten auf dem *Trottoir* den Weg versperrt. „Werden Sie der nächste *Hidden Champion* – nur für *Ladies* –, bewerben Sie sich bei uns." Dieser reißerische Werbe-*Slogan* springt mir sofort ins Auge. Ein Boxstudio wirbt damit um neue Mitglieder. Nein, Boxen ist nicht mein Ding.

Genau hier hatte mich vor Jahren einmal ein *Model Scout* angesprochen und mir eine große Karriere als *Model* vorausgesagt. Doch meine Mutter, die mich damals begleitete, war energisch dagegen, und so wurde es nichts aus einer Karriere als Super*model*.

Ich bahne mir meinen Weg um das große Werbeplakat, und schon von weitem erkenne ich einen neuen Werbe*flyer* in einem der Schaufenster eines sehr bekannten Mode*label*s: „Luxus-*Sale*“ – repräsentative Auswahl an reduzierten Artikeln. Als ich vor dem Schaufenster stehe, fällt mir sofort ein *trendy Twinset* ins Auge. Es hat ein attraktives *Design*, ist *navy-blue* mit einer *fully fashioned* Verarbeitung und *Babylock*nähten. Eine der Schaufensterpuppen trägt eine wunderschöne *pink*-farbene Bluse in *Crash*-Qualität. Doch ich benötige zurzeit weder ein *Twinset* noch eine *trendy* Bluse, und so gehe ich weiter.

Nebenan in einem Möbelgeschäft wirbt ein dezentes Schild mit herabgesetzten Preisen für alle *Fauteuils,* die einen *Flair* der guten alten Zeit versprühen, und gleichzeitig werben sie für neue Möbel im angesagten *Shabby Look*, der sie alt und gebraucht aussehen lässt. Daneben wirbt eine Buchhandlung für ein Buch mit dem Satz „Der offizielle Film*teaser* zum Buch“, den ich nun überhaupt nicht verstehe.

Ein anderes Geschäft gegenüber wirbt mit „Hier erwartet Sie eine große Auswahl an *trend*iger *Streetwear*, jede Menge *Funshirts* und sonstige *Funwear*“. Was sind denn *Funshirts*, und was ist überhaupt *Funwear*? Noch nie davon gehört.

Interessiert blicke ich in die kleine Gasse, die zwischen all den Verkaufsgeschäften zu einem alten Turm führt, der früher als Gefängnisturm berühmt war. Er steht am Ende der Gasse, umrahmt von vielen kleinen, schiefen Häusern aus der damaligen Zeit. Ein Räuber, der hier in der Umgebung vor über hundert Jahren sein Unwesen trieb, war in diesem Turm eingesperrt, konnte sich aber befreien. Es nützte ihm aber nichts, denn er wurde wieder eingefangen und kurze Zeit später in der Landeshauptstadt hingerichtet. Bei uns wird er noch immer mit *Robin Hood* verglichen.

Bis vor kurzem standen hier noch Bagger und der Turm wurde renoviert. Nun sind die Baufahrzeuge verschwunden, und ich gehe neugierig in die Gasse hinein, um mir anzusehen, was aus dem historischen Viertel geworden ist. Ich bin fassungslos! Alle alten Häuser sind verschwunden und an ihrem ehemaligen Standplatz ist ein großer Parkplatz entstanden.

Der ehemals dunkle, aus groben Steinblöcken gebaute Turm glänzt, nun weiß getüncht, in der Nachmittagssonne. Die ganze *Historie* und der *Touch* des Verruchten, den diese Gasse einst besaß, sind vollkommen verschwunden. Konnte man früher nachvollziehen, dass der berühmteste Dieb der Umgebung mit seinen Ganoven einst hier sein Unwesen trieb, so ist nun nichts mehr von dem gruseligen *Feeling* und dem historischen *Ambiente* von damals zu spüren.

Es macht mich unsagbar traurig, dass die Stadtväter diese *Tourist*enattraktion derart verunstaltet haben, nur um neue Parkplätze zu schaffen – die Geschichte unserer Stadt quasi entfernt haben. Den Turm als Hotel zu benutzen hat ja schon etwas, aber ich finde, er wäre viel attraktiver, steckte er noch in seinem alten Gewand, anstatt in diesen neuen *Look* gehüllt. Enttäuscht gehe ich weiter.

Als ich noch ungefähr zweihundert Meter von meiner Wohnung entfernt bin, sehe ich auf der gegenüberliegenden Straßenseite in einem Schaufester eines Bekleidungsgeschäfts, in dem ich noch nie *shop*pen war, einen riesigen *Sales Flye*r mit der Aufschrift „*First Class Outdoor Wear*". Doch mein Bedarf an Schnäppchen für heute ist gedeckt.

Laura hatte mich gebeten, sie am übernächsten Wochenende entweder zu einem riesigen *Factory-Outlet-Center* vor der Stadt oder in das etwas entferntere *Outlet Village* mit über einhundert *Outlet Stores* zu begleiten. Sie will dort nach preiswerten *Deals* Ausschau halten, denn für ihre Großfamilie *shop*pt sie immer gleich *en gros* mit. Das Gute daran ist auch, dass man die Sachen wieder *retour* bringen kann, sollten sie nicht passen. Außerdem sammelt Laura regelmäßig die *Coupons* vieler *Factory-Outlet-Shops* und macht jedes Mal so einige gute *Deals* beim *Shop*pen.

Doch es wird immer schwieriger für Laura, ihre Sprösslinge zufrieden zu stellen: Ihre beiden ältesten Kinder sind jetzt in dem Alter, in dem sie gegen *No-Name*-Produkte rebellieren und auf Markenbekleidung bestehen, um in der Schule nicht ge*mob*bt zu werden. Ich bewundere Laura, wie sie jeden Monat versucht, das *Budget*, das sie und ihr Mann für Kinderbekleidung errechnet haben, nicht zu überschreiten. Schließlich sparen sie für ein eigenes Haus, und so etwas ist nun einmal teuer.

Langsam macht sich der Betrieb der *Rushhour* bemerkbar, und trotzdem schlendere ich gemütlich weiter. Es ist nicht mehr weit bis zu meiner Wohnung. Plötzlich quietschen neben mir Reifen, und ich springe erschrocken zur Seite. Ein aufgemotztes älteres Auto fährt rasant an mir vorbei. Sicher hat der junge Fahrer es *tunen* lassen und gibt nun damit an.

Auf dem weiteren Weg nach Hause erhalte ich eine *SMS* von einer Freundin, die gerade ihren Urlaub als *Backpacker- Tourist*in in *Down Under* verbringt. „Musst mich nicht beneiden", *sims*t sie, „hier regnet es ununterbrochen.“ Ich bin froh, dass ich nicht mitgeflogen bin, denn das Wetter hier bei uns lässt nicht zu wünschen übrig. Es ist einfach nur *cool*.

Der Metzger, bei dem ich oft einkaufe und an dem ich gerade vorbeilaufe, bietet für das kommende Wochenende *Spare Ribs* zu einem Superpreis an. Mal sehen, wie das Wetter wird und ob mein Freund nach Hause kommt. Da er sehr gerne frisch ge*grill*te *Steaks* isst, kann ich ihn ja vielleicht zu einem gemütlichen *Barbecue*-Abend mit Freunden überreden. Ich liebe diese *Balconing*-Abende mit guten Bekannten. Während ich noch vor dem Metzgerladen stehe, fällt mir ein, dass ich dann auch gleichzeitig den leckeren Käse im *Freshpack* bei ihm einkaufen kann. Obwohl es eigentlich ein Metzgerladen ist, führt er auch einige andere Lebensmittel, so wie diesen Käse.

Kurz bevor ich an meiner Wohnung ankomme, sehe ich ein großes Schild mit der Aufschrift „*To-Go*-Wochen – hier bei uns“ bei einem Autohändler. Was das wohl wieder bedeutet? Haben die Autos auf Vorrat oder was soll mir diese Werbung sagen? Langsam frustriert es mich, fast nur noch englische oder amerikanische Werbung hier in Deutschland zu sehen.

Endlich wieder zuhause, *checke* ich als Erstes meinen Briefkasten, der gleich neben der Haustüre angebracht ist, und finde darin einen Stoß Werbe*flyer*, den ich mit in meine Wohnung nehme. Gleich auf dem obersten *Flyer* ist Bettwäsche abgebildet, und der Text darunter suggeriert mir, dass die angepriesene *Soft-Touch*-Bettwäsche zurzeit das Beste auf dem Markt sei, und dass sich das *on Sale* befindliche Luftbett mit einer *High-Speed*-Pumpe ausgerüstet ist. Ein Luftbett? Wäre vielleicht etwas für unser kleines Gästezimmer. Das muss ich aber zuerst mit meinem Freund besprechen, denn wir haben vereinbart, dass alle Anschaffungen für unser *Apartment* gemeinsam besprochen und auch gemeinsam entschieden werden. Das Widersinnige an dieser Werbung ist, dass eine Lebensmittelkette dafür Werbung macht. Immer mehr Lebensmittelgeschäfte locken ihre Kunden durch sogenannte *Non-Food*-Angebote und *Lifestyle*-Produkte.

In meiner Wohnung angekommen, begebe ich mich als Erstes ins Bad. Nachdem ich mein *Make-up* mit einem meiner super*soft*igen Kosmetiktücher abgewischt und eine ausgiebige Dusche genossen habe, bereite ich alles für einen erholsamen Fernsehabend vor. Ich schlüpfe in eine bequeme *Wellness*-Hose und ein einfaches *Basic Shirt*. Wieder vermisse ich meinen Freund und spüre die Einsamkeit umso mehr. Meine Gedanken kreisen um unsere Hochzeit, die wir selbstverständlich in unsere Zukunftspläne mit eingeschlossen haben, und immer mehr gefällt mir der Gedanke, einen *Wedding Planner* zu beauftragen, die Feier und alles, was dazugehört, wie zum Beispiel die richtige *Location*, für uns zu suchen und zu gestalten, um es zu dem schönsten Fest unseres Lebens zu machen. Unsere *Honey-Moon*-Wochen wollen wir ganz alleine auf einer kleinen Insel verbringen.

Doch noch sitze ich alleine auf meiner *Couch*, und natürlich gehören zu einem gemütlichen Fernsehabend auch *Potato Chips* und *Popcorn* und andere *Snacks*, die ich glücklicherweise noch in meinem Schrank finde. Doch bevor ich den Fernseher anschalte, hole ich wie jeden Tag erst einmal ein kleines Büchlein aus unserem Wand*safe*, den der Vormieter eingebaut hatte und der uns nun zugutekommt. Dieses Büchlein ist mein kleines, persönliches Tagebuch, mein sogenanntes *Diary*. Täglich schreibe ich meine Erlebnisse und Gefühle hinein und verschließe es anschließend wieder im *Safe*. Irgendwann einmal, so nehme ich mir fest vor, lese ich meinen Kindern daraus vor.

Mein Blick fällt auf einen Katalog, aus dem ich ab und zu bestelle und von dem ich weiß, dass die Waren gut und preiswert sind. Doch dieses Mal steht *Happy Hour*, dann der Name des Katalogs und noch *It's me* auf seinem Cover. Genervt lege ich ihn zur Seite: immer mehr Englisch oder Amerikanisch! Es *turnt* mich *off*.

Danach vertiefe ich mich erst einmal in all die *Sale Flyer*, die in meinem Briefkasten waren. Da Helens jüngste Tochter nach den diesjährigen Sommerferien eingeschult wird, interessieren mich natürlich nützliche Dinge zum Schulanfang ganz besonders. Schon auf der zweiten Seite des nächsten *Flyer*s wird eine besondere Lern*software* für Schulanfänger angeboten. Die benötigen so eine schon zum ersten Schuljahr? Das kann und will ich *partout* nicht glauben und nehme mir vor, bevor ich etwas Unnützes kaufe, Helen am nächsten Tag erst einmal um Rat zu fragen.

Auf der nächsten Seite fällt mir das Angebot für ein Schreib-*Set* auf. Es soll inklusive *Rollerball*, Strichstärke „M“ sein. Daneben werden noch ein *Collegeblock*, eine Stifte-*Box* und ein Klapp-*up*-Vokabelheft angepriesen. Was bitte ist ein Klapp-*up*-Vokabelheft? Ich hoffe, Helen weiß etwas damit anzufangen. Eigentlich hatte sie sich für ihre Tochter zum Schulanfang als kleines Geschenk ein *Airbrush Set* gewünscht, aber das konnte ich bei diesen *Sales*-Angeboten nicht finden. Da werde ich wohl morgen in einem Spielzeuggeschäft nachsehen müssen. Eine kleine *Lifestyle Box*, zum Verstauen von unnützem Kleinkram, die auf der nächsten Seite angeboten wird, könnte ich gut gebrauchen, um ein wenig Ordnung in meine *Make-up*-Utensilien zu bekommen.

Auf der nächsten Seite überrascht eine große Werbeaktion die *Kids* – mit der Note „sehr *cool*"!

Um auch ja modern und absolut *in* in der ersten Klasse zu erscheinen, gibt es eine große Auswahl an Bekleidungsartikeln. Da sind verschiedenfarbige *Jeans – slim, skinny, straight –*, dazu *Stretch*-Unterhemden und bunte *Longshirts* für die Mädchen und mit *cool*em *Print* versehene *T-Shirts* von weicher *Single-Jersey*-Qualität für die Jungen. Und passend dazu *Softshell*-Jacken in allen Größen und Farben.

Kopfschüttelnd lege ich diesen *Flyer* zur Seite – ich werde ihn morgen mit zur Arbeit nehmen und Helen fragen, ob ihre Kleine das alles schon zum Schulanfang benötigt. Aber in diesem *Flyer* ist auch ein Kinderautositz *Solution* X *on Sale,* für den sich Helen eventuell interessieren könnte.

Als ich den nächsten *Flyer* aufschlage, wird sofort klar, dass es auch hier hauptsächlich um Kinderbekleidung für die einzuschulenden *Kids* geht: *Cooler* Herbst-*Look* für Schulanfänger. Ein Spruch, der Eltern zeigen soll, wie modern gekleidet ihre *Kiddies* zur Schule gehen können. Im Angebot sind *coloured Jeans*, Herbst-*Sneakers*, Kinder-*Booties* und eine super-*trendy College*-Jacke mit kuscheligem *Fleece*-Innenfutter, die mit den Worten *Cool and young* angepriesen wird. In Amerika sind *College*-Studenten stolz, die Zugehörigkeit zu einer Universität mit solchen Jacken anzeigen zu können – und bei uns bekommen sie schon kleine Erstklässler! Ich stelle sie mir gerade in ihren *College*-Jacken vor: das genaue, aber viel kleinere Abbild ihrer amerikanischen Vorbilder.

Auf einer der nächsten Seiten entdecke ich einen sehr preiswerten *Touchscreen*-Stift. So einen könnte ich gut gebrauchen, denn ich habe meinen irgendwo verloren und finde ihn nicht mehr. Ein *Hobby*-Bastel-*Set* für Kinder in *top Quality* wird auf der letzten Seite angeboten. Ob das was für Lauras kleine Tochter wäre? Das muss ich sie fragen.

Mich interessieren im nächsten *Flyer* ganz besonders die Superangebote für *Nordic Walking*. Da gibt es ein *Fleece Shirt*, eine *Walking*-Hose und eine *Outdoor*-Weste zu einem supergünstigen Preis. Auch *Nordic-Walking*-Stöcke und *All Terrain Boots* sind im Angebot. Vielleicht sollte ich es doch einmal mit *Nordic Walking* versuchen? Außerdem sind noch Freizeitschuhe „4 *a walk*" abgebildet, zu einem sensationell günstigen Preis. Auf alle Fälle werde ich mir die Artikel in den nächsten Tagen einmal ansehen, ob sie auch qualitativ meinen Anforderungen entsprechen.

Auf der ersten Seite des nächsten *Flyers* steht „In Ihrem *Allround-Discounter* finden Sie stets frische Waren und ganz besondere *Deals*" in großen *Letter*n. Auf der zweiten Seite bewirbt ein mir bisher ungekannter Haushaltgerätehersteller sein neues Küchengerät mit dem *Slogan* „Kreieren Sie Joghurt, *Cookies* oder *Smoothie*". *Smoothie*? Keine Ahnung, was das ist. Und auf der dritten Seite hält eine junge Frau eine Tube in die Kamera, „Ihre *Deep-Care-Complete*-Pflege-*Lotion* für eine junge, gesunde und attraktive Haut" steht darunter. Weiter unten ist ein Schneidewerkzeug abgebildet mit dem Text „Multi*cutter* – eine Multifunktionsklinge". Dann folgt noch jede

Menge verschiedenfarbiger Küchenzangen, mit der Aufschrift „*I love Colors*, die es nur diese Woche gibt". Nein, kein Bedarf.

Ich blättere weiter, und es werden noch zwei weitere Küchengeräte angepriesen: Ein elektrischer *Popcorn Maker*, der mich wirklich interessiert, denn *Popcorn* macht nicht dick, und ich liebe es. Außerdem bietet dieselbe Firma noch einen elektrischen *Popcake Maker an*, der mir aber absolut nichts sagt. Was ist *Popcake*? Nie davon gehört.

Eine preiswerte Taschenlampe *Pure Power* kommt sofort auf meine *Shopping*liste, denn falls mal der Strom ausfallen sollte, habe ich dann wenigstens Licht zur Verfügung. Die dazugehörigen Knopfzellen in *tested Quality* werde ich selbstverständlich gleich mitkaufen. Auf der letzten Seite werden für *Wraptastic* Folienspender, *iTunes*-Karten und *Magic*-Kleiderbügel und einen Dosenöffner „*One Touch*" geworben. Da ich nicht weiß, um was es sich bei alldem handelt, bin ich mir sicher, dass ich diese Artikel auch nicht benötige. Der *Deskjet-all-in-one*-Drucker, der ganz unten abgebildet ist, scheint wirklich preiswert zu sein. Ich werde Max morgen darüber informieren, denn er hatte angedeutet, dass er an so etwas Interesse hätte für sich zuhause.

Der nächste *Flyer* scheint mehrere Artikel im Angebot zu haben, die mich wirklich interessieren könnten. Zum einen ein Warmluft*styler* mit vielen Extras, wirklich sehr günstig, und dann tolle *Seamless-Shapewear*-Angebote, die neuesten und *coolsten Hipster Slips* und außerdem noch *Slim Jeans Leggins*. Die würden mir gefallen – und der Preis erst recht.

Das Langarm-Herren-*T-Shirt*, das auf der nächsten Seite mit *Feel the Freedom* angepriesen wird, könnte meinem Freund gefallen. Auch das *Royal-First-Class-Comfort*-Hemd sieht richtig *trendy* aus. Über die ebenfalls angebotenen *Retro Pants* muss ich schmunzeln, die sehen genauso aus wie damals die Unterhosen meines Vaters, die meine Mutter draußen zum Trocknen auf die Leine gehängt hatte. Nur wenn ich nach der Arbeit in das betreffende Geschäft komme, sind diese Angebote schon längst ausverkauft – ich werde es versuchen.

Bei den Kinderangeboten fällt mir ein süßer *Cardigan* ins Auge, der angeblich mollig warm ist. Auch Bettwäsche ist im Angebot, aber die angepriesene *Reinforce*-Qualität mag ich überhaupt nicht. Die *Soft Liner Socks* jedoch haben mein Interesse geweckt, die wären etwas für mich und meinen Freund für den kommenden Winter. Mal sehen, ob ich sie kaufe.

Und auf einem im *Flyer* befindlichen Zusatz*flyer* wird eine mobile *Smart Community Flatrate* angeboten. Es gibt tatsächlich *Stores*, die fast alles im Sortiment führen.

Im selben *Flyer*, einige Seiten weiter, wird mein Hungergefühl geweckt. Dort wird unter der Überschrift *Top Seller* unter anderem für *Creamy Tomato Pasta*, *Fettuccine Cheese & Onion Pasta* oder *Italian Blue Cheese Pasta* geworben. Passend dazu *Steakhouse Frites,* eine Geflügel-*Snackbox* und amerikanische *Sauce*. Auch ein amerikanisches Salat*dressing* und eine Packung mit sechs *American Pancakes* sind abgebildet. *Wildberry*-Bonbons, *Mousse au Chocolat, Smoothies,* Milch*desserts* und *Crispy Rolls* auf der nächsten Seite lassen mich richtig hungrig werden, und mein Magen meldet sich lautstark. Auch der Anblick von *Brownies* und der *Tortilla Wraps* tun ihr

Möglichstes, um meinen Appetit auf das Angebot von *Chili con Carne* noch eher zu stärken und mein Hungergefühl wachsen zu lassen.

Dann erblicke ich noch Werbung für eine Packung *Chunky Chips*. Ich habe zwar noch nie von denen gehört, aber mir läuft das Wasser im Mund zusammen, als ich das dazugehörige Bild sehe, und dann entdecke ich auch noch *Jelly Beans*, *Brainfood-Wellness-Snacks*, verschiedene *Milkshakes* und *flavoured Candy* in einer Dose. Und auf der nächsten Seite gibt es *Toasties* von Schinkenfleisch oder *Southern Fried Chicken*. Ich liebe diese *Snacks* zum *Toasten*. Als ich dann auf der letzten Seite eine ganz besondere *Ice Cream* in verschiedenen Geschmacksrichtungen entdecke, falte ich diesen *Flyer* zusammen, denn die Artikel sind einfach zu verführerisch.

Ein Prospekt von einem Drogerie-Markt *offer*iert *No-Touch*-Seifenspender. Zwar weiß ich nicht genau, was das ist, es klingt aber vielversprechend, obendrein noch eine Pflegedusche *Clean Comfort* mit *Micro Moisture* und *Nail Polish* mit einem besonderen Glanz. Außerdem gibt es dort noch *Make-up*, das in vier verschiedenen *Nuancen* erhältlich ist. Dann entdecke ich einen *Shoulder Immobilizer*. Das wäre etwas für die ramponierte Schulter meines Vaters. Vielleicht hilft ihm dieses Gerät, die Schmerzen etwas erträglicher werden zu lassen.

Und noch ein *Flyer*, der sehr interessant zu sein scheint, kommt von einem Schuhgeschäft aus der Innenstadt. Die *Eyecatcher* gleich auf der ersten Seite sind *Ballerinas* mit Fersen*zipper* – noch nie gehört, muss ich mir unbedingt mal ansehen –, Reißverschlüsse an der Ferse von Schuhen ist wirklich etwas Neues. Weiter gibt es noch *Velours*- Hausschuhe, die *on*

Sale sind. Auch ein Paar schwarze *Business*-Schuhe fallen mir ins Auge, die würden meinem Freund bestimmt gut stehen. Ob er die *Peeptoes* mit Keilabsätzen, die direkt daneben abgebildet sind, an mir gut finden würde? Ich bezweifle es.

Der letzte *Flyer* kommt von einer kleinen *Boutiqu*e, in der ich ab und zu einkaufe. Dieses Mal wecken ein *Longcardigan* sowie ein *Boucleblazer*, zwei modische *Must-have*-Artikel mein Interesse. Und als ich auf der nächsten Seite die passende *Stretch*-Hose mit samtigem *Flockprint-Longshirt* entdecke, weiß ich sofort, dass diese Artikel meine bisherigen *Outfits* neu *stylen* werden, denn sie sind genau die *All-I-need*-Kleidungsstücke, die ich dafür noch benötigte. Auch einen Woll-*Swinger* oder einen Lammfell-*Swinger* könnte ich mir gut vorstellen, eventuell im kommenden Herbst zu tragen. Denn auch die Preise sind phänomenal gesenkt, und nicht nur mein *Portemonnaie* wird sich darüber freuen. *Ergo* werde ich morgen sofort nach der Arbeit diese *Boutique* aufsuchen, um dort zu *shop*pen.

Zwischen all den professionellen *Sales Flyer*n fällt mir ein eher unscheinbarer Werbezettel in die Hände, den ich fast übersehen hätte: Mit *Rolling Barber* wirbt da eine junge Dame. Sehr wahrscheinlich führt sie ein rollendes *Friseur*geschäft, oder sie macht Hausbesuche – so genau geht das aus dieser Werbung nicht hervor.

Ich räume die *Flyer* weg, betätige den Schalter für meine Deckenbeleuchtung und drehe am *Dimmer*, um das grelle Licht ein wenig einzudämmen. Dann mache ich es mir vor dem Fernseher bequem. Doch schon beim Studieren der Fernsehzeitschrift fällt mir die Auswahl schwer, denn bei den meisten angebotenen Filmen weiß ich überhaupt nicht, um was es geht. Früher hatte man die englischen oder amerikanischen Titel – mehr recht als schlecht – ins Deutsche übersetzt, aber diese Mühe machen sich die Redakteure schon lange nicht mehr.

Ich frage mich, ob alle Deutschen die Titel verstehen und wissen, um was es in den einzelnen Filmen geht? Bestimmt nicht – oder es ist ihnen egal. Die Hauptsache, der Film ist unterhaltsam und lenkt sie von ihren täglichen Sorgen ab? Das wäre sehr schade und trägt bestimmt nicht dazu bei, das kulturelle Interesse zu stärken.

Als Erstes fallen mir folgende Beiträge des heutigen Fernsehprogramms auf:

- *The Blade Runner*,
- *Domino – Live fast, die young*,
- *Ticking Clock.*

Keiner dieser *Movies* verführt mich dazu, sie ansehen zu wollen, wo ich zur Hälfte nicht weiß, was sich dahinter verbirgt.

Ich blättere nun hoffnungsvoll in meinem Programmheft weiter, und selbst bei den öffentlich-rechtlichen Programmen muss ich zu meiner großen Bestürzung erkennen, dass leider auch dort die englischen und amerikanischen Titel schon eifrig Einzug gehalten haben:

- *Scott & Baily*,
- *Miami Blues*,
- *Best of Ladies Night*,
- *Second in Command*,
- Überlebens-*Action-Soap*,
- *Ghost Rider*,

- *Jack in Lov*,
- Wir sind *Talk*,
- *At Folsom Prison*.

Während meiner Zeit in Amerika als *Au-Pair*-Mädchen sah ich einige dieser *Blockbusters*, *Daily Soaps* und *Sitcoms*, doch hier in meinem Heimatland erwarte ich eigentlich, dass ich auch deutsche Filme zu sehen bekomme, doch es werden leider viel zu wenige im Fernsehen ausgestrahlt. Und wenn dennoch einmal ein deutscher Film zu sehen ist, sind es immer wieder dieselben Schauspieler, die darin zu sehen sind. Das macht die Filme unglaubwürdig und fade.

Bevor ich mich endgültig vor meinen Fernseher begebe, *checke* ich noch meine *E-Mails* in meinem *Computer*. Der verlangt als Erstes von mir, ein neues *Update down*zu*load*en, was ich selbstverständlich sofort mache, denn schließlich muss mein *PC* immer auf dem neuesten Stand sein, auch bei mir zuhause. Im Büro übernimmt der System-*Administrator* alle wichtigen *Downloads* sowie alle relevanten *Uploads* für uns.

Nachdem das *Update* vollkommen *down*ge*load*et ist, stelle ich fest, dass sich viele *Messages* von *Twitter* und *Facebook* angesammelt haben. Selbst von einer Partnersuche-Plattform hat sich einer gemeldet und will mit mir *chatt*en. Aber an diesem Abend habe ich keine Lust zu *twitter*n oder zu *chatt*en, sondern werfe noch einen Blick auf meine *Homepage*, aber auch da hat sich nichts verändert, und niemand hat mir etwas *gepostet*.

Da ich Laura versprochen hatte, ihr beim *Couchsurfing* zu helfen, suche ich jetzt entsprechende Seiten in meinem *Compu-*

ter und bin überrascht über das vielfältige Angebot. Ich selbst könnte mir nicht vorstellen, meine Wohnung fremden Menschen zur Verfügung zu stellen, damit sie hier in meinem *Apartment* ihre Ferien verbringen. Laura findet diese Art zu reisen großartig, da sie nichts für die eigene Unterkunft bezahlen muss.

Danach schalte ich meinen Fernseher an, denn jetzt ist es Zeit für ein *Boulevard*magazin bei den Öffentlich-Rechtlichen, das ich mir eigentlich sehr gerne ansehe, doch kaum habe ich Bild und Ton, höre ich als Erstes den Satz „Ein alter Sänger – eine *coole* Sau?“ Bevor ich überhaupt begriffen habe, was die Ansagerin da gerade von sich gegeben hat, spricht die junge Dame in einem so rasanten Tempo weiter, dass ich kaum folgen kann. „Sehen Sie im folgenden Werbe*spot* das *TV-Comeback* eines junggebliebenen Barden, der in früheren Zeiten als *Everybody's Darling* bezeichnet wurde. Seine neue Werbestrategie heißt *Forever Young*, und er geht damit auf *Promotiontour* durch ganz Deutschland. Selbstverständlich wird er dabei immer begleitet von einer *Livecam*, damit Sie, meine lieben Zuschauer, überall mit dabei sein können. Wie ich finde, ein ungemein *clever*er Schachzug seines *Managements*.“ Ich höre nur noch das Wort *Chapeau*, und dann ist der Spot auch schon vorbei.

Noch gebe ich die Hoffnung nicht auf, dass ich noch eine Sendung finde, die mir gefällt, doch schon beim nächsten Sender läuft eine Werbung: Ein Mann sitzt vor einer Giraffe, und es sieht so aus, als ob er sie melkt. Was für ein Unsinn! Es kullern bunte Plättchen herunter. Dann folgt der Satz *Try the rainbow – taste the rainbow.* Was soll man bitte von so etwas halten? Ob die Werber so wirklich ihre Produkte, was immer diese auch sein mögen, erfolgreich vermarkten? Ich wage es zu bezweifeln. Es ist kein Wunder, wenn meine englischsprechenden Freunde mich besuchen und überrascht sagen: „Bei euch fühle ich mich wie zuhause. Hier ist ja fast alles in Englisch."

Sofort schalte ich meinen Fernseher wieder aus. Langsam frage ich mich, ob ich mich noch in Deutschland befinde. Können oder wollen wir kein Deutsch mehr sprechen? Und die Ausdrücke erst – *coole* Sau! Nein, das muss ich mir nicht antun. Außerdem hatte ich erst kürzlich in einer *Boulevard*zeitung gelesen, dass besagter Werbestratege einer halb so jungen *Newcomerin Avancen* machte, sie ihn jedoch abblitzen ließ. Ich mag die Männer nicht, die glauben, sich alles erlauben zu dürfen, nur weil sie berühmt sind oder einmal waren.

Eigentlich möchte ich heute Abend gerne etwas *Chill*iges sehen, etwas zum *Relax*en, etwas, was mich mitreißt und interessiert. Extra für die langen Nächte allein, während mein Freund auf Reisen ist, hatte er mir ein richtiges *Home- Entertainment*-System mit eingebautem *Tuner* und *Receiver*, einem extra *multidimensional*en *Flat-Screen-TV* und einem *Beamer* gekauft, aber bei aller Liebe ist das Programm heute Abend überhaupt nicht nach meinem Geschmack.

Enttäuscht schlage ich die Fernsehzeitschrift zu und schalte meinen *Computer* wieder an. Mal sehen, was bei *Facebook* so los ist, und vielleicht finde ich doch noch für Laura ein tolles *Couchsurfing*-Angebot.

Dann ruft endlich mein Freund an, und wir sprechen lange miteinander. Kurz bevor der Akku seines *Handy*s leer ist, wünscht er mir „*Sweet dreams!*", flüstert leise „*I love you*" und schickt mir tausend *Kisses* durch den Lautsprecher des Gerätes. Ich vermisse ihn so sehr.

Als kleines Kind hatte ich immer Angst vor *imaginären Monstern* in meinem Kleiderschrank und unter meinem Bett, und ich konnte nur einschlafen, wenn entweder mein *Dad* oder meine *Mom* an meinem Bett wachten. Die Zeiten sind Gott sei Dank schon lange vorbei.

Mit sehnsüchtigen Gedanken an meinen Freund begebe ich mich alleine in mein Bett. Bevor ich einschlafe, hoffe ich, dass mich *sweet Dreams* durch die Nacht begleiten werden.

Kapitel 2
Tägliche Fernsehwerbung und Werbung im World Wide Web

Wurden in der täglichen Werbung in der Vergangenheit eher einzelne englische Wörter benutzt, so ist es heute an der Tagesordnung, dass ganze Sätze in Englisch eingefügt oder gesprochen werden – manchmal mit Untertiteln, aber das nur selten.

Da geben Unternehmen Milliarden dafür aus, um ihre Produkte zu *promot*en, und dann tun sie es in einer Sprache, die über die Hälfte aller Deutschen kaum versteht. Selbstverständlich bewerben sie ihre Ware in der Hoffnung, dass viele Kunden sie kaufen. Aber was ich nicht verstehe, ist, diese Werbeblöcke erscheinen immer häufiger und immer mehr nur noch in englischer oder amerikanischer Sprache. Woher wollen die Hersteller dieser Produkte eigentlich wissen, dass wir Deutschen diese Werbeblocks verstehen? Warum zeigt man uns immer mehr englische oder amerikanische Werbeblöcke selbst für deutsche Ware?

Will man wirklich Deutsch so schnell wie möglich durch Denglisch ersetzen? Wenn ja, was ist der Grund dafür, und wer oder was steckt dahinter? Hier ein paar Beispiele dieser neuen Art der Werbung in Deutschland:

- Zwei deutschsprachige Schauspieler machen in Deutschland Werbung für ein französisches Auto – und das bisher ausschließlich in Deutsch. Doch plötzlich will man vermutlich *in* sein, denn jetzt hört man die gesprochene deutsche Werbung nicht etwa in der französischen Sprache – es ist ja schließlich ein französisches Auto –, nein, im Gegenteil, in Englisch fliegt sie dem Verbraucher um die Ohren!

- Zwei Männer sitzen in einem Auto, der Fahrer fragt: „Warum soll ich eigentlich jetzt zum … Händler gehen? Warum …?“ Sein Kollege sitzt neben ihm und stopft sich seinen Mund voll, wohl um das amerikanisch ausgesprochene Englisch authentischer rüberzubringen. Kaum verständlich wegen seines vollen Mundes, antwortet er: “*Because he will make you an offer you can't resist.*” Dabei steht unter dem laufenden Bild der deutsche Untertitel „Denn er wird dir ein Angebot machen, dass du nicht ausschlagen kannst“. Warum spricht man dann nicht gleich deutsch?
- Der Untertitel zu der Werbung *Enjoyneering* lautet „Jetzt *tagg*en und mehr über dieses Auto erfahren“.
- Und dann ist da noch die Werbung mit einem bekannten Rennfahrer und einem anderen, älteren Herrn, wahrscheinlich auch ein *Celebrity*, den ich aber nicht kenne. Man sieht, wie der junge Fahrer aus einem Auto steigt und zu einem Angler geht, der an einem Strand sitzt und fischt. Der Ältere fragt den Jüngeren aus, der ihm fast teilnahmslos antwortet.

Ich gebe die deutsche Übersetzung des Textes im Anschluss an das Original hier wieder. Die Zuschauer vor dem Fernseher bekommen diesen *Service* nicht, aber meine Leser wissen jetzt, was die beiden Männer auf dem Bildschirm miteinander reden:

"Holidays?" – "No." – "Business?" – "No." – "Friends?" – "No." – "Why are you so far away from home?" – "I have no idea."

„Ferien?" – „Nein." – „Geschäfte?" – „Nein." – „Freunde?" – „Nein." – „Warum bist du so weit weg von zuhause?" – „Ich hab keine Ahnung."

Anschließend sieht man den bekannten Rennfahrer mit einem Auto davonfahren, und erst dadurch bemerkt der Zuschauer, dass es sich um eine Werbung für ein Auto handelt.

Weitere Beispiele von mitunter völlig unverständlichen Werbespots in Deutschland:

- *Good bye Hotel. Welcome Home*,
- *Don't call it* Schnitzel!,
- *Professional Haircare for you*,
- *Face the Facts*,
- *Windproof*,
- *Weekender*,
- *Indoor*-Katzenfutter,
- *Homesocks* für den Herrn,
- Anti-Rutsch-*Pad* fürs Auto,
- *Chicken Cordon Bleu* extra zart,
- Verschiedene Winter-*Accessoires*,
- Entdecken Sie die neuen Flecken-*Pearls*,
- *Horizon Hobby – Serious Fun*,
- *SHOPAMAN*,
- *Re-new white effect*,
- *I love my Country*,

- Bio-*repair*,
- Alles für *Running* und *Fitness* bei uns,
- *iRobot, Do you*?,
- Perfekte *Jogging*-Schuhe,
- *Expressive Make-up-Looks*,
- Matratzen-*Topper* „*Sleep & Care*“,
- *Box Night Breaker*,
- Blumenzwiebeln im Pflanzen-*Tray*,
- *The Power to WOW*,
- *Better your Best*,
- Mit Reisen *Payback*-Punkte sammeln,
- Mit einem *Sweater* sind Sie immer richtig angezogen,
- *My Way*,
- Mit *Livestore* alle Ergebnisse und Termine auf einen Blick,
- Hol dir das Magazin – unser *Special*,
- Werbung – nur ein *Spot*,
- Der neue Mode*trend*,
- *Trendy City Bag* in verschiedenen Farben,
- *Easy Clean* Glas- und Fleckenreiniger,
- Mach dich freier – werde *reBuye*r,
- *Men + Care*,
- Kommen Sie zu uns und testen Sie unser neues Produkt für einen strahlenden *Teint*,
- Nur bei uns: Der *Gallery Print* für Ihr *Poster*,
- *Flower-Power*-Blümchenkleider,
- *Cooler*, dicker Strick*hoodie*,

- Kommen Sie zu unserem Wochenend-*Workshop* – wir *coach*en Ihren Schreibstil,
- Dem *Second Hand Shop* folgt ein *Second Trend Shop*,
- Der *Clou – Start your Engine*,
- Ein deutsches Mode*label* wirbt mit *Mid-Season Sales*,
- *Talking Windows*,
- *The World is in Play, Night & Day*,
- Jetzt im *App Store*: Spiel *Empire four Kingdoms*.

Ein *TV*-Nachrichtensender wirbt wie folgt:

- *Breaking News* direkt aufs *Handy*,
- Mit dem *High Speed Net more Power to you*,
- *Updates* für *iPad* im *Store*,
- Mit *Highspeed* noch schneller *surfen*.

Demnächst hier auf diesem Sender ein großes *Social Media Event*. Das *Mega-Happening* wird *live* ausgestrahlt.

Werbungen anderer *TV*-Sender für ihre Sendungen:

- *Run Racing Masters* – das Erlebnis-pur-*Event* am Wochenende *live* nur hier bei uns. Im Anschluss können Sie im *Livestream* ab siebzehn Uhr die Eröffnungsfeier *live* miterleben. Der *Showdown* folgt am Freitag um die gewohnte Uhrzeit. Die erfolgreichen *Triple*-Sieger werden dann auch von unserem Ministerpräsidenten im Rathaus der Hauptstadt empfangen. Sichern Sie sich, liebe Zuschauer, jetzt den Zugang zu unserem exklusiven Promi-*Big-Brother-Livestream*.

- *Election Week*: *Task Force* Berlin. Im Promi-*Flash* der nächsten Woche stellen wir Ihnen den *Winner* des *Everybody's Darling Contests* vor. Wer das ist, wird noch nicht verraten. Heute Abend übertragen wir die Präsentation des *New Faces Award.*

Ein anderer Sender wiederum wirbt für seine Kreditkarte:

- Bestellen Sie noch heute Ihre *Prepaid Mastercard.*

Der Hinweis eines anderen Senders in eigener Sache:

- Bei uns können Sie es auch im *Livestream* verfolgen.

Ein Makler wirbt in einer Doku-*Soap*, in der Immobilien an den Mann oder an die Frau gebracht werden sollen:

- Die Küche hat die Mutter gerade nicht ge*touch*t, ebenso wenig wie die Tochter sich vom Badezimmer ge*touch*t gefühlt hat.
- Und *last but not least* – hier das geräumige Wohnzimmer. Ein absolutes *Must-have* für Ihre große Familie.
- Dem Studenten fehlt allerdings in dem kleinen Zimmer der *Groove.*

Seine Kollegin verkündet in einer anderen Maklersendung:

- Mein *Highlight* war sein *Downlight.*
- Wenn ich in eine Küche komme, erwarte ich einen *WOW*-Effekt. Was sagen Sie dazu?
- Ich hoffe, dass das heute eine *Win-Win*-Situation wird.

Werbungen für neue Fernseh*shows*:

- Wir sind auf der Suche nach Deutschlands bestem *Dance Act – Got to Dance*,
- *Comedy Contest*,
- Neue Diät-*Soap – Secret Eaters*,
- *Reality Queens* auf Safari,
- *The Taste –* diese Koch*show* dürfen Sie sich nicht entgehen lassen,
- *Mountain Camp* – bewirb dich jetzt,
- Das *Casting* für diese *Show* beginnt schon in einer Woche. Bewirb dich für das neue *Dating Highlight.*

Und um Fernsehzuschauer nach einer Fernsehsendung noch vor dem Bildschirm zu fesseln oder sie auf alle Fälle auf ihrem Kanal zu halten, machen Ansager oft folgende Ansagen:

- Die Nibelungen-Festspiele *live* im *TV* und *online* im *Stream.*
- Nach der Sendung können Sie es im *Chat* bei uns im *Web* und auf *Video*text weiterverfolgen.
- Wir präsentieren Ihnen nun das aktuelle Kino-*Preview:* Deutschlands neue *Slums.* Die Reportage exklusiv hier bei uns.

Zum Schluss noch eine Werbung, die ich nicht im Geringsten verstehe:

- *Buy Local.*

Kauft vor Ort. Warum sagt man das denn nicht auf Deutsch, damit die Menschen in diesem Land es verstehen? Schließlich wollen lokale Geschäfte mit dieser Werbung darauf hinweisen, dass man diese Artikel auch vor Ort kaufen kann, nämlich bei ihnen. Wieso wollen diese lokalen Händler aber offensichtlich nicht, dass wir Deutsche – ihre Kunden – es verstehen? Wollen sie nur so tun, als ob sie für sich selbst werben, um die *Online-Labels* nicht zu verärgern? Denn wenn lokale Geschäfte wirklich wollten, dass Kunden bei ihnen *shop*pen und nicht im *Internet*, dann würden sie es ihnen verständlich sagen, oder? Warum muss man deutschen Menschen etwas in fremden Sprachen offerieren – warum?

Ich bin mir sicher, würde man eine Umfrage starten, wüssten die meisten deutschen Fernsehzuschauer nicht, was *Buy Local* bedeutet. Und was erreicht man mit so einer irritierenden Werbung, für die aber Unsummen ausgegeben wurden?

Kaum dass ich meinen *Computer* hochgefahren und ich mich verbunden habe, fallen mir schon mehrere Werbe*spots* im *World Wide Web* auf:

- Kommen Sie in unser *Web*seminar und sehen Sie sich die *Videos* an – kein *Hype*, wie von anderen *sugg*eriert. Es ist unbedingt notwendig, ein ansprechbares *Content* zu finden. Wir versprechen, ein solches *Content* zu bieten. Ein sogenanntes *Edutainment*. Wer den *Launch* gesehen hat, weiß, wohin die *Online-Marketing*-Szene tendiert.
- Auf unserer Internetseite finden Sie alles Wissenswerte über die neuen Holz-*Pellets* und ihr immenses Spar*potential* bei Ihrer Heizung.
- Werden Sie *Internet Blogger* und verdienen Sie ein Vermögen – wir helfen Ihnen dabei.
- Wir laden Sie ein zum *Online-Chat* rund um das Thema *Security*.

Es gibt auch weniger wortreiche Schöpfungen:

- *Watchever* – 30 Tage kostenlos testen,
- *Ultrabook – the power to do more*,
- Neues *Update* – drücken Sie den *Upload-Button*,
- *Homepage-Premium*-Paket für drei Monate gratis,
- *Videos* und *Books on Demand* – hier bei uns,
- Neuer *Online-Shop* geht ab sofort an den Start,
- Gefahren im *Online-Marketing*?

Wie von selbst lernen die Deutschen so mehr schlecht als recht die englische Sprache. Ist das erwünscht? Ist das notwendig, und wenn ja, warum? Wer hat das veranlasst? Wer, wenn überhaupt, trägt einen Nutzen davon? Mit Globalisierung oder dem Vereinten Europa hat das nichts zu tun.

Würden wir – umgekehrt – versuchen, deutsche Ware in englisch-, amerikanisch- oder französischsprachigen Ländern auf Deutsch zu vermarkten, würde das ein kompletter *Flop*, ein totaler Reinfall, werden. Denn ich bin mir sicher, dass in diesen Ländern niemand etwas kauft, von dem er nicht weiß, um was es eigentlich geht. Von Deutschen wird aber so ein Kaufverhalten vorausgesetzt.

Da stellt sich mir die Frage: Was nur muss die Welt von uns Deutschen halten?

Kapitel 3
Tägliche Fernsehprogramme

Bei den Titeln der neuesten Filme oder der sogenannten *Sitcoms*, *Blockbusters*, *Reality Shows*, der täglichen *Daily Soaps* oder Serien-*Highlights*, Doku-*Soaps* und *Events* erspart man sich diese Mühe des Übersetzens und belässt sie einfach im Englischen oder Amerikanischen. Die Liste ist lang, und ich frage mich, wie viele der Zuschauer wirklich wissen, was die Titel aussagen – Titel, die zuvor noch nicht erwähnt wurden.

Hier nur einige Beispiele aus meiner Fernsehzeitschrift für heute Abend und für die nächste Woche. In Wirklichkeit sind es sehr viel mehr:

- *Blockbuster TV – Making-of*,
- *The Mentalist*,
- *Stan Lee's* Super*humans*,
- *Steven Seagal – The Belly of the Beast*,
- *Unforgettable*,
- Das *Survival*-Experiment,
- *Sin* City,
- *Elementary*,
- *Law & Order: Special Victims Unit*,
- *Explosive Weekend*,
- *Funny Breaks*,
- *How I met your Mother*,
- *Dschungel-Camp*,
- *United States Border Patrol*,
- *King of Bacon*,

- *The Pacific*,
- *Storage Wars*,
- *Into the Blue*,
- *America's Most Wanted*,
- *The Blade Runner*,
- *Mission: Impossible*,
- *Attack Force*,
- *Auction Hunters*,
- *Auction Kings*,
- *Castle*,
- *Home of the Brave*,
- *The Finder*,
- *Star Wars: The Clone Wars*,
- *Californication*,
- *Patchwork Family*,
- *Teleshopping*,
- *Sex and the City*,
- *Future Trend*,
- *Grimm*,
- *Armored*,
- *Defender*,
- *Lady*kracher,
- *Two Broke Girls*,
- *The Mythbuster: 5th Avenue*,
- Die ultimative *Chartshow*,
- *Body of Proof*,
- *Stock Car Crash Challenge* auf Schalke,

- *Firewall*,
- *My Big Fat Greek Wedding*,
- *My Big Fat Greek Summer*,
- *Lie to Me*,
- *Criminal Intent*,
- Das *Survival*-Duo,
- *Fast N' Loud*,
- *We love* Sölden,
- *Villa Germania – Forever Young*,
- *Der Bachelor*,
- *A Perfect Getaway*,
- *No Country for Old Men*,
- *Crash Tests*,
- Sport *Science*,
- *Spy Daddy*,
- *Doc meets* Dorf,
- *Sucker Punch*,
- *Cube* 2: *Hypercube*,
- *Command Performance*,
- *Motel*: *The first Cut*,
- *Outdoor Heroes* – Das *Survival*-Experiment,
- *Baggage Battles*,
- *Justice* – 30 Minuten Deutschland.

Ich frage mich bei allem Wirrwarr, gibt es denn überhaupt keine romantischen Filme mehr, wie zum Beispiel *Love Story* oder *Westside Story*? Sie müssen ja nicht unbedingt ein *Happy End* haben – hatte *Love Story* auch nicht.

Und dann gibt es noch dies:

- *Deluxe* – Sendung für Millionäre.

Eine Sendung nur für Millionäre? Schön, wenn ein Sender es sich leisten kann, für so eine kleine Minderheit in unserem Land eine Sendung zu produzieren. Oder sollte diese Minderheit sich zwischenzeitlich vergrößert haben, um die Ausstrahlung dieser Sendung zu rechtfertigen? Oder will man die Menschen, die sich niemals solche Dinge leisten können, die in dieser Sendung gezeigt werden, nur neidisch machen?

Die Öffentlich-Rechtlichen machen da keine Ausnahme, wenn es um das Nichtübersetzen von englischen oder amerikanischen Titeln geht:

- *Late Night Show*,
- *Faster, harder, louder*,
- *Point Blank*,
- *Waterworld*,
- *Verdict Revised*,
- *Starflight One*,
- *The Escapist*,
- *Wolfman*,
- *Inspector Barnaby*,
- *Up in the Air*,
- *John Lee Hooker – That's My Story*,

- *Under Fire*,
- *Species*,
- *Ladies Night*,
- *After-Show-Party* Goldene Henne,
- *We feed People.*

Nachfolgend sind einige, meist amerikanische, Sendungen dabei, deren Titel mit deutschen Übersetzungen versehen wurden. Nur, was viele der deutschen Titel mit dem Originaltitel zu tun haben, wird mir wohl für immer verschlossen bleiben:

- *Mississippi Burning* – Die Wurzel des Hasses,
- *The King's Speech* – Die Rede des Königs,
- *The Minus Man* – Der nette Mörder von nebenan,
- *Red Hiding Hood* – Unter dem Wolfsmond,
- *Paycheck* – Die Abrechnung,
- *The Detonator* – Brennender Stahl,
- *Crocodile Dundee* – Ein Krokodil zum Küssen,
- *Bones* – Die Knochenjägerin,
- *The Escapist* – Raus aus der Hölle,
- *Crossing Jordan* – Pathologin mit Profil,
- *Harsh Times* – Leben am Limit,
- *Lord of War* – Händler des Todes,
- *Vengeance* – Killer unter sich,
- *Criminal Intent* – Verbrechen im Visier,
- Königs*patience* – Intrige im Parlament,
- *Mysterious Skin* – Unter die Haut,
- *Zero Tolerance* – Zeugen in Angst,
- *Brothers* Grimm – Lerne das Fürchten,

- *Fortress* 2 – Die Festung II,
- *Spy Game* – Der *finale Countdown*,
- *Narrow Margin* – zwölf Stunden Angst.

Und dann sehe ich doch tatsächlich einen deutschen Titel, doch schnell verfliegt meine Freude:

- Heimat*sound*,
- Die Nord*story*,
- Freitags*comedy*,
- Main*tower*,
- *Service*zeit,
- Sport *Inside*,
- Bunde*svision Song Contest.*

Und eine Vorschau auf eine nächste Sendung lautet:

- Das Sommer*interview* mit der Kanzlerin *exklusiv* nur bei uns.

Sogar auf dem Kinderkanal gibt es einige englische und amerikanische Titel, und ich frage mich, nach welchen Kriterien die Eltern aussuchen, was ihre Kinder sehen dürfen, oder sind alle Eltern in Deutschland so sprachbegabt? Einige Titel zur Auswahl:

- *Stoked*,
- *High* 5,
- *Checker Can*,
- *Blue Water High*,
- *Horseland*,

- *The Garfield Show*,
- Das *Surfcamp*,
- *Alien Surfgirls*,
- *Pound Puppies*,
- Das *Dream Team*,
- *Checker Can*,
- *Mia and me* – Abenteuer in Centopia,
- *Wolfsblood* – Verwandlung bei Vollmond,
- *Little Amadeus* – Die Abenteuer des jungen Mozart.

Es wird nicht mehr lange dauern, dann sprechen selbst unsere kleinsten *Kiddies* fließend englisch. Nur mit der deutschen Sprache werden sie so ihre Schwierigkeiten bekommen. Außerdem wird ihnen auf diese Weise schon in jungen Jahren der sogenannte *American Way of Life* vorgeführt. Absicht? Kalkül?

Zu guter Letzt noch drei Reportagen auf einem *News*-Sender:

- *Cyberwar* im *Cyberspace*,
- Krieg im Frieden – *War and Peace Show*,
- *Ride and Tie* – zwei Menschen, ein Pferd.

Ist Deutsch nicht mehr zu retten?

Kapitel 4
Alltägliche Schlagzeilen

Ich bin äußerst verwundert über die unzähligen englischen und amerikanischen Begriffe in den Nachrichten, Zeitungsartikeln und Pressemitteilungen, und es werden täglich, nein, man kann schon sagen stündlich mehr.

Folgende Schlagzeilen auf einem Nachrichten-Kanal:

- Land *Grabbing* – China baut Reis für sich an in Äthiopien,
- *Rapper* will Nachwuchs *support*en,
- Mann mit *Softair*-Waffe löst Großalarm aus,
- *Freeskiing Championships* werden *Highlight* der Saison,
- Fakt oder *Fake*?,
- *Hacker* knackt *Internet User Account*,
- Verein bekommt neuen *Coach*. Bisher *coachte* dieser den Nachbarverein.

Sogar die Schlagzeilen in diversen deutschen Zeitungen und auf verschiedenen deutschsprachigen *TV*-Kanälen enthalten immer mehr ausländische Wörter, und es scheint niemanden zu stören. Verstehen wirklich alle Deutschen, was gemeint ist? Denglisch-Kombinationen oder verschiedensprachige Mixe mit Erklärungsbedarf:

- Diskussion um *Time*-W*aver*-Erfahrungen fand großes Echo,

- *Romance-Scamming* nimmt zu – Frauen lassen sich immer häufiger ihre Eizellen einfrieren,
- Behörden gründen *Task Force,*
- Besuchen Sie die *Eat and Smile* – die *Food* Messe in Deutschland, die viele *Gourmets* anzieht,
- *Social Freezing* immer beliebter,
- Eine gute *Work-Life-Balance* am Arbeitsplatz verhindert *Stress,*
- *Ambient Assist Living* – die neue Ergänzung zum Hausnotruf,
- Neue *Workshops* im Rahmen der *Open-For-All* Reihe geplant,
- Jugendliche erlebten eine Cross-Over Begegnung der besonderen Art,
- *Happy Slapping* – Jugendbehörde sieht Gefahr für Jugendliche,
- *Rope Skipping* – *Outdoor* Sport für Wagemutige,
- Mann erlitt schwere Verletzung durch *Drive-by-Shooting*,
- *Fanboys* im Kaufrausch,
- Polizeieinsatz nach Lärmbeschwerde von Nachbarn: Studenten feierten eine *After Party*,
- Fragen ins All: Was *Aliens* antworten (würden),
- Ehemaliger *Sunnyboy* des deutschen Films plant sein *Comeback*,
- *Get-Together* bot *Newcomern* der *Branche* die Möglichkeit, das neue Produkt besser kennen zu lernen,
- *Rent a Rentner boomt* – mieten Sie sich einen Opa,

- Pflege am *Limit*,
- Die erfolgreiche Fußball*saison* der Meistermannschaft wurde mit einem *Triple*-Sieg gekrönt,
- Englisches Vorzeige-*Couple* besucht Mode*show*,
- *Undercover*-Recherchen offenbaren unglaubliche Zustände,
- Für das Licht-*Happening* hofft die Stadt auf einen regenfreien Abend,
- *Shooting* S*tar* der Szene eröffnet die Festspiele,
- Profi-*Dirtbiker* rast durch Weinberge,
- Das deutsche Handwerk *boomt* zurzeit,
- Kult-*Coach* wurde zum Wut-*Trainer*,
- Bundeswehr schrumpft sich kaputt – Wehrpflicht-*Revival* könnte Abhilfe schaffen,
- Wissenschaftler haben herausgefunden, dass *Drifting* die perfekte Schleudertechnik der Zukunft ist,
- Deutsche wird Europameisterin im *Wakeboarding*,
- Sind unnötige *Subventionen* überhaupt noch in den Griff zu bekommen?,
- Neuer *Fingerskating Vize Champion* kommt aus unserem Bundesland,
- Der Mann, der gestern als Einziger Zivil*courage* zeigte, ist an seinen schweren Verletzungen gestorben,
- Nur die Besten kommen in den *Recall*,
- Eine *Plug-&-Play*-Lösung für Kameras in den neuen Blitzkästen ist endlich gefunden und wird so schnell wie möglich installiert,
- Deutscher *Comedian* stellt seinen neuen Film vor,

- Die Frage darf erlaubt sein: *Fashion Week* oder *Freak Show*?,
- Ein bekannter ausländischer Sportler hat durch *sein Outing* plötzlich ein sehr großes *Image*-Problem,
- *Rating*agenturen schocken,
- Bei der Pressekonferenz kam es zu einem *Eklat*,
- Die *Work Show* des *perform*enden Künstlers beeindruckte,
- *Style-Twins* – wer sieht besser aus?,
- Blut*doping* in der Bundesliga?,
- *No-Name*-Produkte werden immer beliebter,
- *Greenbox* – nur noch fleischlos kochen,
- *Roadster Road Run* findet dieses Wochenende an der Mosel statt,
- Auf dieser Messe sind alle *Future Frends* der Autoindustrie erkennbar,
- Lokal-*Derby* endet im *Remis*,
- Beim *Reunion* von ehemaligen Mitarbeitern der Firma und gleichzeitig gefeierter Fünfzig-Jahre-Jubiläums*party* gab es ein *Full House*,
- Neuer *Manager* mit nötigem *Know-how* wird zum Ersten des nächsten Monats die marode Firma übernehmen,
- Die *Casting Tour* kommt diese Woche auch in deine Stadt,
- *Self-Publishing*-Verlage immer beliebter,
- *WhatsApp* gilt immer noch als unsicher,
- Heimmannschaft ist *Matchwinner*,

- *E-Business* gehört nicht in den Duden,
- Funktionär gründet *Task-Force*-Olympia-*Team*,
- Der *Run* auf deutschen Pass nimmt zu,
- Ein alter *Song* wird fünfzig, und er erzeugt auch heute noch immer Gänsehaut*feeling*,
- Umweltschützer fordern auf, die *Ressourc*en im Müll besser zu nutzen,
- Das offizielle *Statement* des *Sprinter Stars* fehlt bis jetzt,
- *Borderline*-Persönlichkeitsstörung inzwischen gut erforscht,
- *Insider* der Drogenszene packt aus,
- *Hacker*-Angriff auf ein US-*News*-Magazin,
- Bekannter Forscher schwimmt mit seiner Meinung gegen den *Mainstream* an,
- *Hedgefondmanager* schweigt zu offensichtlichem *Affront*,
- Elektro*smog* – Gefahr aus dem *PC*?,
- *Investor* greift ein,
- Gruppenzwang bei *Weight Watchers*,
- *Kampagne* gegen *Phubbing* ins Leben gerufen,
- *Cyber Mobbing* nimmt immer größere Ausmaße an,
- Der Rettungsversuch geriet zu einem *Open-Air-Event*,
- Der *Manager* trat unerwartet zurück. Nun hat *Fairplay* endliche eine reelle Chance,
- *Showdown* der *Truck*er am Freitag,
- Mutter *blog*gt mit ihrer Geschichte und rührt die gesamte *Internet Community*,

- *Offshore*-Windparks unter Kritik,
- Junge Moderatorin *flopp*t bei ihrem *Debüt*auftritt,
- Der Tango erlebt gerade ein *Revival*,
- Der junge Mann war kaum zu bändigen, immer wieder schrie er *Bullshit*. Macht ihn das glaubwürdiger?,
- *Fashion Week* in Berlin,
- *Arnie is back – Comeback* mit Mitte sechzig,
- *Suizid* des *Topmanager*s löst große Bestürzung aus,
- *Carport to heaven – Open for all*,
- Der *Countdown* zum Jahresende läuft,
- EU-Beamte kassieren *exorbitante* Gehälter,
- *Gimmicks als* Wahlgeschenke der Parteien sind immer beliebter,
- Deutscher Rennfahrer auf *Pole*-Position,
- Die Sängerin *outet* sich,
- Ehegatten-*Splitting* in der Diskussion,
- *Monster*-Alarm in den Bergen,
- Der unterlegene Boxer fordert *Revanche*,
- *Kidnapper* lässt fünfzehnjährige Geisel nach über vier Monaten unversehrt frei,
- *Extortion* – Erpressung im *Internet* – ein junger Mann begeht deshalb Selbstmord in Irland,
- Eine Frau ohne Lust zu *shop*pen?,
- Aktuelle *Trends* und *Fashion Outlook* auf *Indoor*-Messe ein großer Erfolg,
- Gefühls-*Comeback* zum Fest der Liebe,
- Gestern wurde diesjährige *Champions League* eröffnet,

- Polizeigewalt bei Frankfurter *Blockupy*-Demo,
- Gift in billigen *Outdoor*-Jacken,
- *Showdown* am Ballermann,
- *Hot or Not*? Der Jahresrückblick,
- *In-&-Out*-Kolumne,
- Männer verpassen *Final Four* nur knapp,
- *Mister* Hitparade wird fünfundsiebzig,
- Mit Privat*jet* in Urlaub ge*jet*tet. Dort wird *relax*t und Ge*stretch*t, und die *Patchwork*-Familie genießt es,
- Große *Entertainer* – lahme *Show*,
- Lohn-*Dumping* nimmt immer weiter zu und zieht immer größere Kreise,
- Der ge*cover*te *Song* sprengt alle *Charts*,
- Die Messe zeigt außergewöhnliche *Gadgets*,
- *TV Comeback* gescheitert,
- *Jackpot* endlich geknackt,
- Geo*cacher* gehen auf Beutezug,
- Neues *Café to Go* eröffnet,
- *No comment* war die einzige Reaktion des Super*stars*,
- *Sex* für Zigaretten?,
- *Flashmob* störte friedliche Kundgebung,
- Tschaikowsky *meets Streetdance*,
- Tödlicher Unfall durch sogenannte *Blow-ups*,
- *Freestyle*-Sportarten immer beliebter,
- *Equal Pay Day* – eine große Demonstration wird erwartet,
- *Tickets* schon lange im Voraus ausverkauft,

- Abzocke durch Daten-*Kidnapping* – lassen Sie sich nicht erpressen,
- Die Bundeskanzlerin hat durch ihre Aussage einen regelrechten *Shitstorm* verursacht. Doch sie bewahrt wie immer ihre *Contenance*,
- *Truck* erfasst einen *Mountainbiker* und verletzt ihn schwer,
- *Wingsuit*-Pilot tödlich verunglückt,
- Sänger tritt nur noch zum eigenen *Plaisir* auf,
- Das jährliche *Biker Meeting* war wieder einmal ein großer Erfolg,
- Die Nachfrage nach *Fair-Trade*-Produkten steigt,
- Das *Double* eines bekannten *Entertainers* konnte nur durch ein *styl*isches *Outfit* glänzen,
- Das *Rocker-Milieu* scheint sich zu verändern,
- Die *Onlinecommunity* diskutiert,
- Der hochgelobte *Bestseller* ist angeblich kein *Hit*, sondern entwickelt sich langsam zu einem Riesen*flop*,
- *Shootingstar* der Szene kommt nach Deutschland,
- Die Moderation der Zeitreise beim *Oldtimer Grand Prix* war *souverän*,
- Flower-Power-Blümchen-Kleider kommen wieder in Mode und erzeugen einen großen *Hype* bei unseren *Teenies*,
- *Entourage* des *Stars* soll einen Mann blutig geschlagen haben,
- *Hollywood* liebt *Hotpants*,

- Ein Zuschauer sorgte bei der Preisverleihung für einen peinlichen *Eklat*,
- *Party* der *Trash Queens* misslang gründlich,
- Bundesregierung erklärt *Bitcoins* zu realer Währung,
- *Freerunning Workshop* beginnt am kommenden Freitag,
- *Reality Queens post*en *sexy* Dirndl-*Pics* vom Ballermann,
- *Trash*-Duell der untersten Schublade,
- Das Thema dieser Musik passte einfach nicht in diese *Location*,
- Der Park, ein bekannter *Hotspot* für Drogen*dealer*, sorgt für Unmut in der Bevölkerung,
- *Carsharing*-Anbieter ausspioniert?,
- Die neue Disziplin *Flash Diving* wird von den Jugendlichen sehr gut angenommen,
- Ein Jugendlicher wurde bei *Balconing* auf spanischer Ferieninsel schwer verletzt,
- Das *Malheur* der Woche,
- Musik-*Happening* soll Bundeswehr-Standort blockieren,
- *Crowdfunding-Kampagne* gestartet.

*Stop*p! Immer weniger bin ich in der Lage, von den Schlagzeilen, die der zuständige Redakteur so veröffentlicht, zu begreifen. Und der Duden – zur Wahrung deutschen Wortschatzes gedacht – ist vollgestopft mit Anglizismen ohne Sinn und *outet* sich als Sprachpanscher.

- Dient das *Charity*-Projekt gegen Kinderlähmung nur zum Zeitvertreib von einigen *Celebrities,* und ist es lediglich ein *Prestige*objekt für die *High Society*?,
- Beim *StrongmanRun* gab es auch dieses Jahr mehrere Verletzte durch Knochenbrüche und Verstauchungen der Knöchel,
- *Finning* EU-weit verboten,
- Anmeldungen für unseren diesjährigen *Workshop* für Kinder mit dem Schwerpunkt „Abenteuer Hund“ werden noch entgegengenommen,
- *Strippoker* mit Fußballspielern im Hotel?,
- Ein neues Buch über neuartige Erziehungsmethoden sorgt für *Furore – eine Story mit Open-End*,
- Festgenommener *Sniper* stammt aus der Eifel,
- Beliebter deutscher Ex-Tennisstar erlebt *Revival* und begibt sich *back to the roots,*
- Machen Sie mit bei unserem alljährlichen *Lookalike-Contest*,
- Fußballspieler erlebt *Shitstorm*,
- *Whistleblower* noch immer in Russland. Er wird in einem großen Machtspiel nur benutzt,
- *Designer*drogen auf dem Vormarsch,
- *Racial Profiling* – Kontrolle wegen Hautfarbe?,
- Bei Großrazzia mehrere *Dealer* gefasst,
- Ab hier geht’s nur noch *Downhill*,
- Ist das Verhalten des jungen Schauspielers zu *freaky*?
- Unser deutsches *Ski-Team* fährt zum *Powdern* auf den Gletscher,

- Der Promi-*Container* füllt sich für die *Show* der Promis im *Big-Brother*-Haus,
- *Bye*, *bye*, Lottofee,
- *Hedgefondsmanager* warnen – das Gold der Bundesbank ist weg,
- In Deutschland immer mehr *Hypochond*er?,
- Systematisches *Doping* in Deutschland?,
- Ein Kinderwagen, der sich mit *Baby* an *Bord* selbstständig gemacht hatte, wurde *just in time* ge*stop*pt, als er die Straße entlangrollte.

Hoppla! *Just in time*? Klingt das eventuell sensationeller, als „gerade noch rechtzeitig“? Benutzt man eventuell englische Wendungen, um damit die Auflage der Zeitung zu erhöhen?

- Eine sportliche *Single*-Frau sucht ihren Traumprinzen,
- Und nun eine Geburtstagsgratulation der ganz besonderen Art: *Happy Birthday, Mrs. Currywurst* – die Erfinderin der Currywurst wird einhundert Jahre alt,
- *Heavy Metal Rock Festival* beginnt morgen in der *Metal City* Nr. 1,
- EU senkt Preis für Daten*roaming*,
- Problem *Showrooming – Internet* gefährdet Einzelhandel massiv,
- Die neue Lehrmethode *Inclusion* wird seit einiger Zeit erfolgreich an einigen Grundschulen angewandt. Dabei kommt es auf das richtige *Timing* an,

- *Whistler* darf USA keinen Schaden durch weitere *Leaks* zufügen.

Oha! Letzte Schlagzeile könnte in einer englischen *Newspaper* abgedruckt sein. *Leaks* auf Deutsch bedeutet „undichte Stellen“, es ergibt also wahrlich keinen Sinn. „Verräter darf der Presse keine weiteren Informationen zuspielen“ würde hierzulande ein jeder verstehen – wenn auch frei übersetzt.

- Aufgrund des engen *Layouts* ist diese Rennstrecke schwierig zu fahren,
- Neue Studie: *Fracking* treibt Gase ins Trinkwasser,
- Die Bahn: Aus *Flyer* wird Broschüre. Zweitausendzweihundert Begriffe werden ausgemistet. *Inter City Express – ICE* – bleibt erhalten,
- *Clever*er *Coup* der Mafia-Jäger,
- Operation *Last Chance* – Suche nach NS-Tätern geht in die Endphase,
- *Shared Economy* liegt voll im Trend,
- Der erfahrene Mode*designer* agiert äußerst nervös auf der diesjährigen *Fashion Week*,
- Die *Slow-Food*-Bewegung erreicht immer mehr Menschen,
- Die Probleme mit *Toll Collect* bringen *Trucker* auf die Palme,
- Das *Image* dieser Automarke ist ganz tief unten,
- Der städtische *Recycling*-Hof wird an Wochenenden *nonstop* von vielen Bürgern angefahren,

- Mit stolzen vierundachtzig Jahren ist dieser ziemlich bekannte *Smooth-Talker* immer noch ein richtiger *Womanizer*.

Oho! Weiß besagter Herr überhaupt, was *Womanizer* bedeutet? Wissen es die Leser, was *das ist*? Ist er wirklich in seinem Alter noch ein Mann, der Frauen glücklich macht und auf ihre Bedürfnisse eingehen kann?

- Die ganze Welt wartet auf das „*Royal Baby*". Ob dieses *Baby* einen *Babyboom* auslösen wird?,
- Zweijährige gibt ihr *Front-Row-Debüt* bei *Fashion Week* – ob sie auch eine *Giveaway Bag* erhält?,
- Asylrecht ist Menschenrecht – unterstützt die *Refugees,*
- Kanzlerin glaubt, die Bundesrepublik sei *souverän*,
- *Fake*-Millionär ist Erotik-*Star* – *Catch-the-Millionnaire-Star* verheimlichte pikantes *Detail*,
- Erstes *Drive-in*-Bordell wurde heute eröffnet,
- Ein Gesangssternchen gibt zu, schon einmal die „Pille danach", die sogenannte *Master-of-Desaster*-Pille benutzt zu haben,
- Nach *Date* abserviert: *Hobby-Model* macht Schluss,
- Wies'n-*Outfit* des *Starlets* erregt Aufsehen,
- Super*star* verblüfft mit *Suizid*-Beichte,
- Schauspieler genießt seine Freiheit als *Single*,
- Gibt es sie noch, die *true Love* in der *Glamour*welt?,
- Die diesjährige Schlamm-*Challenge* fand auch bei einigen C-Promis großen Anklang,

- Vielfältig ist sie ja schon, unsere Presselandschaft, vor allen Dingen die sogenannte *Yellow Press*,
- Ein Politiker fordert öffentlich, einen *Veggie-Day* einzuführen.

Veggie-Day? Wieder ein Begriff, geprägt für die Menschen in Deutschland, den viele nicht verstehen werden. Eigentlich ist nur gemeint, dass an einem Tag in der Woche fleischfrei gegessen werden sollte und dass wir uns an diesem Tag hauptsächlich vegetarisch ernähren. *Veggie* wird abgeleitet von *Vegetable,* also Gemüse.

- Ein *Train Surfer* ist beim *Trainsurfing* tödlich verunglückt,
- Das Land muss weiter auf Hilfs*tranche* warten,
- Ein öffentlicher Ausspruch der Kanzlerin erregt Unverständnis: „*The food of the pudding is the eating*". Während sich die Anwesenden fragend ansehen, lächelt die Kanzlerin freundlich in die Runde. Wenn man kein Englisch kann, sollte man es einfach lassen, oder?,
- Das Land will entschieden gegen sogenannte *Loverboys* vor Schulen und auf öffentlichen Plätzen vorgehen,
- Während ihr Mann ein *Looping* fliegt, zeigt Deutschlands einzige *Wingwalk*erin auf dem Flugzeug ihre waghalsigen Kunststücke in der Luft,
- Der *Countdown* zur Wahl hat begonnen, und unsere Kanzlerin lächelt wie immer *nonchalant* in alle Kameras,

- Neuer Trend: *Reduktion* des Kommentars auf *Hashtags*? EU will *Roaming*-Gebühren nun ganz abschaffen,
- *Profiler* hält Extremisten für *Täter*,
- *Public Viewing spotted – Texas Rangers – The Place to be*,
- Durch seine Preiserhöhung verprellt ein Fernsehsender Gastwirte von *Sportsbars*,
- Zwei junge russische Männer riskierten heute ihr Leben beim *Roofing* auf dem Kölner Dom,
- *Crash-Countdown* in den USA,
- *Parttime-Entertainerin* und *Fulltime*-Mama erntete *Standing Ovations*,
- Ein Deutscher neuer Rekordhalter im *Highlining*,
- *Showdown* im Vatikan – deutscher Bischof in Erklärungsnot,
- *Lobby*-Land Deutschland – sind unsere Politiker eigentlich noch unabhängig?

Ich glaube nicht, dass viele Deutsche *Breaking News* verstehen. Ich möchte an dieser Stelle den Redakteuren unserer lokalen Tageszeitung ein Lob aussprechen. Sie achten ganz besonders darauf, in ihrer Zeitung keine Fremdwörter zu benutzen, und wenn sie es doch einmal tun, dann nur, wenn ihnen keine andere Wahl bleibt. Doch wenn sich eine Gruppe mit einem eher unpassenden und einem rein marktschreierischen englischen oder amerikanischen Titel schmückt, bleibt es selbst unserer lokalen Zeitung nicht erspart, diesen zu veröffentlichen, wenn sie darüber berichten.

Hier eine der *Headlines* im *Feuilleton* der heutigen Zeitung:

- An diesem Wochenende dichten moderne Poeten, sogenannte *Poetry Slammer,* im Schlossgarten. Präsentiert wird der *Poetry Slam* vom Kulturverein.

Anmerkung der Autorin: „Leider musste ich im nachfolgenden Text ein Wort benutzen, das sonst nicht zu meinem sprachlichen *Repertoire* gehört. Doch um begreiflich zu machen, wie die Begriffe *Poetry Slamming* und *Poetry Slammer* auf Deutsch heißen und was diese Wörter beinhalten, war es leider unumgänglich."

Poetry Slamming von *Poetry Slammers* vorgetragen in einem historischen Garten, passt das überhaupt – und was ist *Poetry Slamming* überhaupt? Poesie zuschlagen oder zuknallen? *Poetry Slammer* ein Poesie-Zuknaller? *Slam* kann aber auch bums bedeuten. Sind *Poetry Slammer* dann etwa Poesie- Bumser? Und wenn man diesen Gedankengang weiterführt, muss man letztendlich zu dem Schluss kommen, dass Poesie von diesen Menschen gebumst wird.

Ich bin entsetzt!

Und ob Poesie-jemandem-um-die-Ohren-Hauen, was *Poetry Slamming,* frei übersetzt, auch bedeuten kann, Poesie dadurch wieder interessanter in Deutschland werden lässt, kann ich mir beim besten Willen nicht vorstellen. Oder wollen *Poetry Slammer* Jugendliche damit beeindrucken, indem sie ihre gängigen Ausdrücke wie bumsen übernehmen und glauben, dadurch ihr Interesse zu wecken und sie so für Poesie zu interessieren? *Poetry Slammer* – ein mit Poesie um sich schlagender Bumser – ist mit das *Niveau*loseste, das ich in der letzten Zeit gehört oder gelesen habe.

Ich kann ja verstehen, dass man Poesie wieder attraktiver für die Jugend gestalten und ihr Interesse daran wecken will. Aber ob das der richtige Weg, die richtige Sprachwahl und die richtige *Message* ist, um auf Poesie aufmerksam zu machen? Ich wage, es zu bezweifeln, denn das Wort *slamming*, also zuschlagen, beinhaltet Gewalt und könnte eventuell die falsche *Klientel* anlocken.

Poesie sollte meiner Meinung nach nicht durch marktschreierisches Denglisch angepriesen werden, sondern sollte durch hervorragenden Schreibstil, ausgewählte Sprachweise, Inhalt und Originalität auf sich aufmerksam machen. Wie kann man etwas so Kostbares wie deutsche Poesie durch *slamming* derart abwerten und der Lächerlichkeit preisgeben? Spiegelt es den Geist unserer heutigen *Society* wider? Für mich ist es einfach nur unterstes *Genre*.

Der Ausdruck *Poetry Slamming* ist für mich ein Beispiel dafür, wie sehr das *Niveau* unserer Sprache und Ausdrucksweise schon gesunken ist. Er mag für englisch- oder amerikanischsprachige Länder völlig zutreffend sein, denn sie verbinden mit *Slamming* ja auch nicht bumsen, ihn jedoch in Deutschland anzuwenden ist abartig. Um besonders bei jungen Menschen Gehör zu finden, sollten deutsche Poeten sich nicht in einer so demütigenden Art und Weise erniedrigen. Ich bin der festen Meinung, dass sie es ausschließlich mit exzellenter und ausgefallener Lyrik schaffen, auch bei jüngeren Leuten das Interesse an Poesie zu wecken.

Wer mit Poesie um sich schlagen, der Gewalt den Schrecken nehmen will, Gewalt quasi verschönt, Gewalt als etwas Gutes, etwas Positives hinstellt, tut nichts Gutes, tut nichts Positives – im Gegenteil. Wenn Gewalt als normal und beglückend empfunden wird, man ihr das Böse nimmt, wird sie noch leichter angewandt als bisher.

Als ehemaliges Opfer von häuslicher Gewalt kann ich so etwas nicht einfach hinnehmen. Ich arbeitete damals bei Amerikanern, und ich konnte die Spuren dieser Gewalt nicht immer aus meinem Gesicht schminken. Zu oft hörte ich morgens, wenn ich zur Arbeit kam:

- Did he feel like *slamming* you again last night? – War ihm gestern Abend wieder zumute nach Dich- Verprügeln, nach Zuschlagen?

Oder sie fragten:

- Did he *slam* your face again? – Hat er wieder in dein Gesicht zugeschlagen?

Alleine an diesem Beispiel ist zu erkennen, welche unglaublichen Auswüchse diese unselige Verenglischung und Veramerikanisierung unserer Sprache schon angenommen hat. Dazu kommt außerdem, dass in der englischen oder amerikanischen Sprache Wörter, die wir bedenkenlos übernehmen, zum Teil eine ganz andere Bedeutung haben als hier bei uns in Deutschland. In deren Sprachgebrauch zum Beispiel könnte man *Poetry Slammer* nicht mit Poesie-Bumser vergleichen. Das würden die Muttersprachler nicht verstehen, da sie den Ausdruck Bumser in Zusammenhang mit *Slammer* nicht kennen. Das gibt es nur bei uns, und warum also übernehmen wir so etwas Unpassendes, geradezu Gegenteiliges?

Es beweist, wie lächerlich man sich machen kann, wenn man englische oder amerikanische Begriffe einfach übernimmt, ohne darüber nachzudenken und ohne nachzuforschen, was sie wirklich auf Deutsch bedeuten. Es ist außerdem trügerisch zu glauben, dass sich der erhoffte Erfolg von alleine einstellt, wenn man nur seinen Namen ins Englische oder Amerikanische ändert und sich dem allgemeinen *Trend* anpasst. Es ist nun einmal Tatsache, dass nicht jedes Substantiv oder jeder der vielen Begriffe ins Deutsche übertragbar sind. Hier sind die Menschen noch taub auf beiden Ohren.

Auch für die folgenden Schlagzeilen kann die Zeitung nichts. Da konnten wieder einmal lokale *Clubs* einfach nicht genug Englisch in ihre Pressemeldungen hineinpacken:

- *Automation Soccer Cup* wird am Samstag ausgetragen,
- Ein sogenannter *Veggie-Day* soll nun auch in unserem Bundesland eingeführt werden,
- *Dance and Sports* bietet am kommenden Samstag einen *Drums-Alive*-Schnupper*workshop* an. Dabei soll die physische sowie die mentale *Fitness* gesteigert werden,
- *Event*: *Coffee*, *Cake & Concert.*

Doch heute Abend musste ich mit Erschrecken feststellen, dass auch dort Denglisch Einzug gehalten hat. Auf einer Internetseite werben sie mit kostenlosen aktuellen *Videos* aus Sport und *Showbiz*. Dazu noch Kino-*Trailer* und *Making-of* zu aktuellen Filmen. Hoffentlich übernehmen die Redakteure diese Sprache nicht in die *Print*ausgabe. Und auf einer Seite, auf der sich viele Freunde treffen, schreibt einer der Redakteure doch tatsächlich „An die *Print*-Leser unserer Zeitung“, das war natürlich überflüssig. Da hätte es gereicht, wenn er „An die Leser unserer gedruckten Zeitung“ geschrieben hätte.

Man muss nicht immer mit der Zeit – manchmal recht fragwürdig – gehen, liebe Redakteure.

Die Folge ist doch, wenn man solche fremdartigen Begriffe oft genug gelesen und gehört hat, wenn sie oft genug veröffentlicht wurden, sei es per Computer oder Fernsehen, und wenn dann auch noch die lokale Presse diese ausländischen Begriffe kritiklos übernimmt, gehen sie wie selbstverständlich in unseren Sprachgebrauch über und werden Bestandteil unserer Sprache. Diese Begriffe werden quasi eingedeutscht und ersetzen so den deutschen Ausdruck. Als Endeffekt geht die deutsche Sprache nach und nach verloren und wird in einer Art und Weise derart verunstaltet, was seinesgleichen sucht.

Unsere Bundesregierung lässt diesem *Trend* freien Lauf.

Kapitel 5
Verschiedenes

Hier einige Kommentare von Sportreportern, denen immer öfter die englische oder amerikanische Sprache leichter über die Lippen zu gehen scheint als ihre Muttersprache Deutsch: zum einen während einer mehrtägigen Tennis-Veranstaltung, dann während eines Motor-*Races*, einer *Cliff Diving Competition*, eines Stabhochsprungwettkampfes, eines *Sprint*-Wettkampfes, eines Skisprung-*Events* und eines *Kitesurfing*-Wettbewerbs – und das bei Veranstaltungen, die im deutschen Fernsehen übertragen wurden:

- Sehen Sie sich diesen Spieler an, meine Damen und Herren, der ist einfach da, der ist so was von *ready*. Ein gefährlicher Aufschlag mit *Spin.* Was für ein *Return* und dann kommt dieser *Blocker*. Immer wieder geht sein Blick hinüber zur *Box,* in der sich sein *Coach* befindet, aber *Coaching* ist während dieser Partie nicht erlaubt. Er benötigt noch ein *Break*, und dann ist das Spiel entschieden.
- Der Punkt wird nicht wiederholt. Der Schlag war ein klarer *Winner.*
- Das ist *Competition*, das ist *Challenge*, das ist Wettkampf! Was für ein hervorragendes, ja hochklassiges *Tennismatch*! Haben Sie den tollen *Spin*- Effekt gesehen? Und dieser junge Spieler kam nur durch eine *Wildcard* in dieses Turnier. *Wow*, das hat *Power*! Und jetzt als *lucky Loser* im Hauptfeld. Er ist in meinen Augen das *Highlight* auf der diesjährigen Tennis-*Tour*,

und ich glaube, er hat einen berechtigten Anspruch auf den Titel „*Newcomer* des Jahres". Bis jetzt hat dieser talentierte *Player* noch keinen *Sponsor*, doch ich glaube, das wird sich nach diesem *Tournament* schnell ändern. Mit einem guten *Promoter* und einem neuen *Trainer*, der ihn noch mehr nach vorne *pusht*, wird er auf der *Ranking*-Liste bestimmt einen großen Sprung nach vorne machen.

- Dramatik gehört zu einem *Best-of-Five-Match* dazu, aber wie lange hält sein *Body* das noch aus?
- Das Spiel*niveau* lässt etwas nach. Er produziert momentan zu viele *unforced Errors*, und davon profitiert sein Gegner. Eine wirklich schwache *Performance*, die er gerade bietet. Schon im letzten Jahr hat er sich nicht als *Teamplayer* hervorgetan, und auch dieses Jahr scheint er sein gesamtes *Team* im Stich zu lassen.
- Und plötzlich wartet er mit dem guten alten *Chip and Charge* auf, das sein *Coach* immer praktiziert hat und das man heute fast kaum noch spielt.
- Das Momentum kann er jedoch nicht nutzen, und er verliert dieses *Match*.
- *What a performance*! Es ist unglaublich, wie gut dieser junge Spieler den Druck *hand*elt, gegen den *Champion* spielen zu müssen.
- Dieser Sieg wird ihm einen Karriere-*Push* aller *Couleur* einbringen.
- Die Spielerin kommt mir ein bisschen mental ange*knock*t vor.

- In fünf Minuten soll der *Walk-in Court* für das *Upcoming Match* beginnen.
- In der *Night Session* erwarten wir dann das ganz große *Match.*
- Das war eine perfekte Vorhand *inside out.*
- Mir gefällt dieser junge Tennis*player*, der bisher nur einmal ge*break*t wurde. Er zeigte gerade eines der wenigen guten *Ralleys* auf dem *Court* in einem bislang doch eher langweiligen und ab*turnen*den *Match.* Zwar sind nicht alle seine Schläge *Winners*, und noch fehlt ihm das *perfect Timing* bei einigen seiner Schläge. Man merkt, dass er sich auf neuem *Terrain* befindet, aber er ist auf einem guten Weg.
- Bei unserer deutschen Tennisspielerin steht es fünf zu fünf. Sie hat doch tatsächlich ge*break*t.
- Beim letzten Spiel waren bei Spielerinnen noch *tight*, richtig verkrampft.
- Der Verband wird viele solcher *Future Events* ausrichten.
- Unsere Tennisspielerin zeigt in diesem *Match* einen sehr guten *Touch* und dieser *Inside-in*-Schlag war buchstäblich der erlösende Befreiungsschlag. Sie muss der Gegnerin jetzt den *Knockout* im zweiten Satz versetzen.
- Die beiden Damen haben den Fehlerteufel auf *Off* gestellt, und nun sind endlich die *Winner* dran.
- Das ist das *Minibreak.* Ist das vielleicht schon der Sieg? Oder läuft es vielleicht auf ein *Remis* heraus?

- Die beiden spielen ein hervorragendes *Tennis*. Ich kann es kaum glauben, dass sie diejenigen waren, die als Letzte die gestrige *Players Night* verlassen hatten.
- Es ist für mich doch sehr verwunderlich, dass beide Tennisspieler derart entspannt sind. Aber vielleicht rühren einige der *unforced Errors* von der unfreiwillig langen Wartezeit im *Locker Room*.
- Meine Damen und Herren, die weiteren Resultate und *Highlights* finden Sie rund um die Uhr auf dem *Live Ticker* hier bei uns.
- Mit *Livescore* erhalten Sie die Ergebnisse auf einen Blick.
- Dieses Rennen ist das *Highlight* der *Saison*, und ein Deutscher startet auf der *Pole*-Position, denn im *Qualifying* landete er auf Platz eins. Was für ein *Speed* in dem Auto drinsteckt! Die *Crew* am Kommandostand gibt wertvolle Infos. Er startete mit *Soft*-Reifen, wechselte jetzt zu *Medium* und wird wohl zu Ende des Rennens harte Reifen aufziehen lassen. Hoffentlich halten die harten Reifen dann bis zum *Finish*.
- Der Überholvorgang ist *under Investigation*.
- Also los, meine lieben Zuschauer, *sprint*en Sie zum Telefon und *vote*n Sie mit. Sehen Sie gerade zu? Dann gehen Sie zu unserer Seite *Inside*. Wir möchten Stimmen von Ihnen im *Print* bringen.
- Achtung, Wiederholungen werden durch ein blinkendes *Replay* angezeigt.

- Der *High Dive Champion* aus Übersee führt völlig unerwartet im *Cliff Diving Tournament*. Er ist ein wahrer *Champion*.
- Einen Sprung hat er noch, der *Hasardeur* des Stabhochsprungs. Da wird zu Hause beim *Meeting* die Post abgehen und beim *Public Viewing* bestimmt die Hölle los sein.
- Die jungen Burschen sind viel gelaufen bei den verschiedenen *Meetings* in diesem Jahr. Noch sind erst wenige von ihnen in der *Warm-up Area* für Sportler erschienen. Gerade höre ich, dass sich der WM-Favorit beim *Warm-up* mit seinen *Spikes* verletzt hat und sehr wahrscheinlich an dem Rennen nicht teilnehmen kann. Das wäre natürlich sehr schade.
- Ich stehe auf *Outdoor Sports* – ab ins Herbst*feeling*!
- Meine Damen und Herren – ist es zu glauben? Da springt dieser junge Mann doch tatsächlich auf den dritten Platz, und dabei kam er doch nur als *lucky Loser* in die Endrunde.
- Bei der *Coast to Coast Kitesurfing Competition* ist gute Kondition absolute Voraussetzung.
- Unsere Radiomoderatoren sind auch schon seit einiger Zeit nicht mehr hier im Studio. Falls es Ihnen noch nicht aufgefallen ist, sie sind jetzt *on Air*.
- Bis die Tage – *bye*, *bye*.

Die Reporterin eines öffentlich-rechtlichen Senders berichtet über die Abstimmung eines bestimmten Finanzierungsbetrages im Bundestag: Es seien den Abgeordneten *Handouts* überreicht worden, auf denen genau verzeichnet war, um welchen Betrag und wofür es sich dabei handelt. Bevor sie die Abgeordneten nach der Abstimmung fragte, wie hoch der Betrag war, um den es bei dieser Abstimmung ging, machte sie folgende Ansage:

- *Who cares,* um was es bei dieser Abstimmung im Bundestag geht? Lasst uns mal nachgucken.

Sie hatte recht. Bei ihrer Befragung stellte sich heraus, dass kaum einer der Abgeordneten den Betrag kannte, über den er und seine Kollegen und Kolleginnen gerade abgestimmt hatten. Das sind aber genau die Abgeordneten, die bestens wissen, wie hoch und wie oft sie ihre Diäten erhöhen müssen.

Leider ist diese Meldung kein *Fake.*

Die Moderatorin einer anderen öffentlich-rechtlichen Fernsehsendung macht folgende Ansagen:

- Die *never ending* wollende Drogen-*Story* dieser beiden ehemaligen Super*stars* findet schon wieder im *Rehab* ihren vorläufigen Abschluss.
- Die angebliche Sauberfrau behält ihre *Contenance.*

Neben diesem traurigen Rekord gibt es tatsächlich einen Kanal, auf dem sich täglich eine Moderatorin bemüht, den Zuschauern einen anderen englischen Begriff beizubringen. Na dann!
In dem Mittagsmagazin dieses privaten Fernsehsenders sagt die Moderatorin zwei Reportagen wie folgt an:

- *Waxing* – wie befreie ich mich von lästigen Köperhaaren?

- Lilies *Diary*.

In dem Bericht *Waxing* wird über die verschiedene Art und Weise berichtet, wie man sich am besten von ungewollten Körperhaaren befreit. Warum *Waxing*? Gibt es dafür kein deutsches Wort? Man könnte ja eigentlich auch mit Wachs seiner ungewollten Körperbehaarung zu Leibe rücken.

Warum muss es Lilies *Diary* sein, warum nicht einfach Lilies Tagebuch? Jeder wüsste, worum es geht, aber nein, es muss mal wieder ein englisches Wort dafür herhalten. Langsam artet die Verunglimpfung unserer Muttersprache zu einem richtigen Horror*szenario* aus.

Nachdem ich die Moderatorin mit einer *Mail* daran erinnert hatte, dass wir uns in Deutschland befinden, und sie bitte, dass sie doch deutsche Ansagen machen solle, legte sie nach:

- Im folgenden Beitrag hat unser Reporter den *Beach Check* gemacht.

Muss man noch mehr dazu sagen?

Um das Ganze noch zu *top*pen, ging sie am folgenden Tag in die Sendung und machte diese Ansage:

- *Sexting* – die unterschätzte Gefahr. *Sexting* ist ein Fachausdruck für das, was in Deutschland momentan jungen Frauen passieren kann.

Sexting ein Fachausdruck? Für wie dumm hält sie ihre Zuschauer eigentlich? *Sexting* ist nichts weiter als ein weiterer neuer denglischer Begriff, den die Zuschauer annehmen sollen. Ein Versuch, den Zuschauer auf diese perfide Art und Weise an Denglisch heranzuführen. Ich bin sprach- und fassungslos!

Und schon am darauffolgenden Tag wartete die Moderatorin mit folgender Ansage auf:

- *Twerking* – ein neuer *Trend* mit Potential für Deutschland.

Am nächsten Tag vermeldete sie:

- Dieses Mal können sie neunzigtausend Euro gewinnen und *on top* dazu einen Fernseher.

Einen Tag später folgte dann dieser Ausspruch:

- *Multitasking* oder *Monotasking* – was kann meine Kollegin besser?

Mit unvergleichlicher Hartnäckigkeit versucht die Ansagerin, jeden Tag ein neues denglisches Wort anzubieten:

- Deutschland, ein Volk auf dem *Veggie-Trip*,
- *Co-Sleeping* – der neue *Trend*, wo Eltern ihre Kinder mit unter die Bettdecke lassen.

Co-Sleeping? Angeblich ein neuer *Trend*? Das gab es schon immer. Wir nahmen früher auch unsere Kinder mit unter die Bettdecke und nannten es dann „mit den Eltern schmusen". *Co-Sleeping* – das ist krank!

Jeden Tag mindestens ein weiterer Begriff bedeutet über dreihundert neue Begriffe jährlich.

Nun erschlug mich beinahe das *Highlight* der Woche, in dem es um ein Unwetter in einem amerikanischen Staat ging. Das hörte sich folgendermaßen an:

- Schlimmes Unwetter in mitschicken.

Mitschicken? Wem wollte sie ein Unwetter schicken? Und während ich noch darüber nachgrübelte, zeigten sie einen Film über ein schweres Unwetter in dem amerikanischen Bundesstaat Michigan. Und jetzt erst begriff ich:

Was sie meinte und was sie eigentlich ansagen sollte, war:

- Schlimmes Unwetter in *Michigan.*

Wer noch nicht einmal fähig ist, amerikanische Staaten richtig zu benennen, sollte es doch bei Deutsch belassen.

Das männliche *Pendant* eines Moderatoren-Duos eines öffentlich-rechtlichen Fernsehsenders sagte seine *Talkshow* für den Abend an. Seine Kollegin fügte hinzu:

- Unsere Show heute Abend wird ein bisschen *juicy.*

Bei einer *Talkshow* sitzen einige der Gäste in der *VIP-Lounge*, weil sie den *Live*-Auftritt vor laufenden Kameras scheuen.
In circa zwei Wochen finden in Deutschland Wahlen statt. Folgende Sendungen sind sogenannte Wahlsendungen:

- Politiker *Speed Dating* – ein kurzer *Flirt* mit der Politik,
- Wahlkampf *undercover*,
- *Best-of* Erstwähler*check.*

Wie erwähnt, die Wahl findet in Deutschland statt und nicht in irgendeinem Land, wo die Muttersprache Englisch oder Amerikanisch ist. Ich empfinde es als einen absoluten *Nonsens*, was sich manche Fernsehsender da leisten. Es scheint mir geradeso, als ob die den deutschen Zuschauern mit Gewalt Denglisch aufzwingen wollen – oder sollen?
Ich bemerke ein großes Schild neben einem der unzähligen Werbeplakate für die Bundestagswahl:

- Cooles Retro-analog-Flashmob am nächsten Sonntag.

Schon wieder so etwas, was ich nicht verstehe, und das irritiert mich. Langsam befürchte ich, mich nicht mehr in Deutschland zurechtzufinden. Erschreckend.

In einer Fernsehzeitschrift, die man kostenlos in Apotheken erhält, ist ein Bericht über Faultiere. Darin steht unter anderem:

- Ihr biologisch bedingtes *Slow-Motion*-Tempo wird für die urzeitlichen Tiere immer öfter zum Problem.

Langsam werde ich wütend. Wütend über die Selbstverständlichkeit, mit der man uns englische oder amerikanische Begriffe vorsetzt, und es anscheinend egal ist, ob Hunderttausende von Menschen es verstehen oder nicht.

Eine Detektei in einem kleinen Dorf nennt sich so:

- *Girls* in *Village*.

Hätten Sie dahinter eine Detektei vermutet? Ich auch nicht, und ich frage mich, ob deren Gründer sich selbst damit einen Gefallen getan haben. Und wieder einmal zeigt sich, wie dumm es ist, sich nicht einfach einen deutschen Namen zu geben.

Sogar beim Strafvollzug geht man moderne Wege. In manchen Haftvollzugsanstalten wird *Containment* betrieben. Hoffentlich wissen die Verantwortlichen dort, was ihr *Containment* bedeutet: Eindämmung oder Zusammenhalt?

Deutsche Jugendliche gehen auch nicht einfach mehr so miteinander aus, nein, das wäre ja un*cool*. Sie *date*n sich, denn das ist *cool*.

In der Presse und in den Medien werden drei neue deutsche Filme vorgestellt. Der erste Film berichtet über eine alte deutsche Firma, und im zweiten Film geht es um eine ungewöhnliche Liebesgeschichte. Der dritte Streifen beleuchtet den Umgang der Industriegesellschaften mit Nahrungsmitteln und die globale Lebensmittelverschwendung. Deutsche Filmtitel voraussetzend erwartet den Zuschauer dies:

- Global Player,
- Same Same But Different,
- Taste the Waste.

Nein, es handelt sich dabei wirklich nicht um englische oder amerikanische Filme, sondern um deutsche – mit meist deutschen Schauspielern.

In einer deutschen Unterhaltungsshow, die den Namen „Big Brother“ trägt, sagte eine der deutschen Protagonistinnen:

- *Big Brother is the best time of my life.*

Ein deutsches *Online*-Spiele-Portal wirbt mit folgendem *Slogan*:

- *Goodgame Empire.*

Der *Trailer* eines Fernsehspektakels gibt bekannt:

- *Exclusive Previews and Highlights* zur *Show*.

Ich möchte hier anmerken, dass es eine Vorankündigung für eine deutsche *Show* auf deutschem Boden ist und nicht etwa für eine Fernsehsendung in England, Amerika, Neuseeland oder Australien.

Ein kurzer Bericht über ein deutsches Auto lautet so:

- Der kleine *City*-Flitzer mit dem modernen *Design* hat den *Track-Test* auf dem Hockenheimring bestanden. Beim Hütchen-*Parcours* zeigte er seine wahre Größe.

Was mich aber auch noch ungeheuer stört, ist die Tatsache, dass diese Verunstaltung unserer Sprache auch bis in den Sex- und Fäkalbereich vorgedrungen ist und diese Ausdrücke vielerorts öffentlich zugängig sind, sodass selbst *Teenager* die übelsten Begriffe schon wie selbstverständlich benutzen. Das Schlimme daran ist, sie wissen sogar, was diese Begriffe bedeuten:

- *Fuck off, shit!*,
- *Who the fuck are you?*,
- *Bonding* oder *Bondage*,
- *Blow-Job*,
- *Quickie*,
- *Playboy's Cover Girl*,
- *Hardcore*,
- *Striptease*,
- *Petting*,

- *Pole Dancing*,
- *One-Night-Stand*,
- *Shit happens*!

In einer *Talkshow* sprach einer sogar von *Fisting*. Er war noch so jung und sollte über so etwas überhaupt nichts wissen. Vielleicht hatte er sein Wissen aus einschlägigen Büchern erworben und gab nun damit an. Leider stehen viel zu viele dieser Bücher mit *sex*istischem Inhalt auf den *Bestseller*listen. Ich finde, dass solche sogenannten *Bestseller* nicht in die Hände unserer *Teenager* gehören, aber wer fragt mich?

Ein anderer der jugendlichen Gäste dieser *Talkshow* prahlte stolz mit seinen Erfahrungen in einer *Peep Show* und dass er sogar schon einmal bei einer *Striptease*-Aufführung in der ersten Reihe sitzen durfte. Auf die Frage der Moderatorin, was er von der *Kampagne* „*Safer Sex*" hält, lachte er nur, grinste in die Fernsehkamera und nuschelte: „Nichts für mich, da geht ja das ganze *Feeling* verloren. Gummis sind was für Weicheier."
Ich konnte nicht glauben, was dieser junge Mann da von sich gab, vielleicht wollte er sich aber auch nur wichtigtun und in den Vordergrund drängen.

Ein anderer *Teenager* erzählte von einem Oben-Ohne, einem sogenannten *Topless-Restaurant*, in dem er angeblich schon einmal gegessen hatte. Auch seine Erzählungen halte ich für eine ge*fak*te *Story*, aber sicher bin ich mir da nicht. So etwas ist einfach nur ab*turn*end, doch unsere *Kids* fühlen sich davon wohl ange*turn*t.

Leider ist es so, dass das Sprichwort „*Sex sells*" nur allzu wahr ist und die Jugendlichen viel zu leicht an einschlägige Literatur oder Sexspielzeug herankommen.

Und nun offeriert *Facebook* das sogenannte *Bang your friends*, also fordert vor allem *Teenies* auf, sich mit ihren Freunden zu verabreden, um *Sex* miteinander zu haben. Ich finde so etwas perfide. Sogar die Presse spricht nun schon vom „schnellen *Bang* auf *Facebook*".

Jetzt bekommt die *Sitcom The Big Bang Theory* plötzlich eine ganz neue Bedeutung für mich. Diese Serie läuft im Deutschen Fernsehen zur besten Sendezeit. Hat diese Serie etwas mit dem *Bang-your-friends*-Aufruf von *Facebook* zu tun? Das ist eine Serie, die sich deutsche *Teenager* täglich reinziehen. Reinziehen? Wo sind die deutschen Sprachwissenschaftler? Solche Ausdrücke als reine *Teenie*-Sprache abzutun bedeutet, es sich viel zu einfach zu machen Diese Sprache ist jedoch nicht Thema dieses Buches.

Ein Jugendlicher kommentierte einen meiner Kommentare auf *Facebook* mit *omg*. Als ich ihn damit konfrontierte, schrieb er unmutig er zurück: „Was weiß ich, was das heißt. Sagt man doch so, oder?" Er hatte einfach ein Kürzel geschrieben – ohne zu wissen, was es bedeutet –, nur um *cool* zu sein. Dass *omg* die Abkürzung für *oh my god*, also „Oh mein Gott", ist, interessierte ihn dann schon nicht mehr.

Und Schimpfwörter wie *Bitch* oder *Fuck off* benutzen sie so selbstverständlich, als ob solche Ausdrücke von ihrer Muttersprache herrührten.

In einer deutschen Fernsehsendung werden ungelöste Kriminalfälle in Deutschland vorgestellt. Während einer Reportage über einen Fall sagte die Sprecherin ungefähr Folgendes:

- Hier sehen Sie, meine sehr verehrten Zuschauer, einen *Profil*er bei der Arbeit. In Deutschland nennt man sie Fallanalytiker.

Warum sagt sie dann nicht Fallanalytiker, warum muss sie den *Profil*er hervorheben? Wie gesagt, es war ein Film über einen ungeklärten Mord in Deutschland. Wieder einmal zieht man das englische dem deutschen Wort vor. Schließlich kann man *Profil*er ja auch fast jeden Abend im Fernsehprogramm beobachten, bei amerikanischen Krimiserien zum Beispiel.

Etwa eine Stunde später sehe ich einen Bericht über die Zunahme des Mülls auf städtischen Anlagen in einer Großstadt in Süddeutschland. Um die Menschen dazu zu bewegen, ihren Müll in die bereitgestellten Abfallbehälter zu entsorgen, hat sich diese Großstadt etwas Besonderes ausgedacht: In einigen Parks gibt es seit kurzem „sprechende" Müll*container*. Jedes Mal, wenn ein Bürger seinen Müll ordnungsgemäß in einen der kleinen Behälter entsorgt, spricht dieser folgende Worte:

- *I love your* Müll.

Noch einmal zur Erinnerung: Diese *Container* befinden sich in einigen Parks einer Großstadt in Süddeutschland. Warum müssen diese Müll*container* sich fremdsprachlich äußern, wenn jemand in Deutschland brav seinen Müll entsorgt? Falls diese *Container* aber für Besucher aus fremden Ländern gedacht sind, stolpere ich über das Wort Müll … Wusste der zuständige Beamte die korrekte Übersetzung ins Englische nicht?

Und was denken wohl ausländische Touristen über die Sprache der deutschen Mülleimer?

Wir blamieren uns auf der ganzen Welt und machen uns selber lächerlich!

Werbemacher waren beauftragt, neue Verkaufsstrategien zu entwickeln:

- *Shopping Stress.*

Es wird suggeriert, dass ein begrenztes Zeit*limit* für ein Sonderangebot besteht.

- *Limited Edition.*

Will den Verbraucher glauben machen, dass eine begrenzte Auflage für ein Sonderangebot existiert und sorgt für eine künstliche Verknappung der Waren.

- *Undercover*-Werbung.

Eine heimliche Werbung im eigenen Freundeskreis bei sich zuhause.

Eine deutsche Prominente, die ein eigenes Café betreibt, wirbt wie folgt:

- *Gaming Week* – nur noch diese Woche hier bei uns.

Die Werbung einer bislang eher nicht so bekannten Marke für Sportschuhe gibt es nur in der englischen Sprache:

- *Get the most wanted Trend Sneakers.*

Ich überlege mir wieder einmal, wie gut so eine Werbung auf Deutsch in England oder Amerika ankommen würde. Bestimmt würde nicht ein einziger Schuh verkauft.

Oder nehmen wir folgende Werbung:

- *House of Cards – Game of the Year* für Ihre *Playstation.*

Ich frage mich, wie viele Deutsche darunter verstehen, dass dieses Spiel zum Spiel des Jahres gekürt wurde?

Ein junger Autor *poste*t im *Internet* folgendes *Statement*:

- *Ich habe endlich ein tolles Publisher-Team gefunden.*

Eine Diskussion im *Internet* über autofreie Wochenenden – dümmer kann eine Antwort wohl kaum sein, die jemand *poste*te:

- *Life-Time-Balance* – wer am Wochenende nicht fahren darf, hat frei.

Selbstverständlich wird es da Ausnahmen geben, aber wer grundsätzlich gegen alles ist, wird auch grundsätzlich gegen alles seine unkluge und unverständliche Meinung äußern. Die Hauptsache ist, er konnte diesen Ausdruck *Life-Time-Balance* öffentlich kundtun. Ob er ihn jedoch versteht und ob er in dem Zusammenhang einen Sinn ergibt, ist allerdings eine andere Frage. Aber ist er nicht *cool*?

Werbung für einen neuen Computer:

- *Alternate High End PC.*

Ich bezweifle, dass Otto Normalverbraucher etwas mit diesem Begriff anfangen kann. Ist das gewollt?

Früher sandte man Beileidsbekundungen und wünschte dem oder der Verstorbenen „Ruhe in Frieden“. Doch auch das hat sich größtenteils geändert. Heute heißt es:

- *R.I.P. – Rest in Peace.*

Es sagt eigentlich das Gleiche aus, doch auch hier will man *in* sein und sagt es auf Englisch. Warum?

Eine Werbung für Rindfleisch erregt mein Interesse:

- *Dry and Wet aged Beef* – das beste *Steak.* Übersetzt heißt das auf Deutsch: Trocken und nass gereiftes Rindfleisch.

Weiter heißt es dazu in der Werbung: Trocken am Knochen gereiftes Rindfleisch. Moment mal, da steht doch *dry* und *wet*, also trocken und nass – was gaukelt diese Werbung uns vor? Werden wir bewusst betrogen? Will man uns Kunden durch diese Art Werbung extra in die Irre führen?

Folgende Werbung ruft förmlich nach Erklärung:

- *Choco Flakes*, *Orange Flakes*, *Chunky White Snacks*.

Bei den Nachrichten sprach ein Sprecher zum ersten Mal vor laufender Kamera aus, was ich schon lange vermute: Wir hier in Deutschland haben eine neue Sprache!

Es herrschte eine große Hitzewelle, und der Sprecher beneidete all diejenigen Zuschauer, die jetzt in der Sonne liegen können:

- Sie *chill*en – wie es auf Neudeutsch, also Denglisch, so schön heißt.

Jetzt wird sogar öffentlich auf unsere neue deutsche Sprache hingewiesen, und es wird noch extra darauf aufmerksam gemacht. Neudeutsch und Denglisch – ich fasse es nicht!

Dann informierte er weiter, dass es eine aktuelle Liste gibt, in der die schlechtesten *Manager* Deutschlands aufgeführt sind. Diese Liste nennt sich *Hall of Shame*. Ob man diese Liste öffentlich einsehen kann, ließ er unkommentiert. Eine *Hall of Shame* – und das mitten in Deutschland! Muss ich das noch weiterkommentieren?

Und nun sehe ich bei *Facebook*, wie eine Deutsche versucht, *Meeting* zu erklären:

- *Meeting* – ein *Get-Together*.

Warum muss in Deutschland ein *Meeting* mit *Get-Together* erklärt werden? Das stößt so gar nicht auf mein Verständnis und hat mit Globalisierung nichts zu tun. Wenn sie sich in England oder Amerika *meet*en oder *together get*ten, ist das *okay*, aber nicht hier in Deutschland.

Dieses Beispiel zeigt deutlich, wie weit es schon gekommen ist.

Ein neues Buch einer deutschen Autorin ist herausgekommen. In seinem Rückentext steht unter anderem:

- *Pointen*reiche Satire über *Best Ager*.

Warum konnte sie nicht den Ausdruck „Menschen im besten Alter" benutzen? Zu Deutsch? Verkauft das Buch sich besser, wenn es englische oder amerikanische Ausdrücke enthält? Ist es wirklich schon so weit gekommen?

Und wie verblüffen erst die öffentlichen Stellenausschreibungen:

- *Call-Center*-Agent/-in,
- *Rental*-Agent,
- *Affiliate Marketing Assistant*,
- *All-round*-Handwerker,
- *Key Account Manager*,
- *Service*kraft,
- Zimmermädchen/*Roomboy*,
- Mitarbeiter/-in Öffentlichkeitsarbeit und *Social Media,*
- *Multitasking*-fähiger *Parkoperator* für großen *Fun*park,
- *Chauffeur*,
- *Security*-Personal,
- *Supply Chain Manager*,
- *Promotion*-Personal für leichte *Promotion*tätigkeit,
- Mitarbeiter/-in Telefonakquise,
- *Ticketing Jobs* auf Mallorca,
- *Wellness-Masseur/*-in,
- Reisebus-*Chauffeur*/-in,
- Nagel*designer*/-in,
- Mitarbeiter/-in *Customer Service*,
- *Forecast*-Datenpfleger/-in,
- *System Development Engineer*,
- *User-Help-Desk*-Mitarbeiter/-in,
- *Green Keeper*,
- *Area Sales Manager*,
- *Manager Financial Accounting and Controls*,

- *Visual Merchandizer,* (hätten Sie, verehrter Leser, gewusst, dass es sich dabei um einen Schaufensterdekorateur handelt? Ich auch nicht.),
- *Account Manager*,
- *Senior Controller*,
- *Hostess* für Messen,
- *Promoter*/-in.

Selbstverständlich haben sich auch die öffentlichen Ausschreibungen für Lehrangebote, die man in den Zeitungen findet, der neuen Sprache angepasst:

- *Duales Bachelor* – Studium bei uns mit Abschluss als *Bachelor of Art*,
- *Bachelor of Science* – Uni bietet forschungsorientiertes Wirtschaftsstudium,
- *Bachelor of Engineering* – Fahrzeug- und Maschinenbau sucht kreative Köpfe mit späterem Hochschulabschluss.

Es ist traurig, dass selbst vor der eigenen Kultur nicht haltgemacht wird und unsere Bräuche und Sitten durch englische oder amerikanische – fast unbemerkt – ersetzt werden.

Es ist schon so weit, dass wir zu Weihnachten unser Christkind, das uns viele Jahrzehnte die Treue hielt, ganz einfach still und leise abgeschafft und durch den amerikanischen *Santa Claus* ersetzt haben. Ohne Murren haben wir akzeptiert, dass nun zu jedem Weihnachtsfest unzählige *Santa-Claus*-Imitationen durch unsere Städte laufen, um Weihnachten zu repräsentieren.

Gab es früher noch das Christkind zu Weihnachten und den Nikolaus am sechsten Dezember eines jeden Jahres, so sehen wir jetzt zum Fest auf allen *TV*-Kanälen und in allen Einkaufs*centr*en unserer *Cities* nur noch den:

- *Santa Claus.*

Liefen früher zur Fastnacht die kleinen Kinder, hübsch und ausgefallen kostümiert, von Haus zu Haus, sangen Fastnachtslieder und erhielten als Dank Süßigkeiten, so kann man diesen Brauch heute nur noch selten beobachten –stattdessen wurde ein neuer eingeführt:

- *Halloween.*

Grausig maskierte kleine Kinder laufen von Haus zu Haus und rufen „Süßes oder Saures!". Erstaunlich viele rufen aber auch den Originalsatz:

- *Trick or Treat!*

Wenn man sie dann fragt, was das bedeutet, heben sie nur die Schultern. Ein Kind sagte mir tatsächlich: „Es bedeutet, dass du mir Süßigkeiten geben musst."

Selbst bei Geburtstagen singen wir schon lange nicht mehr in Deutsch, sondern die meisten grölen laut:

- *Happy Birthday to you, happy Birthday to you, happy Birthday, dear ..., happy Birthday to you.*

Warum muss es immer diese englische Version sein? Wir haben früher gesungen: „Zum Geburtstag viel Glück, zum Geburtstag viel Glück, zum Geburtstag alles Gute, zum Geburtstag viel Glück."

Das klingt in meinen Ohren authentischer – und ist es auch.

Nehmen wir diesen Ausspruch:

- *Take it easy*, mein Schatz – *take me.*

Der wird oft benutzt von Männern, die zu sehr von sich selbst eingenommen sind.

Schon so eingedeutscht ist dieser Satz, dass kaum einer ihn mehr als fremdsprachlich ansieht:

- *The Show must go on.*

Die folgenden Aussprüche und Begriffe stehen als Beispiele für die gängige „Übernahme“:

- *Do-it-yourself*,
- Der *Countdown* läuft,
- *Back to the Roots*,
- *Step by Step*,
- *Cash* auf die Hand,
- *Play-off*-Runde,
- *Know-how*,
- *Catch me if you can*,
- *The same procedure as every year*,
- *My home is my castle*,
- *Make love, not war*,
- *Safety first!*,
- *Yeah, Baby!*,
- *Big Brother is watching you*,
- *Happy End*,
- *Patchwork* Familie.

Diese Wendungen sind mittlerweile fester Bestandteil unserer deutschen Sprache geworden und nicht mehr aus unserem Sprachgebrauch wegzudenken. So wie *Insider*wissen, wo kaum noch ein Mensch weiß, was es eigentlich auf Deutsch heißt.

Hier der Beruf *Streetworker*: ein Begriff, von dem jeder weiß, was er bedeutet, doch kennt man auch den deutschen Namen dafür? Gibt es dafür überhaupt einen? Die *Play-off*-Runde beginnt morgen. Wer kennt noch das deutsche Wort dafür?

Auch das *Portemonnaie* erlebt zurzeit ein unerwartetes *Revival.* Als *Teenager* benutzten wir dieses Wort regelmäßig. Und die Größenangaben für Modeartikel sind in vielen Geschäften fast nur noch auf Englisch oder Amerikanisch zu finden: *small, large, extra large ...*

Erschreckend, einfach nur erschreckend! Werden die englische und amerikanische Sprache wirklich unser neuer *Way of life*? Eines ist dennoch sicher: Diese Sprache wird niemals *my* way of life! Die wird niemals mein Leben bestimmen!

Positiv anmerken muss ich Folgendes: In einer deutschen *Reality Show* verfolgte die Kommissarin einen Jugendlichen. Als sie ihn gestellt hatte, fragte sie ihn, wo er den Nachmittag verbracht und was er die ganze Zeit gemacht hätte. Daraufhin antworte er *cool* und ganz besonders lässig:

- Ich war bei meinem Freund, und wir haben den ganzen Nachmittag ge*chill*t.

Daraufhin sah ihn die Kommissarin kurz an und gab ihm zu verstehen, Deutsch sei die Sprache, die sie in diesem Lande am besten verstehe.

Das hat mir imponiert und wirklich gefallen.

In einer deutschen Doku-*Soap* verkünden zwei Protagonistinnen ihren Freunden die Regeln für einen *Romantic Battle*, also die Regeln für eine romantische Schlacht oder einen romantischen Kampf. Was sie eigentlich meinen, ist *Romantic Competition*, einen romantischen Wettkampf. Aber so gut beherrschen sie die englische Sprache nicht, um den wichtigen Unterschied zu kennen. Wieso sie überhaupt den nichtdeutschen Ausdruck wählten, wird mir wohl für immer verschlossen bleiben. Wahrscheinlich versteht nur die spezielle Zuschauer*klientel* der Sendung diese Sprache.

Man kann und sollte nicht alle englischen oder amerikanischen Begriffe so ohne weiteres ins Deutsche übernehmen – mögen sie noch so *in* und *trendy* klingen –, ohne ihre wahre Bedeutung zu kennen.

Auch folgende Begriffe kommen uns heute genauso fließend und selbstverständlich über die Lippen:

- *Life is Life*,
- *Such is Life*,
- *That's Life*,
- *Made in Germany*,
- *Copyright*,
- *Bestseller*,
- *Paperback*,
- *Hardcover*,
- *Spoiler*,
- *Airbag*,

- *Song*,
- *Story*.

Wir integrieren diese Wörter – bedenkenlos – in unsere Muttersprache Deutsch.

Auch diese Wendungen sind mittlerweile fester Bestandteil unserer Muttersprache:

- *Follower Power*,
- *Hash Tags*,
- *Bookcrossing*,
- *Indoor Trail*,
- *Cloudcomputing*,
- *Cloudhacking*,
- *Dashcam*,
- *Apps*,
- *Homestory*,
- *Flashmob*,
- *Public Private Partnership*,
- Nachlass-*Hopping*,
- Natur*stoned*,
- *Double Feature*,
- *Joint Venture*,
- *Couchsurfing*,
- *Organizer*,
- *Comedycoaching*,
- *Poetry Slamming*,
- *Shared Economy*,

- *Fractional Ownership*,
- *Liquid Democracy*,
- *Homestaging*,
- *Convenience Food*,
- *Pornhub*,
- *Benchmark*,
- *Relaunch*,
- *Social Screening*.

Wir ersetzen unsere Muttersprache mit einer Leichtigkeit und Selbstverständlichkeit, die mich mehr als betroffen macht.

Gerade wurde in den Lokalnachrichten von einem neuen Hilfsprojekt in unserer Landeshauptstadt berichtet:

- *Foodsharing*.

Warum muss es wieder einmal so ein englischer Begriff sein, warum kein deutscher? In dieser Organisation bittet man auf Märkten um übrig gebliebene Lebensmittel, stellt diese dann *via* Fotoaufnahme ins *World Wide Web* und gibt den Ort an, an dem man diese Lebensmittel finden und bekommen kann. Es ist immer noch besser, als den großen Teil der Lebensmittel, der sonst in Mülltonnen als sogenanntes *Waste Food* landet, einfach vergammeln zu lassen.

Eine prima Idee, aber warum nicht in unserer Landessprache? Es ist schließlich nicht nur die Idee, die zählt. Es geht doch auch darum, dass die wirklich Bedürftigen an diese Lebensmittel gelangen und nicht nur die, die reich genug sind, sich einen *Computer* leisten zu können, um zu *surfen* und so von dieser Idee Kenntnis erlangen.

Die Ärmsten der Armen und die, die der englischen oder amerikanischen Sprache nicht mächtig sind, gehen mal wieder, wie so oft, leer aus. Und welcher arme Rentner besitzt einen *Computer,* mit dem er herausfinden kann, wo diese Lebensmittel abholbereit zur Verfügung stehen? Verstehen diese Menschen überhaupt, was die Nachrichtensprecherin soeben freundlich verkündet hat? Für wen also sind diese Lebensmittel bestimmt?

Ich weiß es nicht, und es macht mich traurig, dass man so eine gute Idee so schlecht umsetzt. Aber auch das ist nicht Teil dieses Buches.

Und endlich weiß ich auch, was das Wort *Inclusion* in Zusammenhang mit Schulen bedeutet. Nach Monaten der Ungewissheit habe ich heute eine Reportage über eine Schule gesehen, in der behinderte und nichtbehinderte Kinder zusammen unterrichtet werden. So etwas nennt man *Inclusion.* Warum heißt dieses Schulkonzept *Inclusion*? Ich wäre froh, wenn mir das jemand so erklären würde, dass es einen Sinn ergibt und ich es verstehen kann.

Was mir auch ein wenig Sorge bereitet, ist der Umstand, dass die Kinder, die eine solche Schule besuchen, durch das Wort *Inclusion* abgesondert werden könnten – sie zu Außenseitern werden. Warum können behinderte Kinder nicht einfach in einer ganz normalen Schule den Unterricht besuchen, ohne den Zusatz *Inclusion*, der sie öffentlich als behindert bloßstellt? Ich verstehe, dass man sie integrieren will, aber das Wort *Inclusion* macht sie erst recht zum *Outsider* unserer Gesellschaft.

Kürzlich habe ich eine andere Reportage über dieses Thema auf einem der öffentlich-rechtlichen Sender gesehen. Dort sprachen sie nicht von *Inclusion,* sondern von einer Schule für alle. Das gefällt mir, und ich bin mir sicher, dass die Kinder, die diese Schule besuchen, bestimmt nicht von anderen gehänselt und bloßgestellt werden.

Gerade eben wurde mir die wöchentliche Zeitung für unsere Region, die hauptsächlich ländlich geprägt ist, in meinen Briefkasten geworfen. Als ich sie heraushole, kann ich kaum glauben, was gleich auf der Titelseite steht:

- *Unser E-Paper – für Smartphones, Tablets und PCs*.

Weiter lese ich: Dieses *E-Paper* kann ohne eine *native App* im *App Store* heruntergeladen werden, und es verfügt über ein zeitungsrealistisches *Layout* und erfüllt die Erwartungen und Bedürfnisse der Leser.

Ich mag mir nicht vorstellen, was die vielen älteren Leser ohne eigenen *Personal Computer* zuhause – und das sind bei weitem die meisten – von diesem Bericht halten und was sie glauben, was er bedeutet und was er ihnen sagen will.

Es kommt mir mittlerweile so vor, als ob alle Welt davon ausgeht, dass jeder Bürger in diesem Land, egal wie alt er ist, die *Computer*- und die auf ihn ausgerichtete Sprache beherrscht oder zumindest beherrschen sollte. Was für ein *Nonsens*!

Auf einer der folgenden Seiten in dieser Zeitung lese ich:

- *Second-Hand*-Basare starten, und die Termine stehen nun fest,
- *Car Cleaning Services* feiert zehnjähriges Bestehen,

- Fleiß und Pünktlichkeit sind nicht un*cool*,
- Eine deutsche Band, die „*Party Animals Band*", sorgt für Schlagerstimmung,
- Das sechste *Beachvolleyball*turnier „*Beach, Chill & Grill*" startet wieder am folgenden Wochenende,
- Hier gibt es Karten zum *Stock Car Challenge* 2013,
- *Country Style* begeistert Gäste,
- Ein *Top Event* in der Region,
- Das *Model* ist auf allen *Slutwalks* dieser Erde bekannt,
- *Mountainbike*-AG erhält Fahrräder,
- *Newcomer* unter freiem Himmel,
- Super*biker*-WM und das *Biker Festival* dominieren das nächste Wochenende,
- Die letzten *Tickets* für *Holi in Colors* jetzt bei uns. Mehr als fünfzehntausend Besucher werden zum *Who is Who* der Elektro-Szene erwartet,
- *Summernight-Jam* – der Star rockt die *Open-Air*-Bühne,
- *Comedy Queen* gibt wieder ein Gastspiel,
- Festival der Rekorde: Mehr *Raver* als bisher bei *Nature One*,
- Am Freitag tritt die deutsche Band „*The Beat Pack*" im Fernsehen auf,
- *Checker Can on Tour*,
- *Rallye Action* hautnah erleben,
- Verbandsgemeinde beteiligt sich an der *Kampagne* „*Fair Trade Towns*".

Was mich aber an dieser Ausgabe sehr bestürzt, ist, dass in einem der Leitartikel gleich auf der ersten Seite ein gravierender Rechtschreibfehler zu finden ist. Leider steht bei diesem Artikel kein Kürzel, wie es normalerweise ein Redakteur hinzufügt, um dem Leser anzuzeigen, dass er der Verfasser ist. Also kann der Leser nicht nachvollziehen, wer diesen Artikel mit dem offensichtlichen Rechtschreibfehler verfasst hat: „Die Polizei veranlasste, *das* der Fahrer …“ Richtig müsste es heißen: „Die Polizei veranlasste, *dass* der Fahrer …“

Es ist bekannt, dass viele Menschen ein Problem mit „das“ und „dass“ haben, aber wenn man sich anmaßt, englische und amerikanische Begriffe zu benutzen, dann sollte man erst recht in seiner eigenen Rechtschreibung *fit* sein. Doch – wenn ich es mir so überlege – wenn Deutsch nach und nach abgeschafft wird, so müssen sich Redakteure wirklich keine Gedanken mehr um die deutsche Rechtschreibung machen.

Ein Hohn!

Sogar in unserem Mitteilungsblatt, also der kleinen Infozeitung der umliegenden Gemeinden, wird heute zu einem ganz besonderen Wandertag eingeladen. Da heißt es:

- Auf Wander- und Schleichwegen unterwegs. Neu: *MTB-Trail* für Einsteiger.

Nirgendwo ist beschrieben, was ein *MTB-Trail* überhaupt ist. Ich frage mich, ob die Verantwortlichen des kleinen Ortes, die zu dieser Wanderung einladen, es selbst wissen. Und ob zwischen dem angepriesenen *MTB-Trail* und dem einfachen *Trail* für Einsteiger ein gravierender Unterschied besteht, ist auch nicht angegeben. Warum hat man den schönen deutschen Begriff Wanderweg einfach durch einen englischen ersetzt? Kommt sogar so ein kleines Hunsrückdorf nicht mehr ohne fremdländische Ausdrücke aus? Aber wenn sogar ich mit meinen umfangreichen Englischkenntnissen nicht weiß, was ein *MTB-Trail* bedeutet, wissen es dann letztendes die, die damit umworben werden?

In einem Kindergarten wurden nach einer Infoveranstaltung den anwesenden Eltern *Handouts* überreicht, die sie mit nach Hause nehmen konnten. Ich glaube, den Eltern war überhaupt nicht bewusst, dass der Zettel, den sie einsteckten, ein sogenanntes *Handout* war. Darauf vermerkt waren die angesprochenen Themen des Abends.

Endlich wurde mein neuer *Laptop* geliefert. Nun muss ich mich mit der *Setup*-Anleitung befassen, um ihn bedienen zu können. Früher gab es Bedienungsanleitungen – nun ja.

Staundown – die unheimlich neue Geschäftsidee. Leider gibt es keine weiteren Erklärungen dazu, sodass ich unaufgeklärt bleibe.

Kennen Sie schon *suspended Coffee*? Nein? Nun, das ist Kaffee für Arme. Verschiedene *Cafés* in Deutschland werben für die Kostenübernahme einer Tasse Kaffee für arme Menschen, die sich selbst dieses Getränk nicht leisten können. Gute Idee, aber warum nicht auf Deutsch, damit die Armen es auch verstehen und das Angebot nutzen können?

Dann gibt es noch eine Organisation, die nennt sich *Outreach*. Dahinter versteckt sich mobile Jugendarbeit. Weiß kaum einer, oder wussten Sie es?

Heutzutage geht man nicht mehr mit dem Förster durch die Natur, nein. Selbstverständlich wird man jetzt von einem *Ranger* bei dem Waldspaziergang begleitet.

In Deutschland wird gewählt und überall wird zu Wahlveranstaltungen eingeladen. So auch auf einer kleinen Insel. Da werben die:

- *Voices of* (dann folgt der Name der Insel)

für ihre Wahlkundgebung und sind erstaunt darüber, dass kaum einer kommt. Nur einige Wähler sind dem Aufruf gefolgt und die Veranstalter wundern sich. Ich nicht, denn wer folgt schon einem englischen oder amerikanischen Aufruf, wenn es doch eigentlich um eine deutsche Wahlkundgebung geht? Vielleicht hätten sie mehr *Resonanz* gefunden, hätten sie sich

- die Stimmen von (und dann der Name der Insel) genannt.

Wen wundert es da noch, wenn auch Krankheiten plötzlich englische oder amerikanische Namen bekommen:

- *Burn-out-Syndrom,*
- *Holiday-Heart-Syndrom,*
- *Broken-Heart-Syndrom,*
- *Restless-Leg-Syndrom,*
- *Animal Hording Syndrom,*
- *Frozen Shoulder Sydrom.*

Auch Mittel oder Gegenstände sowie kurative Maßnahmen, um Krankheiten zu heilen oder zu bekämpfen, bekommen immer öfter englische oder amerikanische Begriffe:

- *Hot Stone Massage,*
- *Body Mind Trainer,*
- *Functional Training,*

- *Body Jump*,
- *Body Balance.*

Ich könnte mit diesen Aufzählungen noch lange so weitermachen, denn die in diesem Buch bisher aufgeführten Beispiele sind nur die Spitze des Eisberges. In Wahrheit ist die Flut der Wörter, die mittlerweile unsere deutsche Sprache fortzuspülen scheint, nicht mehr zu übersehen und nicht mehr zu *stop*pen.

Was mir während des Schreibens auch auffiel, ist, dass wir, ohne groß darüber nachzudenken, scheinbar gedankenlos, hauptsächlich positive Begriffe aus dem Englischen und Amerikanischen übernehmen – diese zum besseren Verständnis mit Erklärungsversuchen:

- *Give me five* – ein Erfolgserlebnis abklatschen,
- *Chillen* – viel positiver als faulenzen,
- *Flirten* – Zuneigung bekunden, anbändeln,
- *Playboy* – Frauenheld,
- *Covergirl* – eine Frau auf der Titelseite einer berühmten Männerzeitschrift,
- *Couching* – kostenlos urlauben,
- *Best Friends* – beste Freunde,
- *Foodsharing* – kostenloses Essen zur Verfügung stellen,
- *Jackpot* – Ausschüttung mit hoher Gewinnquote,
- *Foodstylist* – hübscht Essen auf,
- *Hairstylist* – hübscht Haare auf,
- *Playstation* – bietet Spiele-Animationen,
- *Airbag* – schützt bei Unfall,

- *Scannen* – erleichtert die Arbeit,
- *Cartuning* – Auto aufmotzen,
- *Selfmademan* – erfolgreicher Typ,
- *Board Service* – Verwöhnung pur,
- *Facial Mask* – Verschönerung pur,
- *Duty-free* – steuerfrei,
- *Shopping Malls* – Einkaufsspaß pur,
- *Joystick* – reinstes Spielvergnügen,
- *Allrounder* – Alleskönner,
- *Jobwall* – Arbeitsangebote,
- *Shoppen* – erzeugt Glücksgefühle.

Die Liste der Beispiele ist endlos.

Warum nur sind so viele Deutsche so erpicht darauf, alles Amerikanische zu kopieren? Warum liegt manchen so viel daran, so zu sprechen und so zu sein wie sie? Verbinden sie Amerikanisch-Sein mit grenzenloser Freiheit und der Möglichkeit, auch heute noch den vielgepriesenen *American Dream* wahr werden zu lassen? Wer kennt ihn nicht:

- Vom Tellerwäscher zum Millionär.

Sicher könnte auch das Tragen von *Cowboy*-Hüten ein Zeichen dafür sein, dass die Deutschen den Amerikanern nacheifern. Auch die Berichte, dass man in Amerika auch heute noch sehr schnell durch Fleiß und Strebsamkeit zum *Self-made*-Millionär aufsteigen kann, tun ihr Übriges. Nur dass man auch in Amerika sich mühsam *Step by Step* alles erarbeiten muss, verdrängen viele.

Träumen sich diese Deutschen auch mit dem Anschauen primitiver, am Fließband hergestellter amerikanischer Serien diesen *American Dream* herbei? Oder ist die Einsamkeit vieler Deutscher, die alleine wohnen, der Grund, warum die Fernsehanstalten immer häufiger *simple* amerikanische Serien anbieten statt anspruchsvolle, deutsche Produktionen?

Aber was ist dann mit unseren älteren Mitmenschen, die sich in dieser „amerikanisierten“ Fernsehwelt nicht zurechtfinden? Grenzt man sie bewusst aus? Ich weiß keine Antwort auf all diese Fragen, ich weiß nur, dass es mir überhaupt nicht gefällt.

Und *last but not least*: Dass sich einige deutsche Mitbürger immer mehr dem Amerikanischen anpassen, beweist mir das Verhalten von ihnen. Ohne sich erst richtig zu kennen, bieten sie dem anderen gleich das Du an. Engländer und Amerikaner würden das ja schließlich auch machen, behaupten sie. Aber das stimmt doch gar nicht. So primitiv und plump-kumpelhaft und *buddy-like* biedern sich die Engländer und Amerikaner gegenseitig nicht an, im Gegenteil, dafür sind sie viel zu höflich. Sie reden sich in der alten Form an – nämlich mit Ihr.

Ich finde, wenn man sich gleich duzt, bleibt der nötige Respekt voreinander leider viel zu oft auf der Strecke.

Epilog

Ich hoffe, dass dieses Buch zum Nachdenken anregt und eine Diskussion auslöst. Eine Diskussion darüber, wie leichtfertig und wie selbstverständlich wir ungezählte Wörter unserer Muttersprache Deutsch durch anderssprachige ersetzen. Wenn die Deutschen so weitermachen, wird es ihre Muttersprache so nicht mehr lange geben.

Ich habe gelesen, dass die Bahn auf über zweitausendzweihundert Fremdwörter in Zukunft verzichten will und sie durch deutsche Wörter ersetzen wird. Ich bin fassungslos – das darf nicht wahr sein! Dort, wo Tausende von Bürgern aus der ganzen Welt verkehren und es angebracht wäre, dass die Bahn durch mehrere internationale Sprachen ihnen das Reisen erleichtert, dort werden englische Begriffe abgeschafft?

Überall in Deutschland wirft man mit englischen und amerikanischen Wörtern und Begriffen nur so um sich, und dort, wo sie unbedingt gebraucht werden, schafft man sie ab. Es macht mich sprachlos!

Als ich mich mit einer Freundin über dieses Thema unterhielt, sagte sie: „Und denk mal an die vielen Menschen, die weder lesen noch schreiben können."

Meine Freundin hat recht. In Deutschland gibt es circa siebeneinhalb Millionen Analphabeten, die also nicht lesen und schreiben können. Viele davon schämen sich deshalb und leben daher unerkannt mitten unter uns. Wie schwer muss diesen Menschen in Deutschland erst Denglisch fallen? Wie finden sie sich mit alldem zurecht? Wie muss ihnen nun zumute sein, die sich bisher ausschließlich auf das gesprochene Wort verlassen mussten, da sie immer öfter konfrontiert werden mit Ansagen von Nachrichtensprechern und anderen Moderatoren, die gespickt sind mit denglischen Ausdrücken und Begriffen, die selbst die Menschen kaum verstehen, die lesen und schreiben können? Oder gar die tägliche Werbung, die oft, nur noch in Englisch gesprochen, auf den Bildschirmen gezeigt wird?

- *Good bye Hotel*,
- *Welcome Home*,
- *Call it* Schnitzel,
- *Multitainment Box – Power to you*,
- *Would you like to have some Ice Cream, young Man*?

Letzteres, eigentlich als Werbung für eine Fluglinie gedacht, ist nicht so einfach zu verstehen, auch nicht für diejenigen, die lesen und schreiben können.

Es würde den Verbrauchern bestimmt weiterhelfen, hätte der Hersteller mit Tür-in-Tür-Kühlschrank geworben, so aber präsentiert er sich wie folgt:

- *Door-in-Door*-Kühlschrank.

Das Gleiche gilt für den:

- *Picture-in-Picture* Fernseher

Wie arrogant und selbstherrlich manche Firmen sind, zeigt auch folgende Werbung:

- *Nostalgic-Art Merchandising – Peppermint Pills.*

Ich finde, es ist schon eine Unverschämtheit von einer deutschen Firma, ihre Pfefferminz-Bonbons in einer Dose mit Sandmännchen-Motiven nur in Englisch zu *promot*en. Damit verunsichern sie nicht nur Analphabeten. Es ist unmöglich, dass diese Menschen wissen, was ihnen eine solche Werbung *sugge*rieren will.

Eine Zeitarbeitsfirma wirbt mit folgenden Schildern über ihren Büros:

- *4 u at work*

Das verstehen ja sogar die meisten Deutschen nicht, die ein wenig Englisch sprechen, wie erst sollen es da die Menschen verstehen, die kaum Deutsch lesen oder schreiben können und die verzweifelt auf Arbeitssuche sind? Woher sollen sie auch wissen, dass das Werbeplakat: *4 u at work* eigentlich *for you at work* heißt und auf Deutsch: „Für Sie am arbeiten“ bedeutet? Ich finde das eine Arroganz sondergleichen gegenüber arbeitslosen Menschen in Deutschland.

Nehmen wir Fernsehsendungen, die nur englische oder amerikanische Titel haben und auch so von den Ansagern anmoderiert werden. Wie verstehen die Zuschauer dabei, um was es geht? Auch Folgendes ist den Machern scheinbar egal:

- *Western Reloaded.*

Alte *Western,* neu aufgearbeitet. Wissen das alle?

- *Brokeback Mountain.*

Das ist so ein *reloade*ter *Western.*

- *Old Ass Bastards.*

Wieso muss ein bekannter, älterer deutscher Komödiant seine neue *Show* mit einem englischen Titel versehen? Hätte ich gleich gewusst, dass er der Macher ist, hätte ich mir seine Show bestimmt angesehen, so aber nicht, denn der Titel versprach nichts Intelligentes.

- *The Voice of Germany.*

Hieße es „Die Stimme Deutschlands“, könnte sich der Zuhörer einfacher für oder gegen sie entscheiden.

- *Back to the 80s.*

„Zurück zu den Achtzigern“, wie diese Sendung auf Deutsch heißen würde, könnte mit dem deutschen Titel bestimmt noch mehr Zuschauer vor den Bildschirm locken, denn viele von ihnen, die sich gerne an die Achtziger zurückerinnern, können mit diesem Englischen nichts anfangen.

Ein Sender bewirbt sich selbst wie folgt:

- *We love to entertain you.*

So werden Analphabeten und nicht-englisch-sprechende deutsche Menschen immer weiter ausgeschlossen und aufs Abstellgleis gedrängt.

Ein anderer Begriff, der sich mehr und mehr in Deutschland verbreitet, ist *Streetfood* – von der Hand in den Mund. Straßenküche schmeckt und hat eine lange Tradition. *Streetfood* – ein neuer kulinarischer Trend?

Wie sollen die Menschen, die weder lesen noch schreiben können, wissen, dass damit die Imbiss-Läden gemeint sind, die es schon seit Jahrzehnten in Deutschland gibt?

Hier eine Werbe*kampagne* des Werbevereins unseres relativ kleinen Ortes:

- *Late Night Shopping.*

Zieht man heutzutage wirklich nur noch in dieser Art und Weise Kundschaft an?

Ich hatte ein Gespräch mit der Angestellten einer Stadtbibliothek. Was sie mir zu sagen hatte, war einfach unfassbar: Um Jugendliche zum Lesen zu bringen, ist den Mitarbeitern des Hauses quasi alles recht. Nicht nur, dass sie die Abteilung „Gefühle" in ihrer Bibliothek in *Feelings* umgewandelt haben, sie betreiben auch *Poetry Slamming* und neuerdings auch *Book Slams*. So wollen sie Jugendliche erreichen und zum Lesen bringen. Durch Englisch? „Durch Slamming, also mit Gewalt? Durch Englisch?", fragte ich sie fassungslos. „Ja, so kommen wir an sie heran. Wir müssen schließlich mit der Zeit gehen." Das konnte und wollte ich nicht glauben. „Wir können also in unserer Muttersprache Deutsch unsere Jugendlichen nicht davon überzeugen, ein Buch zu lesen? Wenn wir ihnen aber in Englisch Poesie und Bücher um die Ohren hauen, dann schon?"

„Was meinen Sie – das wirkt." Dabei lachte sie und fand es wohl lustig.

Ihr werde ich nicht ein Buch zuschicken, worum sie mich gebeten hatte. In meinem ersten Buch erzähle ich von meinem

Ex-Ehemann, der mich misshandelte und der mehr als einmal brutal zuschlug und mir schlimme Schmerzen zufügte. Ich will nicht, dass dieses Buch, das von Gewalt und Schmerzen erzählt, Jugendlichen an den Kopf und um die Ohren gehauen wird.

In dem Gespräch mit der Bibliothekarin fiel mir wieder einmal auf, wie verantwortungslos und zum Teil rücksichtslos Menschen damit umgehen, unsere Muttersprache Deutsch zu ersetzen. Diese Angestellte wollte mir weismachen, dass Deutsch nicht mehr *in* sei und man mit der Zeit gehen müsse. Sie war so stolz darauf, mit der Zeit zu gehen und *in* zu sein, dass eine normale Argumentation nicht möglich war. Eigentlich wartete ich nur darauf, dass sie mir sagte, dass Deutsch längst *out* wäre, aber das unterließ sie dann doch. Unterschwellig hat sie es mir aber sehr deutlich klar gemacht, indem sie immer wieder betonte, dass wir uns alle der Sprache der Jugend zu beugen haben, und dass man daran auch nichts ändern könne.

Wie kann man als Angestellte einer Bibliothek Gefallen daran finden, deutschen Jugendlichen auf Englisch und mit Gewalt deutsche Literatur näher zu bringen? Ich jedenfalls lasse meine Bücher nicht für einen *Book Slam* missbrauchen.

Hier die Problematik der Analphabeten vor Augen zu halten habe ich unterlassen. So, wie diese Frau sich für Denglisch aussprach, ihre Begeisterung dafür und auch, dass sie ein Teil davon sein durfte, machte sie so selig, dass sie doch nichts verstanden hätte.

Meine Versuche zu erklären, dass Denglisch längst keine Sprache mehr nur für unsere Jugend sei, liefen ins Leere.

Wie kann man nur so furchtbar oberflächlich und derart gedankenlos sein und seine eigene Muttersprache so leichtfertig ausrangieren?

Vor circa sechzig Jahren habe ich mir als Kind fast spielend Amerikanisch beigebracht, da ich viel mit amerikanischen Kindern zusammen war und einige Freunde unter ihnen hatte. In der Nähe meines Heimatortes befand sich ein amerikanischer Flugplatz, und viele der dort stationierten Soldaten lebten mit ihren Familien in unserem Ort.

Später auf dem Gymnasium habe ich dann Englisch lesen und schreiben gelernt. Ich glaube von mir sagen zu können, dass ich diese Sprache gut spreche. Es ist und wäre mir aber nie in den Sinn gekommen, dieses erworbene Wissen gegen meine eigene Muttersprache einzusetzen.

Und wenn man dann den Politiker sieht und hört, der in Brüssel sein vermeintliches Englisch darbietet und sich und Deutschland in ganz Europa öffentlich blamiert, oder den Ex-Fußballspieler, der sich und Deutschland in der ganzen Welt mit seinem vermeintlichen Englisch öffentlich bloßstellt, dann rate ich allen: Lernen Sie Englisch in der Schule, und versuchen Sie nicht, mit Denglisch die Welt zu erobern. Das muss danebengehen und läuft bewiesenermaßen schief.

Warum lassen die Bundesregierung und das zuständige Ministerium es zu, dass unsere schöne deutsche Sprache durch die englische und amerikanische *peu à peu* abgeschafft wird? Warum tut sie nichts dagegen?

Ich hatte gehofft herauszufinden, warum diese Überflutung durch Fremdwörter, die immer mehr zunimmt, nicht gestoppt wird, doch ich fand keine Antwort. Vielleicht liegt es an uns allen, dem ein Ende zu bereiten.

Es sind die Verantwortlichen bei Presse, Rundfunk und Fernsehen, die endlich einsehen müssen, ihre Nachrichten und Informationen in Deutsch und nicht in Denglisch zu veröffentlichen und zu verbreiten. Sie sind es, die die denglische Sprache in Deutschland immer mehr publik machen und so deklarieren, dass sie zeitgemäßer sei als Deutsch. Wenn bei ihnen nicht bald ein Umdenken stattfindet, breitet sich in Deutschland Denglisch immer weiter aus wie eine Seuche und wird in nicht allzu ferner Zeit unsere saubere Muttersprache dahingerafft haben.

An manchen Stellen habe ich bewusst übertrieben oder ein ausländisches Wort extrem drastisch dargestellt – ich weiß das. Aber vielleicht ist dies eine Anregung dazu, dem Irrsinn der Verenglischung und der Veramerikanisierung unserer deutschen Sprache Einhalt zu gebieten. Ich wollte kein englisches oder amerikanisches Wörterbuch auf den Markt bringen, aber trotzdem so viele denglische Wörter und Begriffe wie möglich aufzeigen. Ich hoffe, die Gratwanderung ist mir gelungen.

Viele, mit denen ich über dieses Buchprojekt sprach, sagten mir, ich könne gegen diese Unsitte nichts machen, wir müssten eben mit der Zeit gehen. Bedeutet das etwa, dass wir unsere Muttersprache Deutsch aufgeben müssen – nur um *in* zu sein? Ist das der Preis für die moderne, momentane Zeit?

Ich bin enttäuscht über diese Lethargie, die über unserem Land zu liegen scheint. Diese Gleichgültigkeit macht mich fassungslos, ja sprachlos. Unter dem Motto „Nichts hören, nichts sehen, ergo nichts tun müssen“ verdrängen viel zu viele Deutsche Denglisch. Diese „Nach-mir-die-Sintflut“-Einstellung oder der Fatalismus, in den sich viele flüchten, die keine Verantwortung übernehmen wollen, erschreckt mich, macht mich fassungslos, aber nicht stumm. Ich möchte etwas dagegen tun, aber ich allein schaffe es nicht. Wir alle gemeinsam können etwas dafür tun, dass uns unsere Muttersprache Deutsch erhalten bleibt.

Bei meinen Recherchen für dieses Buch ist mir aufgefallen, dass Denglisch hauptsächlich durch die Medien, durch Werbung und durch die Presse verbreitet wird. Und wenn ein *Public Viewing* zum Festakt am Tag der Deutschen Einheit in vielen Städten der Bundesrepublik einlädt, finde ich das schon sehr befremdlich, gar beschämend für unser Land.

Wenn „mit der Zeit gehen“ bedeutet, dass ich meine Muttersprache aufgeben muss, dann heißt das für mich so viel wie meine Identität aufgeben oder sogar verlieren. Ich bin eine deutsche Frau, in Deutschland geboren. Ich bin zweisprachig aufgewachsen, wofür ich dankbar bin. Dadurch kann ich, im Gegensatz zu meiner zweiundachtzigjährigen Tante verstehen, was man uns auf Englisch oder Amerikanisch auftischt.

Es muss dringend etwas dagegen getan werden!

Wenn nun jeder Einzelne von uns, der über ein *Handy*, ein *iPod*, ein *Smartphone*, einen *Laptop*, einen *Tablet-PC*, einen

PC oder demnächst über ein *Phablet* verfügt, jedes Mal, wenn er Denglisch bei einem der Radio- oder Fernsehsender hört oder in Magazinen, Zeitschriften oder Zeitungen darüber liest und in Werbeblöcken damit konfrontiert wird, eine E-Mail an die Verantwortlichen schickt und darauf aufmerksam macht, dass wir in Deutschland wohnen und wir lieber Deutsch als Denglisch sprechen wollen, könnten wir etwas erreichen.

Wir müssen nur gemeinsam wollen.

Fast jeder von uns besitzt eine *Flatrate*, mit der wir so oft telefonieren, *surf*en und *sims*en können, wie wir wollen. Es wäre doch eine Kleinigkeit, die Verursacher von Denglisch so mit Anrufen und E-Mails zu überhäufen, dass sie genervt aufgeben und gerne wieder Deutsch mit uns sprechen. In unserer heutigen *High-Tech*-Gesellschaft sollte es doch möglich sein, effektiv und erfolgreich gegen Denglisch zu protestieren, ohne dafür auf die Straße gehen zu müssen.

Wann fangen wir damit an?

Letztendlich bin ich zu dem Schluss gekommen, dass wir bewusst mit englischen oder amerikanischen Ausdrücken überhäuft werden. Nachdem herausgekommen ist, dass die NSA selbst unsere Kanzlerin abhört, muss ich davon ausgehen, dass Denglisch dazu dient, der NSA die Spionage in Deutschland zu erleichtern und wir ihnen so die Kosten für teure Übersetzer ersparen. Das wäre doch eine logische Folgerung und würde die explosionsartige Verbreitung von Denglisch in Deutschland erklären, oder nicht?

Jetzt gibt es auch noch einen anderen Begriff für *D*englisch: *Engl*eutsch. Dazu gibt es von mir keinen Kommentar mehr …

Es reicht!

***Aus: Faltblatt VEREIN DEUTSCHE SPRACHE e. V*:**

Deutsch wird durch Werbung und Wirtschaft in ein unschönes Mischmasch verwandelt. Deutsch wird aus den Universitäten ohne Not und ohne Grund verdrängt. Neuerungen in Wirtschaft und Wissenschaft werden mit englischen Wörtern bezeichnet. Deutsch verliert seine Innovationskraft.

Unsere Schüler bekommen zu wenig guten Deutschunterricht. Sie verlieren den Kontakt zu unserer schönen Sprache.

Wir wollen, dass Deutsch als moderne Kultursprache erhalten und gefördert wird.

Die reguläre Sprache der Lehre und Forschung in unseren Universitäten muss die bewährte Wissenschaftssprache Deutsch sein. Wir wollen, dass unseren Schülern wieder die wunderbare Vielfalt und Schönheit unserer Sprache vermittelt wird.

Wir wollen, dass die Werbung uns in unserer Sprache anspricht. Wir empfinden es als brüskierend, wenn wir ständig mit Wörtern wie *Sale* oder *Outlet* belästigt werden.

Wir drängen in Politik, Wirtschaft und Wissenschaft auf eine feste Stellung und vorbildliche Nutzung der deutschen Sprache. Wir unterstützen Maßnahmen in unseren Schulen (…) Wir helfen mit, dass alle Kinder und Jugendlichen mit dem Kulturgut „deutsche Sprache“ vertraut gemacht werden.

Wir protestieren gegen die Verhunzung unserer Sprache durch schlechte Werbung und rücksichtslose Wirtschaftsunternehmen.

Über die Autorin Elisabeth G. Schmidt

Foto aufgenommen von Gert Engel

Die Vergangenheit verlief sehr erfolgreich für die 1947 in Sohren geborene und nun wieder dort lebende Buchautorin Elisabeth G. Schmidt. Nicht nur, dass sich immer noch viele Leser für ihre beiden Bücher interessieren: Zum 1. „Huren küsst man nicht“, ein autobiografisches Buch über die Gewalt in ihrer Ehe und andere schlimme Erlebnisse, und zum 2. ein weiteres autobiografisches Buch: „Hungern, um zu Überleben – Willkür oder Kalkül? Huren küsst man nicht Teil 2“, in dem es um ihre unglaublichen Erfahrungen als Hartz-IV-Bezieherin geht und um die erniedrigenden und teils paradoxen Schikanen einer ARGE-Mitarbeiterin ihr gegenüber.

Wie schon 2012 wurde auch 2013 eines ihrer Gedichte im Band Lyrischer Lorbeer 2013 aufgenommen und veröffentlicht.
Ihr Gedicht „Wehmut“ schaffte es in den Band Bibliothek Deutscher Gedichte 2013.
Ihre autobiografische Geschichte „Angst“ sowie ein weiteres Gedicht erschienen in der Juni-2013-Ausgabe der Experimenta, einem Online- und Radio Magazin für Literatur und Kunst.

Susanne Bruns
Joachim Stammer

Was Großvater noch wußte

Unter Mitarbeit von Kaspar Huche

Franckh-Kosmos

Impressum

Mit insgesamt 87 Farbfotos von: Toni Angermayer, Holzkirchen (113, 117); Ursel Borstell, Essen (Vor- und Nachsatz, S. 30, 30/31, 78, 102, 146/147); Christl Eberle, Meersburg (119); Hans E. Laux, Biberach a. d. Riß (S. 167); Hans Pfletschinger/Tierbildarchiv Angermayer, Holzkirchen (S. 87 oben); Hans Reinhard/Tierbildarchiv Angermayer, Holzkirchen (S. 83); Reinhard Tierfoto, Heiligkreuzsteinach-Eiterbach (S. 1, 2/3, 8, 12/13, 16, 18, 19, 21, 22, 23, 27, 28, 38, 41, 43, 47, 49, 50, 52, 53, 54, 57, 62, 64, 67, 73, 76, 78/79, 84, 87 unten, 88, 91, 92, 97, 99, 102/103, 104, 106, 107, 112, 115, 120, 122, 125, 127, 128, 128/129, 130, 131, 134, 135, 142, 143, 146, 148, 152, 153, 155, 159, 160 oben und unten, 161 oben und unten, 168, 170, 173); Ralf Roppelt, Sahara-Werbeagentur, Stuttgart (S. 141); Bildarchiv Sammer, Neuenkirchen (S. 12, 139); Robert Sulzberger, Freising (S. 34, 37, 59, 63, 95, 124, 136).
Mit insgesamt 80 Zeichnungen von: Johannes-Christian Rost, Stuttgart (S. 32, 33, 65) und Reinhild Hofmann, München alle übrigen, die auch alle Zeichnungen koloriert hat.

Umschlaggestaltung von Atelier Reichert, Stuttgart, unter Verwendung von 3 Farbfotos von Friedrich Strauss, Au i. d. Hallertau (groß) und Tierfoto Reinhard, Heiligkreuzsteinach-Eiterbach (zwei kleine).

ISBN 3-440-07150-2
Lektorat: Gisela Bauer-Haffter
Herstellung: Heiderose Stetter
Printed in Italy/Imprimé en Italie
Satz: Steffen Hahn GmbH, Kornwestheim
Druck und buchbinderische Verarbeitung: Printer Trento S. r. l., Trento

In diesem Buch werden Hinweise zur Naturheilkunde gegeben. Nur auf die beschriebenen Arten trifft die angegebene Verwendung zu, ihr Gebrauch setzt daher ihre sichere Kenntnis voraus.
Heilpflanzentees sollten immer nur beschränkte Zeit und nicht länger als nötig eingenommen werden, auch Hausteemischungen sollte man öfter wechseln. Behandelt werden dürfen nur leichtere Gesundheitsstörungen, die keiner ärztlichen Behandlung bedürfen. Den Arztbesuch kann dieses Buch auf keinen Fall ersetzen. Auch dürfen verschiedene Kräuter, wie z. B. Rosmarin, nicht während der Schwangerschaft eingenommen werden.
Alle Angaben in diesem Buch sind sorgfältig geprüft und geben den neuesten Wissensstand bei der Veröffentlichung wieder. Da sich das Wissen aber laufend in rascher Folge weiterentwickelt und vergrößert, muß jeder Anwender prüfen, ob die Angaben nicht durch neuere Erkenntnisse überholt sind. Dazu muß er zum Beispiel Beipackzettel zu Dünge-, Pflanzenschutz- bzw. Pflanzenpflegemitteln lesen und genau befolgen sowie Gebrauchsanweisungen und Gesetze beachten.

Die in diesem Buch gesammelten Tips stammen aus den Bänden „Was Großvater noch wußte“, Bd. 1–4, die ebenfalls im Franckh-Kosmos-Verlag lieferbar sind.

Die Deutsche Bibliothek – CIP-Einheitsaufnahme

Was Großvater noch wußte / Susanne Bruns ; Joachim Stammer. Unter Mitarb. von Kaspar Huche. – Stuttgart : Franckh-Kosmos, 1996
ISBN 3-440-07150-2
NE: Bruns, Susanne; Stammer, Joachim

Was Großvater noch wußte

Inhalt

Verehrte Leserschaft, liebe Freunde altbewährten Gärtnerwissens,

auf einem meiner Spaziergänge mit Großvater trafen wir kürzlich eine Bekannte, die sogleich die Gelegenheit ergriff, um den alten Herrn in ein Gespräch über ihr gemeinsames Lieblingsthema „Garten“ zu verwickeln. Hier in der Nachbarschaft ist Großvater ja bekannt für sein reiches Wissen über die Gartenwelt, so manch‘ einer gerade der jüngeren Leute läßt sich gern mit einem Hinweis unter die Arme greifen. Auch bei dieser Plauderei war man rasch bei solchen Fragen etwa, mit welchem Dünger welchem Gewächs am besten auf die Sprünge zu helfen sei, wie man bei Kummer mit dem geliebten Grünzeug zu den passenden Mitteln oder Maßnahmen finden kann oder welche ausgefuchsten Methoden bei der Lagerung erfolgversprechend waren. So gab ein Wort das andere, und dann kam unsere Bekannte plötzlich mit folgender Idee: „Sie haben doch in mittlerweile vier Büchern eine ganze Menge Ihres Erfahrungsschatzes versammelt. Gibt es eigentlich, um es mit den Worten meiner Kinder auszudrücken, so etwas wie eine persönliche „Hitliste“, sozusagen das Beste aus Großvaters Schatzkiste, das Platz fände zwischen zwei Buchdeckeln?“

„Hm, das scheint mir doch ein sehr schwieriges Unterfangen zu sein“, sinnierte Großvater, und es war erkennbar wie schwer ihm so eine Auswahl fallen würde. Jedoch auf meine Frage später: „Großvater, wie willst Du bloß entscheiden, was kommt hinein, was weglassen, schien es ihm doch klar zu sein: „Weißt Du, ich stell‘ mir vor, mit welchen Aufgaben und Problemen sich die meisten Hausgärtner so beschäftigen, und gerade hier will ich gerne hilfreich zur Seite stehen mit einer runden Auswahl, ganz gründlich gewissermaßen unter einem Dach und Fach.“ Sprachs und machte sich ans Werk.

Nun liebe Leser, halten Sie das Ergebnis – geballtes großväterliches Garten-Wissen-Konzentrat – in Ihren Händen. Es möge Sie freundlich, mit gutem Rat zur Tat auf all Ihren Wegen durch die Gartenwelt begleiten. Und sollten Sie hierin gelegentlich nicht den erhofften Fingerzeig vorfinden, so fragen Sie doch einfach einmal Ihren Großvater...

Zuallererst: Gartenarbeit soll auf fruchtbaren Boden fallen

Ein gutes Team: Frost & Hacken

Väterchen Frost kann bei der Verbesserung der Bodenbeschaffenheit so manche Hilfestellung leisten. Es läßt sich gut mit ihm zusammenarbeiten. Damit der Frost seine Wirkung erbringen kann, muß man ihm genügend Angriffsfläche zur Verfügung stellen. Im November und Dezember sind gemeinhin die Tage, an denen noch recht milde und somit „brauchbare“ Fröste aufkommen. In dieser Zeit kann lediglich oberflächlich durchgefrorenes Gartenland noch gut bearbeitet, nämlich mit entsprechendem Gerät gehackt werden. Auf diese Weise wird die Oberfläche vergrößert und der Boden geöffnet, so daß der Frost tiefer und umfassender in die Erde eindringen kann. Der Boden wird so schön mürbe, was gerade für den Gemüseanbau sehr vorteilhaft ist.

Schollern

Sollte der Boden, etwa durch herbstliche Regengüsse, ordentlich festgeschlagen sein, muß man zur Not mit der Spitzhacke losgehen. Die einzelnen losgeschlagenen Schollen soll man so legen, daß eine möglichst unebene Fläche entsteht, d. h., das bearbeitete Land wird hinterher nicht geglättet.

Hügellandschaft im Winter

Für schwere, feuchte Böden empfiehlt sich ein spezielles Verfahren. Das betreffende Land wird im Herbst mit ca. 40 cm tiefen Gräben und jeweils ca. 1 m voneinander gelegenen Dämmen durchzogen.
Im Frühjahr ebnet man das Land. Will man im nächsten Herbst die Methode nochmals anwenden, sollte man dort, wo vorher Hügel gewesen sind, Gräben

In den im Herbst gezogenen Gräben kann der Frost bis in die tieferen Bodenschichten eindringen und dort die Verdichtungen aufsprengen.

ziehen und umgekehrt. Also beim erstenmal unbedingt ans Markieren denken!

Nicht verbuddeln

Wer konsequent biologisch gärtnert, wird kaum zum Spaten greifen, um Gartenland durch Umgraben aufzulockern; der Sauzahn steht hier im Mittelpunkt. Wenn es doch einmal vorzuziehen ist, zu graben (z. B. bei der Erstbestellung von stark verkrautetem Boden), dann sollte zur Bodenverbesserung verwendeter Dünger, v. a. Stallmist, nicht tief eingegraben werden. Er könnte sonst vertorfen und so seinen Wert als Pflanzennährstoff weitgehend einbüßen. Hingegen soll reifer Kompost ruhig auch tiefer untergraben werden. Bei diesem sind die Verrottungsprozesse abgeschlossen, und seine Nährstoffe sind pflanzenverfügbar. Übrigens für den, der's noch nicht weiß: Eine gute Gemüsezucht ist ohne eine auf die Größe der Anbaufläche zugeschnittene Kompostwirtschaft gar nicht zu bewerkstelligen. In der warmen und heißen Jahreszeit soll ohnehin nur Kompost eingebracht werden, da sich frischer Stallmist bei Trockenheit nicht zersetzen und mit der Erde verbinden kann. Seine wertvollen Nährstoffe werden so nicht pflanzenverfügbar.

Wenn man überhaupt zum Spaten greift, um z. B. stark verunkrauteten Boden zu bestellen, dann sollte Stallmist nicht zu tief untergegraben werden.

Macht man den Kompost mit viel Stroh, Pilzerkrankungen geh'n – das macht doch froh

Aus Großvaters Kompostlaboratorium kommt eine weitere Spezialform, der reine Strohkompost mit Zwischenschichten aus Erde, Kompost und Kalk. Dieser Kompost verrottet im Frühjahr/Sommer bereits nach vier Monaten, er sollte deswegen nach etwa acht bis zehn Wochen umgesetzt werden. Reiner Strohkompost enthält vergleichsweise viel Kieselsäure. Er eignet sich besonders für Gärten in feuchten Lagen zur Vorbeugung gegen Pilzerkrankungen. Kieselsäure stärkt das Pflanzengewebe und macht es so den Pilzerregern schwer, eine Angriffsfläche zu finden.

Leguminosenkompost: Für manche Pflanze und Spinat die richtige Tat

Mit der Zusammensetzung des Kraftstoffs Kompost ist es ein wenig so wie mit dem für unser Lieblingsspielzeug, dem Ding mit den vier Rädern. Nicht jedes braucht Super, aber die, die's brauchen, fangen an zu stottern, wenn sie's nicht kriegen. Um die Modellreihe Blattpflanzen richtig in Fahrt zu bringen, sorgt man bei der Kraftstoffzusammensetzung für einen hohen Leguminosenanteil. Der in den Wurzelknöllchen der Leguminosen angereicherte Stickstoff bleibt während des Kompostierens erhalten und wird zum Wachstumsspender für Pflanzenspezies wie Spinat, Kohl und auch viele Zimmerpflanzen.

Laubkompost: Gewinnung etwas schwer, gebrauchen können wir ihn sehr

Laub steht in dem Ruf, schlecht zu verrotten. Andererseits erhält man gerade aus Laub einen hervorragenden Kompost, der sich besonders für die Vorkultur im Frühjahr eignet. Er besticht durch einen hohen Humusanteil, ohne dabei zu nahrhaft zu sein, was für die Keimlinge maßgeblich ist. Hier sind einige Tips zur Kompostierung von Laub:

- Wichtig ist eine lockere Schichtung, die durch Beigabe von zerkleinertem Reisig erreicht wird.
- Ist die Anfangstemperatur relativ hoch, geht die Verrottung besser voran; zur Wärmebildung können Steinmehl, Kalk, Horn-, Blut- und Knochenmehl zugegeben werden, aber auch schlicht ein paar Kannen warmes Wasser helfen hier …
- In der Vielfalt der im Boden leben-

An den Wurzeln von Lupinen und anderen Leguminosen sorgen Knöllchenbakterien für die Anreicherung von Stickstoff.

den Organismen finden sich auch solche, die sich auf die Zersetzung von Laub spezialisiert haben. Diese findet man natürlich vorzugsweise in Walderde. Eine „Impfung" mit drei bis vier Eimern Walderde brächte die Verrottung ordentlich in Schwung. Sich eben mal eine Ladung Walderde holen, ist selbstverständlich nicht in Ordnung. Das sollte unbedingt in Absprache mit dem zuständigen Förster geschehen.

❀ Günstig ist es, wenn der Kompost im Frühjahr umgesetzt wird.
❀ Etwa ein Jahr benötigt der Laubkompost für die Verrottung. Er steht uns, im Herbst aufgesetzt, im übernächsten Frühjahr für die Pflanzenaufzucht zur Verfügung.

Für Schwachzehrer und Vorkulturen: Speziell gedüngt, sie wachsen bestimmt

Wer einfach so meint, man könne doch praktisch sämtliche Küchenabfälle auf den Kompost packen – wird schon verrotten, ist doch eh alles bio –, der hat meistens auch recht. In gewisser Weise jedenfalls; allerdings bietet Kompost mehr Vielfalt, was seine unterschiedlichen Einsatzbereiche betrifft. Wer nach einer speziellen Mischung für Schwachzehrer und Vorkulturen sucht, hat sie jetzt hier gefunden. Beide Kompostverbraucher benötigen nicht übermäßig viele Nährstoffe, aber gute, lockere Erde allemal. Das Rohmaterial für die Spezialmischung setzt sich zusammen aus:

❀ Rasen- oder Heidesoden,
❀ Laub oder Stroh,
❀ gerne Kräuter,
❀ etwas reifem Kompost und
❀ Kalk, zum Beispiel Algenkalk.

Die Schichtung ist auf der Zeichnung dargestellt. Unerläßlich ist das Feuchthalten des Haufens in Trockenzeiten! Wöchentliche Güsse mit zehn bis 20 Litern Regenwasser oder stark verdünnter Brennesseljauche dürften reichen. Je mehr trockenes Material Verwendung fand (Laub oder Stroh etwa), desto fleißiger muß gegossen werden. Der Haufen soll nach sechs Monaten umgesetzt, das heißt umgekehrt nochmals aufgeschichtet werden und ist nach weiteren sechs Monaten endlich, endlich fertig.

Rasensoden und ein Stroh-Laub-Gemisch sind die Grundzutaten für unsere Spezialerde.

Anzuchterde oder: Was der Maulwurf mit der Umfallkrankheit zu tun hat

Mit ihren kräftigen Vorderbeinen schaufeln Maulwürfe keimfreie Anzuchterde tief aus dem Boden heraus.

Um es gleich vorweg klarzustellen: Der Maulwurf ist unschuldig – und hilfreich. Wir wissen ja, Anzuchterde sollte möglichst frei von Krankheitserregern sein, weil sonst die jungen Pflänzchen allzuoft der Umfallkrankheit zum Opfer fallen. Man kann sich nun das umständliche Sterilisieren der Erde ersparen, wenn man zur Anzucht Erde von Maulwurfshügeln nimmt. Diese hat der Maulwurf aus einer Tiefe heraufbefördert, in der sich kaum noch Erreger befinden. Man sammelt die Erde von frischen Maulwurfshügeln im Herbst und Winter und bewahrt sie, gut abgedeckt, an einem frostfreien Ort bis zum Gebrauch im Frühjahr auf. Und jetzt schimpfe noch einer auf unseren passablen Gartengesellen!

Für die Anzuchterde nur Erde von frischen Maulwurfshügeln sammeln.

Der Regenwurm liest nicht im Kaffeesatz, ...

... aber er liebt ihn und ernährt sich als Kompostbewohner ausgesprochen gern davon. Daß sich das so verhält, hat sich vermutlich allgemein herumgesprochen. Wir lieben den Wurm vielleicht nicht gerade, wissen seine Anwesenheit im Garten jedoch sehr zu schätzen. Deswegen darf er auch unseren Kaffeegenuß teilen. Wer seine Gartenhelfer richtig mästen will, sollte in einem Kaffeegeschäft, wo auch Kaffeeausschank besteht, danach fragen, ob man den Kaffeesatz (regelmäßig) abholen darf.
Außer als exzellentes Kompostmaterial läßt sich Kaffeesatz auch als Bodenzusatz für Pflanzen verwenden (einharken), die es leicht „sauer" mögen, wie z. B. Rhododendren. In Wasser gelöster Kaffeesatz wiederum ergibt guten Efeu-Flüssigdünger.

Ein leicht saures Bodenmillieu und lichter Schatten verhilft den Rhododendren zu üppiger Blütenpracht.

Ersatzstoff: „Gute Erde“ schnell bereitet

Oft sind es die Anfänger, denen für die erste Herrichtung ihres Gartenbodens keine bodenverbessernden Materialien, zur Verfügung stehen. Kompostlose Zeiten lassen sich folgendermaßen überbrücken: Man beschaffe sich strohfreien Stallmist bzw. schüttle die strohigen Teile aus. Ausgesprochen brauchbar ist hierfür Pferdemist, aber auch jeder andere nicht zu scharfe (wie Gülle) darf genommen werden. Nun durchmische man den Dünger mit der gleichen Menge bester Garten- oder Rasenerde. Sollte diese Mischung nun sehr trocken sein, gieße man etwas Wasser (oder wenn vorhanden auch Kräuterjauche) dazu. Kommt der fertige „Ersatzstoff“ später in schweren Boden, sollte auch gleich noch eine gute Portion Sand untergemischt werden. Nun bleibt das Gemisch etwa vier Wochen lang liegen. Dann wird es umgesetzt, grobe Teile werden zerkleinert und alles wieder ordentlich gemischt. Nach weiteren vier Wochen wiederholt man die Durchmischung; dann kann diese „gute Erde“ auch schon genutzt werden. Man verwendet sie wie Kompost, harkt sie also z. B. in die Oberfläche des neuen Bodens leicht ein. Oder man sät in mit diesem Gemisch gefüllte Furchen. Auch beim Auspflanzen kann der „Ersatzstoff“ behilflich sein, indem er im Pflanzloch um die Wurzeln der Pflänzchen herum plaziert wird. Sie werden sich darin ganz bestimmt wohler fühlen als in „roher“ Erde. Frischer Pferdemist gilt als hitziger, den Boden austrocknender Dünger. Weil er sich vergleichsweise sehr schnell mit der (feuchten) Erde verbindet bzw. vermischt, eignet er sich vorzugsweise zur Bereitung des „Ersatzstoffes“.

Wenn kein Kompost zur Verfügung steht, mischt man sich aus gleichen Teilen strohfreiem Stallmist und bester Gartenerde einen „Ersatzstoff“.

Flüssiger Dünger – schnell und gut

Für flüssigen Dünger spricht, daß er sofort pflanzenverfügbar ist. Für die Herstellung besorgt man sich ein Gefäß (Eimer, Jauchefaß oder ähnliches; nichts aus Metall!), das zu etwa einem Drittel mit strohfreiem Stalldung angefüllt wird. Kuh- und Schafdung gelten hier als ausgesprochen brauchbar. Das Gefäß mit dem Drittel Dung füllt man mit Wasser auf, rührt das Ganze gründlich durch und läßt es für einige Tage abgedeckt stehen. Dann wird wieder gut gerührt, bis sich die größeren Bestandteile aufgelöst haben. Danach läßt man das Gefäß wieder abgedeckt für sechs bis acht Wochen zur Gärung stehen. Der fertige Flüssigdünger kommt fünffach verdünnt zur Anwendung.

Dung von Hühnern und Tauben ist als Grundstoff für flüssigen Dünger ebenfalls sehr zu empfehlen. Man verfährt wie vorher beschrieben, wobei immer auf eine gründliche Zerkleinerung geachtet werden soll. Der fertige Flüs-

Strohfreier Rinderdung läßt sich schnell in einen guten Flüssigdünger verwandeln.

sigdünger aus Hühner- bzw. Taubendung wird zehnfach verdünnt verwendet.

Wurmgold

Wer die Mühe nicht scheut, wird durch das Absammeln von Regenwurmauswurf, wie er nach Regen viel vorkommt, einen vorzüglichen Dünger für Kulturen unter Glas oder auch Topfpflanzen erhalten. Gesammeltes Material wird getrocknet und fein zerbröselt. Dünn aufgestreut, arbeitet man es dann oberflächlich ein. Anschließendes Gießen macht das „Wurmgold" zu einem ausgesprochen ergiebigen und sehr schnell pflanzenverfügbaren Dünger.

Stallmist setzt Großvater konsequent über viele Jahre hin ein, erst dann kann er wirklich bodenverbessernd wirken.

Regenwurmauswurf eignet sich hervorragend als Dünger für Kulturen unter Glas und für Topfpflanzen.

Bei Bodenverbesserung Geduld haben, oder: Was lange währt, wird endlich gut

Die Wertschätzung eines Düngers, insbesondere eines aus Stallmist, soll nicht schon von einem einmaligen Erfolg oder Mißerfolg abhängig gemacht werden. Erst die sachgemäße und fortgesetzte Anwendung über etliche Jahre hinweg wirkt wirklich bodenverbessernd. Mit Geduld wird man sogar mit einer einzigen Düngerart (neben dem obligatorischen Kompost), etwa Schweinemist, beste Erfolge verzeichnen können. Allgemein gilt jedoch der Mist von Rindern als der beste Stallmist. Nicht alle Pflanzen nun vertragen frischen Mist. Grundsätzlich läßt sich feststellen, daß Starkzehrer (z. B. Tomaten, Kohl) mit frischem Mist keine Probleme haben; umgekehrt ist es mit Schwachzehrern (z. B. Möhren, Zwiebeln).

Kaffeesatz Nr. 3

Aller guten Dinge sind drei – dachten wir uns und nehmen hier die Berichterstattung über die vorzüglichen Eigenschaften von Kaffeesatz nochmals auf. Als Torfersatz für Moorbeetpflanzen ist er geeignet, als Dünger für Schnittlauch ebenfalls, und hier soll er nun als Bodenlockerungsmittel empfohlen werden.

Mit dem Sauzahn läßt sich der Boden gut auflockern, ohne die empfindlichen Wurzeln dabei zu beschädigen.

Recht ordentliche Mengen wird man schon auftreiben müssen, sofern man Kaffeesatz zur Bodenlockerung einsetzen will, also mal in einem Café oder einer Großküche nachfragen. Insbesondere dort, wo die düngende Wirkung von Kompost stören würde (bei vielen Wildpflanzen oder Mittelmeerkräutern etwa), böte sich mit den Resten der allgegenwärtigen Kaffeelust ein hervorragender Ersatzstoff an. Ein kleiner Eimer Kaffeesatz pro Quadratmeter eingearbeitet läßt lehmigen Boden spürbar lockerer werden. Sandige Böden profitieren gleichfalls von dem Stoff; ihre eingeschränkte Fähigkeit, Wasser zu speichern, läßt sich mit ihm steigern.

Wolle, auch Du ein Dünger?

Der Dünge-Effekt von Wolle ist vielleicht noch nicht oder genauer: nicht mehr bekannt. Die Wirkung von in den Boden eingearbeiteter Wolle dürfte in ähnliche Richtung wie die von Hornmehl gehen. Nun soll dieser Tip beileibe keine Aufforderung zur Plünderung der Garderobe sein; bei den meisten Wolltextilien aus heutiger Produktion wird man ohnehin wenig Leckeres an pflanzenverwertbaren Inhaltsstoffen vorfinden, aber locker bis zu 30 % und mehr an teilweise hochtoxischen chemischen Zusätzen. Wir wollen ja nicht über die Hintertür, sprich Klamottenkiste, die konventionelle Anbauweise wieder einführen! Über die Beschaffenheit des Wuschelstoffs sollte man eben genau Bescheid wissen, im übrigen ja nicht nur aus gärtnerischen Gründen.

Knochenmehl: Es kann noch mehr

Als Blumendünger, wir verraten nichts Neues, sehen wir Knochenmehl wegen seines blütentreibenden Phosphorgehalts als erste Wahl an. Noch viel weniger neu, deswegen sicher aber auch lange nicht so verbreitet, ist die Tatsache, daß Knochenmehl als vorzüglicher Dünger für schwere, lehmhaltige, kalte Böden unter den älteren Generationen gehandelt wurde. Für sandige Böden eignet es sich dagegen nicht so gut, weil sein hitziges Temperament die Trockenheit des Erdmaterials noch verstärken würde.

Energiereserven im Stallmist schonen

Wie man zur Tageszeit seine Taschenlampe nicht angeknipst herumliegen läßt, so sollte man auch mit den Energievorräten, die in der Biomasse von Stallmist stecken, nicht herumschludern. Soll Stallmist also über Winter so gelagert werden, daß er im zeitigen Frühjahr für die Wärmepackung des Mistbeetes genutzt werden kann, muß er luftig liegen. In locker aufgeschichtetem Mist kann der Verrottungsprozeß nämlich nicht in Gang kommen, die Wärmeentwicklung damit noch nicht einsetzen – so wie es zur Winterzeit erwünscht ist. Der Verrottungsvorgang wird eben erst im gepackten Mistbeet benötigt, wo er in dicht geschichteten Mistlagen dann auch erfolgt.

„Warmes Frühbeet" – funktioniert nur Mist vom Pferd, ist was andres denn verkehrt?

Frischer Pferdemist sorgt in der Regel im „Warmen Mistbeet" für die gewünschten Temperaturverhältnisse und für rasches Wachstum schon im März. Aber muß es immer Pferdemist sein? Großvaters Meinung dazu besagt: keineswegs. Folgende Betrachtungen führen zu einer ausgeklügelten Strategie. Die Wärme des Pferdemistes entwickelt sich rasch und hält etwa vier bis sechs Wochen, folglich bis höchstens Mitte April, sofern das Mistbeet wie üblich Anfang März gepackt wurde. Weil es dann aber vielerorts noch recht kalt sein kann, könnte die dann fehlende Wärme zu Wachstumsstockungen führen. Eine kombinierte Mistbeetpackung aus Schafs- und Ziegenmist ist womöglich das gesuchte Patentrezept. Ein bestimmtes Mischverhältnis ist nicht überliefert; wir sollten Mut zum Ausprobieren haben. Diese Mistarten gelten zwar nicht als die stärksten Wärmespender, liefern dafür aber vergleichsweise länger die nötige Energie. In kühlen Regionen kann man damit dann genauso früh-

Das „warme Mistbeet“ wird in mehreren Arbeitsschritten fertiggestellt. Die genaue Anleitung finden Sie im Text.

zeitig mit dem Salatanbau beginnen wie in den milderen Zonen. Zunutze ließe sich mit Blick auf die gewünschte, langanhaltende Zersetzungswärme auch eine Mischung aus Pferdemist und Laub machen.

Apropos Mistbeet: Hier steht, wie's geht

Es sind doch mittlerweile einige reizvolle Angaben zur Betreibung des sogenannten „Warmen Mistbeets" zusammengekommen. Für diejenigen, deren Neugierde jetzt jenen Grad erreicht hat, der sie fragen läßt: „Was um Himmels willen ist ein „Warmes Mistbeet?" und ausrufen: „Ich will auch eins haben!", wollen wir nachfolgend das Wesentliche noch einmal beschreiben und mit einer Zeichnung noch interessanter machen.
Ein Mistbeet ist ein Frühbeet mit besonderer Füllung. Die Füllung aus strohigem, frischem Mist gibt zu Beginn ihrer Verrottung im Beet Wärme ab, die den Pflanzen darin zugute kommt.
Mistbeete werden Anfang März gefüllt. Da zu dieser Zeit der Boden oft gefroren ist, muß die Grube bereits im vorausgegangenen Herbst ausgehoben worden sein. Sie kann über den Winter mit Laub ausgefüllt werden, was das Eindringen des Frostes etwas verhindert.
Nun wißt Ihr, liebe Leser und Leserinnen Bescheid, der Rest ist Eure Sache, frohes Schaffen!

10 Gebote für das Mistbeet

1. Zunächst den nicht zu strohigen und nicht zu nassen (Pferde-)Mist außerhalb des Kastens auf einem Haufen etwa drei Tage ablagern lassen.
2. Bei trockenem Wetter den Mist mit der Gabel locker in die Grube packen. Nur nicht so, daß alle Luft herausgepreßt wird und die Jauche obenauf steht! Denn der im Mist eingeschlossene Sauerstoff wird für den Rotteprozeß und die damit verbundene Wärmebildung gebraucht.
3. Nach Fertigstellen der Packung Fenster auflegen und drei bis fünf Tage warten.
4. Anschließend den Mist gleichmäßig etwas fester treten, wie stark, lehren letztendlich Übung und Erfahrung. Man muß es selbst beurteilen lernen, zu welchem Zeitpunkt der Mist genügend gleichmäßig fest ist, um sich bei weiterer Verrottung gleichmäßig zu senken.
5. Aufbringen der eigentlichen feingesiebten Pflanzenerde als lockere Mischung aus eher magerem Kompost, Sand, Laubkompost und alter Mistbeeterde. Die Anteile können je nach Bedarf variieren.
6. Wenn sich die Oberfläche nicht mehr senkt, also der verrottete Mist und die Pflanzenerde sich gesetzt haben, soll die Erde 10–15 cm unter dem niedrigen Kastenrand stehen. Jetzt pflanzen!
7. Schattierung und Warmhalten der Kästen: durch dünne papierbespannte Rahmen, Strohmatten, Bretter. Ein Um-

schlag von Mist außen rund um die Kästen verstärkt die Wärme im Innern.
8. Abhärten der Pflanzen: Vorsichtiges, langsam gesteigertes Lüften (Fenster immer etwas weiter öffnen), allmähliches Gewöhnen an die unverglaste Umwelt. Junge Pflanzen dennoch unbedingt vor Frost schützen, also auch die unterschiedlichen Tag- und Nachttemperaturen berücksichtigen!
9. Mistbeet feucht halten! Allerdings wiederum nicht zu feucht – Gefahr der Schwarzbeinigkeit (Wurzelfäule) droht! Großvater drückte sich ungefähr so aus: Feucht, aber nicht fest zusammenbackend und auch nicht auseinanderfallend soll das Material beschaffen sein.
Beim Wässern stets nur wohltemperiertes Regenwasser (Raumtemperatur) verwenden. Oberen Kastenrand stärker begießen, da er leichter austrocknet.
10. Je mehr Feuchtigkeit, desto mehr Luft! Bei trübem und regnerischem Wetter sparsam gießen!

(nach: Dr. Fritz Caspari „Fruchtbarer Garten", Seebruck 1948)

Gelockerter Boden bleibt länger feucht. Der Krail ist hier das Werkzeug der Wahl.

Gießen ist gut – Hacken ist besser

Wie denn das? Selbstverständlich geht's nicht ohne Gießen; alle Lebewesen brauchen eine regelmäßige Versorgung mit Wasser. Aber gerade bei sehr trockener Witterung gilt Großvaters Motto: 1 x Hacken spart 2 x Gießen. Denn der gelockerte Boden bleibt in der Tiefe feuchter und kühler, wirkt eher isolierend gegen Wärme und speichert besser atmosphärische Feuchtigkeit (z. B. Tau) als ein unbearbeiteter, verdichteter Boden. Außerdem werden durch die Lockerung Verwitterungs- und Zersetzungsvorgänge unterstützt. In Kreisen besonders sparsamer Großväter meint man sogar: 1 x Hacken spare 5 x Gießen.

Gießen – Wann? Wie? Womit?

Wann? – Ein erfahrener Gartenfreund sieht im Grunde auf den ersten Blick, ob seine Zöglinge Durst haben. Zur groben Orientierung (für Beginner) sei dieser Tip genannt: Mit der Hand durchwühlt man die Beeterde ein bißchen. Läßt sich nun die Erde zusammenbacken, ohne daß sie gleich wieder auseinanderfällt, dürfte die Bodenfeuchtigkeit in der Regel noch ausreichend sein. (Bei Pflanzen mit ausgesprochen hohem Wasserverbrauch muß eine Versorgung jedoch oftmals eher erfolgen.) Was die Tageszeit angeht, zu der man am besten mit der Gießkanne losgeht, gelten folgende Regeln:

- Morgens von Sonnenaufgang bis ca. 10 Uhr.

Die alte Zinkgießkanne leistete schon in Großvaters Garten ihre Dienste.

- Am Spätnachmittag bis zur eintretenden Dunkelheit.
- Bei großer Hitze möglichst nicht vor 18 Uhr bzw. morgens nicht nach 8 Uhr.
- Während der ersten Frühjahrswochen sollte man die wärmste Tageszeit nutzen.
- Mistbeete werden generell morgens gegossen.

Wie? – Vor allem regelmäßig, denn darauf legen die Pflanzen ausgesprochen wert. Wenn's die Witterung also zuläßt, soll man sich bemühen, die einzelnen Beete tatsächlich stets zur gleichen Tageszeit zu versorgen.

Womit? – Idealerweise mit abgestandenem Regenwasser. Das Gießwasser sollte zudem möglichst kalk- und eisenfrei und nicht kalt sein. Steht nur kälteres Wasser zur Verfügung, sollte man dieses dann aber immer nehmen. Denn daran können sich Pflanzen durchaus gewöhnen, aber auf keinen Fall an einen ständigen Wechsel kalt/warm!

Wachsen und gedeihen lassen: Großvaters Umgangsformen mit der Gartenpflanzenwelt

Saatgut im Lot? Keimprobe tut not!

Mit einem selbsthergestellten Keimapparat können wir altes Saatgut auf seine Keimfähigkeit überprüfen.

Ein bißchen auf Nummer Sicher wollen wir gehen, wenn der Garten bestellt wird. Die Zeit läßt sich nicht festhalten, und wenn beispielsweise die eingebrachte Saat nicht aufgehen will, weil sie dazu einfach gar nicht fähig ist, wird es für einen zweiten Anlauf meistens viel zu spät sein. Die Keimfähigkeit des Saatguts braucht nicht überprüft zu werden, sofern es sich um neugekauftes handelt. Älteres und selbstgeerntetes jedoch sollte auf den Prüfstand.
Dieser besteht in Form eines immer wieder verwendbaren „Keimapparates“. Die Konstruktion und Anwendungstechnik dieses wertvollen, zeit- und enttäuschungsparenden Geräts gestaltet sich denkbar einfach. Für jede Art Saatgut nehme man zwei wollene, angefeuchtete Lappen, zwischen die das abgezählte Saatgut gelegt wird. Alle Keimproben werden gestapelt und zusammengebunden (siehe Zeichnung) an einem warmen Ort abge-

stellt. Empfehlenswert ist es, sich die Reihenfolge der Proben zu notieren. Je nach Keimdauer des Saatgutes erfolgt nach einigen Tagen die Ergebniskontrolle.
Richtig vitales Saatgut besitzt eine Keimfähigkeit von 90 Prozent, bei 20 Samen müßten demnach 18 ihre weiße Keimspitze aus dem Boden vorzeigen. Bei geringerer Lebenslust muß entsprechend dichter gesät werden. Ab einer Keimfähigkeit von 40 Prozent abwärts wird eine Direktsaat im Freien allerdings problematisch, weil dann große Lücken innerhalb der Reihen zu erwarten sind.

Zur Aussaat müssen die Gefäße sorgfältig vorbereitet werden. Eine Glasscheibe verhindert das Austrocknen der frischen Saat.

Vorkultur bei Blumen: Ein Anzuchtdach aus Wasser und Glas

Bei der Anzucht sollte es einem zunächst darum gehen, die Übersicht zu behalten. Deswegen bekommt jede Blumenart ihren eigenen Topf oder Kasten. Die Hälfte des Topfes wird mit Kies oder (Ton-)Scherben gefüllt, dar-

auf kommt die Aussaaterde, die derart festgedrückt wird, daß ein Gießrand von 2 cm bleibt. Grobe Samen werden dünn mit Erde bestreut, feine Samen nur angedrückt. (Dabei unbedingt Licht- und Dunkelkeimer beachten!)
Nun läuft man beim wohlgemeinten Gießen der frischen Saat schnell mal Gefahr, so großzügig zu verfahren, daß die feinen Samenkörner praktisch weggespült werden. Das wirkt sich auch dann noch verheerend aus, wenn die ersten Keimspitzen gerade erscheinen, sich aber noch keine Wurzeln gebildet haben. Eine einfache Methode macht das Gießen überflüssig und sorgt für ein ausreichend feuchtes Klima im Anzuchttopf.
Man legt dazu ganz einfach eine Glasscheibe auf den Topf, die täglich abgenommen, in kaltes Wasser getaucht und naß wieder aufgelegt wird. Sind die Blumensamen erst einmal aufgegangen und zeigen sich die Keimblätter in voll entwickelter Größe, kann die Glasscheibe entfernt werden. Von da an lassen sich die Anzuchttöpfe problemlos gießen.

Abgehärtete Jungpflanzen haben draußen im Garten deutlich höhere Überlebenschancen.

Soll das Pflänzchen aus dem Haus, Abhärtung tut gut, bevor es kommt raus

Pflanzen, die im Haus vorgezogen wurden, müssen erst allmählich an die rauhere Umgebung in freier Natur gewöhnt werden, sollen sie nicht einem bösen Schock erliegen. Etwa zehn Tage vor dem geplanten Pflanztermin beginnt man mit dem Abhärtungsprogramm. Zunächst werden die Pflanzen draußen nur für ein paar Stun-

den an einem halbschattigen Platz abgestellt. Tag für Tag verlängert man die Zeitspanne, bis die Töpfe die letzten zwei Tage auch nachts draußen stehenbleiben (allerdings nicht bei drohenden Nachtfrösten).
So weit so gut; nur was man bei dieser ganzen Prozedur auf keinen Fall vergessen darf, ist das Gießen, genauer gesagt: das in aller Regel erforderliche vermehrte Gießen. Stehen die Pflanzen im Freien, benötigen sie aufgrund höherer Verdunstung meist wesentlich mehr Wasser als im Haus. Selbst bei nur leichtem Wind trocknen die Töpfe im Nu aus – also öfter kontrollieren.

Einfach herzustellen: Die Säflasche für feine Saaten.

Was beim Säen hilft

Beispielsweise eine ganz normale Flasche; als Sähilfe für feinstkörnige Saaten wie Möhren stellt sie nicht das schlechteste Mittel zum Zweck dar. So wird das Stück Glas zum Werkzeug: Für eine Weinflasche oder ähnliches, wird ein gut passender Korken derart durchbohrt, daß ein dünner Strohhalm durchgesteckt werden kann. In die Saatflasche wird das Saatgut, das noch 1:1 mit Sand gemischt ist, eingefüllt. Nach der gerade beschriebenen Spezialverkorkung wird dann das Saatgut durch den Strohhalm sparsam und gleichmäßig in die Saatrillen rieseln.
In jeder Hinsicht eine rationelle Methode: Man spart nicht nur Saatgut, sondern auch späteres Vereinzeln der empfindlichen Pflanzen.

Aussaat im Freien: Schutz vor den Fluten

Bei der Aussaat im Freien steht man zunächst vor der gleichen Frage wie bei der Aussaat im Haus: Wie gießt man frische Saat so, daß besonders die feinen, flach liegenden Körner nicht weggeschwemmt werden? Im Freien kommt noch die Gefahr einer Verkrustung der Erdoberfläche nach ausgiebigen Regenfällen hinzu. Beides läßt sich vermeiden, wenn das Saatbeet gut vorbereitet ist: Es muß fein gehackt sein, und auf die frische Saat werden Sackhüllen gelegt, die bis zur Keimung liegenbleiben.

Gut verpflanzt ist halb gewonnen

Sind die Pflänzchen im Saatbeet groß genug, dürfen sie an ihren vorgesehenen Standort gesetzt werden. Am Abend vor der Verpflanzung sollte das Saatbeet noch einmal gut gegossen werden. Ist die Erde im Saatbeet fein und locker, braucht man dann keinerlei Gerät, um die Jungpflanzen mit einem schönen Wurzelballen auszuheben (vorsichtig herausziehen, Hand unter den Wurzelballen). In festeren Böden reicht ein spitzes Hölzchen zur Unterstützung. Man stelle sich einen Eimer zurecht, der mit nassem Zeitungspapier ausgelegt ist. Hier hinein kommen die Pflanzen (Abbildung, siehe unten). So halten sie sich frisch, bis sie an ihren neuen Standort eingesetzt werden. Für gute Startbedingungen sorgt man außerdem so: An sonnigen Tagen nicht zwischen 10 Uhr und 16 Uhr sowie nicht bei windigem Wetter pflanzen.

Aktivierung von älterem Saatgut

Im Gegensatz zu frischem Saatgut, das in der Regel problemlos aufgeht, kann es bei länger und womöglich bei zu hoher Temperatur gelagertem Saatgut zu Schwierigkeiten kommen. Oft dauert es sehr lange, bis diese Samen keimen, manchmal rührt sich auch gar nichts mehr. Die Samen schwitzen nämlich während längerer Lagerung einen Ölfilm aus, der die erwähnten

Beim Verpflanzen von Blumen ist es wichtig, auf eine ausreichende Wasserversorgung zu achten. Feuchtes Zeitungspapier in einem Eimer leistet hier gute Dienste.

Bei eben angegangener Saat arbeitet sich bei den Zweikeimblättrigen ein Keimblattpaar und bei den Einkeimblättrigen ein einzelnes Keimblatt durch die Erde hindurch.

Auswirkungen auf die Keimung hat. Um auch älteres Keimgut noch mit Erfolg verwenden zu können, reibt man es mit Sand oder Erde ab, wodurch der Ölfilm entfernt wird. Luft und Feuchtigkeit können nun ungehindert eindringen und die Keimung in Schwung bringen.

Warum nur kommen die Zwiebeln „hoch", und was man dagegen tun kann?

So mancher mag sich den Kopf darüber zerbrochen haben, warum nach einer gewissen Zeit die kürzlich sorgfältig gepflanzten Steckzwiebeln wieder oben, wie auf das Beet geschubst sind. Sie können dann nicht richtig wurzeln, wachsen schlecht und werden anfällig. Der Grund liegt vornehmlich in einer regen Regenwurmtätigkeit (hinzu kommt noch das „Aufquellen" der Zwiebeln), über die man sich ja erst einmal freuen kann. Dem unerwünschten Nebeneffekt der Wurmaktivitäten kann begegnet werden, indem man gesammelte Zwiebelschalen auf

Bei reger Regenwurmaktivität können sorgfältig gepflanzte Steckzwiebeln plötzlich wieder oben auf dem Beet liegen.

Auch im Garten macht der Ton die Musik.

das betreffende Beet bringt und eventuell leicht einharkt, damit sie nicht weggeweht werden können. Die Regenwürmer sind dann weitaus mehr mit den losen Schalen als mit denen der Steckzwiebeln beschäftigt, drehen diese in den Boden, wo sie unseren wurmigen Mitarbeitern zur Nahrung dienen.

Endlich bewiesen!

Es ruft doch immer wieder Erstaunen hervor, daß den sogenannten exakten Wissenschaften gelegentlich Erkenntnisse zufallen, die im normalmenschlichen Bereich eigentlich nie ernsthaft bezweifelt worden sind, die aber bedauerlicherweise oft, von den immerklugen Argumenten geduckt, ein fast vergessenes Dasein fristen müssen.
„Die Schritte des Herrn düngen den Garten“ besagt eine alte Gartenweisheit, und so könnte auch das Fazit eines von der Fachhochschule Weihenstephan wissenschaftlich begleiteten Experiments lauten. Es zeigte sich

nämlich – welchen alten Gartenhasen wundert's –, daß sich (beispielsweise) Tomatenpflanzen bei liebevoller pflegerischer Zuwendung mit einem Mehrertrag bedankten. Gegenüber Pflanzen, die lediglich mit dem materiell Notwendigen (Wasser und Dünger) versorgt wurden, ließen die freundlich und zuvorkommend bedienten durchschnittlich drei Früchte mehr wachsen. Beim morgendlichen Rundgang etwa sollte man also nicht total mufflig und vergnatzt durch die Beete schlurfen oder auch nur ganz unbeteiligt seinen gärtnerischen Pflichten nachgehen. Der Ton macht eben auch im Garten die Musik!

Gurkensaat richtig angetrieben

Hat man frischen Pferdemist sowie Frühbeetfenster oder mit Folie bespannte Holzrahmen zur Hand, kann man Gurken in sogenannten Treiblöchern anbauen. In der zweiten Aprilhälfte werden die Treiblöcher vorbereitet. Man hebt einen 40 cm tiefen und in der Länge und Breite den Fenstern entsprechenden Graben aus. Zur Hälfte wird der Graben mit festgetretenem und angefeuchtetem Pferdemist gefüllt. Darüber kommt eine gute Schicht aus Kompost-Erde-Gemisch. Nun werden die Fenster aufgelegt. Nach drei Tagen, wenn die Erde sich erwärmt hat, kann ausgesät werden. Die Fenster bleiben noch bis Ende Juni liegen. Wie beim Mistbeet sorgt der Pferdemist für „warme Füße", was Gurken besonders mögen.

Die Kultur in Treiblöchern ist auch für andere Gurkengewächse, wie z. B. Melonen, vorteilhaft.

Wie man einen Gurken-Boom auslösen kann

Gewürzgurken setzen reichlich Früchte an, wenn der Haupttrieb nach dem dritten Blatt entspitzt wird. Die sich dann bildenden Seitentriebe sind besonders üppig mit Blüten und in Folge natürlich mit Früchten besetzt.

Keine Bitterkeit bei Gurken aufkommen lassen

Die Erfahrung, daß Gurken gelegentlich zu Bitterkeit neigen, haben sicher schon viele Gartenfreunde gemacht. Ursachen dafür gibt es eine ganze Menge, hier die wohl häufigsten:

- Die Gurken sind „warm“, d. h. bei Sonnenschein, geerntet worden. Also lieber recht früh morgens ernten, vor der wärmebedingten Entwicklung von Bitterstoffen.
- Die Gurken sind bei warmem bis heißem Wetter mit kaltem Wasser gegossen worden. Das sollte man tunlichst unterlassen; kalte „Duschen“ verübeln einem die Pflanzen ohnehin meistens.

Für Einlegegurken besonders lohnend: das Entspitzen nach dem dritten Blatt.

Rechts: Um Bitterkeit zu vermeiden, müssen Gurken vorsichtig geerntet und behandelt werden.

- Die Gurken haben nach längerer Trockenheit ein „Vollbad“ erhalten. Dann muß sogar damit gerechnet werden, daß sich der schlechte Geschmack gar nicht wieder verzieht und wir womöglich ganz verbittert die gesamte Ernte vergessen können.
- Die Gurken sind bei der Ernte und/oder Zubereitung grob behandelt worden, was wir uns ja auch nicht gefallen lassen würden. Wenn wir nun nicht angesichts bitterer Gurken sauer werden wollen, müssen wir sie behutsam ernten, dabei vorsichtshalber nur am Stiel anfassen und nirgendwo drücken. Wer außerdem auf die besten Vitamine verzichten und seine Gurken schälen will, sollte dies von der Blüte zum Stiel hin tun.

Besonders Gurken und Melonen sind für stetige Bewässerung mit dem Wollappen dankbar.

Der richtige Wasser-Lauf: Gurke & Melone nehmen's sicher dankbar auf

Über das richtige Gießen kann man sich ohne weiteres seitenlang auslassen. Wir wollen an dieser Stelle aber lediglich eine Gießmethode für Gurken und Melonen zur Sprache bringen, mit der sich die bei diesen Gewächsen sehr unbeliebte Benetzung der Blätter mit Wasser verhindern läßt. In ein mit Wasser gefülltes Gefäß, das neben den Pflanzen steht, taucht man das eine Ende eines dochtartig gedrehten Wollappens, der zuvor ganz durchfeuchtet wurde. Nun führt man den verbleibenden Teil dieses Wasserspenders an bzw. um den Wurzelbereich der Pflanzen herum. Das Wasser sickert auf diese Weise stetig und ohne Blattbefeuchtungsgefahr den Wurzeln entgegen.

Keine Zeit zum Salat-Schießen

Treibsalat, das ist derjenige, der schon früh im Jahr ins Frühbeet ausgesät wird, neigt nach dem Auspflanzen oft zu recht raschem Schießen. Folgende Methode kann das verhindern: Der Tag wird für die Keimlinge und jungen Pflänzchen künstlich auf acht bis maxi-

Im Frühbeet könnte man das Schießen der jungen Salatpflänzchen verhindern, indem man ihren Tag künstlich auf acht bis zwölf Stunden verkürzt.

Ein besonderer Tip gegen die Salatblüte: Der Strunk wird zu drei Viertel eingeschnitten.

mal zwölf Stunden verkürzt. Zu diesem Zweck müssen die Frühbeete abgedeckt werden. Das kann mit Decken, Strohmatten oder Pappe geschehen. Verwendet man leichte Abdeckungen denke man an eine ausreichend wind geschützte Befestigung.

Um des lieben Gärtnerfriedens willen: Schluß mit der Salat-Schießerei

Daß wir Großstadtmenschen auch nicht auf den Kopf gefallen sind, bewiesen ehedem die Berliner Schrebergärtner. Aus jenen grünen Kreativwerkstätten stammt nämlich folgender

Trick wider die lästige Salat-Schießerei: Diejenigen Salate, deren Ernte später erfolgen soll, werden am Strunk mit einem scharfen Messer zu Dreiviertel eingeschnitten.
Damit wird ein gebremstes Wachstum erreicht, ohne die Pflanze vollständig von der Wasser- und Nährstoffzufuhr abzuschneiden. Wer nun glaubt, auf diese bahnbrechende Schieß-Stop-Methode verzichten zu können, indem er – im Prinzip ja geradezu genial – von vornherein im Laufe des Frühlings und des Sommers Folgesaaten einplant, dem halten wir wiederum überlegen entgegen, daß sich später Gesätes witterungsbedingt schneller entwickelt, die Schießgefahr sich solchermaßen keineswegs vollkommen bannen läßt. Moral der Geschichte: Man sollte Großvaters Tips und Tricks, zumal wenn es sich um echt berlinerische handelt, schon gebührlich zu würdigen wissen!

Salat ohne Ende

Kopfsalat kann man zu einer Art Endlos-Produktion bringen, indem man beim Ernten des großen runden Kopfes die unterste Blattrosette an der Wurzel im Boden stehen läßt. Nur ungefähr die Hälfte der sonst üblichen Zeit braucht der Salatstumpf, um aus den Blattachseln etliche Stengelchen mit knackigen neuen Blättern sprießen zu lassen. Das ergibt für viele Wochen immer wieder frischen Pflücksalat zum Naschen.

Wenn man beim Ernten des Salats die untere Blattrosette stehen läßt, bescheren einem die neuen Blättchen aus den Blattachseln rasch immer wieder Pflücksalat.

Frühe Frühkartoffeln

In Zeiten, als es noch keineswegs selbstverständlich war, das ganze Jahr über an jeder Ecke grundsätzlich alles, was das Herz begehrt, kaufen zu können, gab es stets Versuche, den einen oder anderen Vorgang zu beschleunigen. Unersättlichen Kartoffelfreunden beispielsweise ist es irgendwann gelungen, die ersten Ernteerfolge bereits im Mai auf den Tisch zu bringen.
Wer mithalten will, muß so vorgehen: Frühe Kartoffelsorten fangen meistens noch vor Weihnachten zu keimen an. Man wählt sich Knollen für die Unterbringung im Mistbeet aus, schützt vor allem den ersten Trieb vor Beschädigung. Im Januar setzt man jede Kartoffel einzeln in große Blumentöpfe (20–25 cm Durchmesser), die mit guter Erde gefüllt sind. Diese werden im Garten eingegraben und gut abge-

deckt (Stroh, Streu etc.). Die niedrigen Temperaturen lassen Wurzeln und Triebe nur sehr langsam weiterwachsen. Sobald das Mistbeet im Februar angelegt ist, werden die Töpfe dort hineingestellt.

Die Kartoffeln wachsen jetzt sehr schnell weiter. Man sollte pro Topf nur einen Stengel Kraut stehenlassen, das

wenn es wieder gut gegossen wird, noch ausreichend Hitze produzieren und somit nochmals genutzt werden. Für nicht ganz so Ernte-Eilige bietet sich auch die Variante an, die Pflanzkartoffeln zunächst in kleine Töpfe zu legen, um später die Pflanze herauszunehmen und in das Mistbeet zu bringen; die Ernte liegt dann etwas später.

Frühkartoffeln, in einem Mistbeet gezogen, lassen eine Ernte schon ab Mai erwarten.

geht zugunsten der Knollengröße. Das Mistbeet muß recht trocken gehalten werden, seine Fenster müssen an sonnigen Tagen offenstehen. Ab Mai kann dann die Speisekarte um Gerichte mit frühesten Frühkartoffeln aus der Eigenproduktion angereichert werden.

Das Mistbeet kann anschließend,

Wenig Pflanzkartoffeln – aber viel ernten wollen? Abhilfe ist möglich

Hat man nur wenige Pflanzkartoffeln, möchte aber viel ernten, kann man das Pflanzgut auf folgende Weise strecken:

Vorsicht beim Abbrechen und Einpflanzen: Nur unbeschädigte Triebe wachsen weiter.

Die als Pflanzkartoffeln vorgesehenen ganzen Knollen oder Teilstücke mit jeweils einem Auge werden Anfang April in ein halbwarmes Frühbeet (Laubpackung) 5 cm tief eingepflanzt. Gucken die Triebe 8 bis 10 cm aus der Erde, hebt man die Kartoffeln vorsichtig heraus und löst die Triebe behutsam ab. Die Triebe werden nun auf das vorgesehene Beet 15 cm tief, jeweils zwei bis drei Stück zusammen, verpflanzt (Abstand 40 cm).

Von den bereits als Spender verwendeten Kartoffeln bzw. Augenstücken können auf die oben beschriebene Weise noch zwei- bis dreimal neue Triebe gewonnen und verpflanzt werden. Das müßte eigentlich reichen.

Wenn man auf diese Weise das „Letzte“ aus seinen Kartoffeln herausgeholt hat, sollte man ihnen anschließend beste Nährstoffversorgung gönnen: Holzasche ist bei Kartoffeln besonders gefragt.

Lust auf frühe Frühkartoffeln? Der Trick mit der Reifebeschleunigung für ganz Eilige

Wer es immer gar nicht erwarten kann, bis die ersten dampfenden Frühkartoffeln auf dem Mittagstisch stehen, sollte sich folgenden Tip gut merken. Die Reife von Frühkartoffeln läßt sich auf unkomplizierte Weise beschleunigen. Sind die Kartoffeln schon groß, aber noch nicht ausgereift, sondern noch sehr wäßrig, werden sie ausgegraben. Nun vergräbt man die begehrten Knollen in einer Kiste, die mit trockenem Sand gefüllt ist. Die Kiste wird in die pralle Sonne gestellt (bei Regen abdecken). Nach etwa einer Woche in trockenem, warmem Sand sind die Kartoffeln genügend nachgereift oder genauer gesagt: Für den Verzehr vorgereift. Bon appetit!

Kartoffel-Stütze

Vorgekeimte Kartoffeln bilden schon feine Wurzeln, wenn sie eine Woche vor dem Legen mit Wasser bespritzt werden. Die jungen Wurzeln geben den bruchempfindlichen Keimen zusätzlichen Halt und Schutz vor dem Abbrechen nach dem Pflanzen.

Bei Kartoffeln sind nicht nur die Knollen die reinste Freude.

Erbsenkreise: Ein Rechenexempel

Die Statik moderner Erbsenpflanzen-Architektur zeigt zukunftsweisend auf, wohin uns innovatives, kreatives Gemüsemanagement zu führen in der

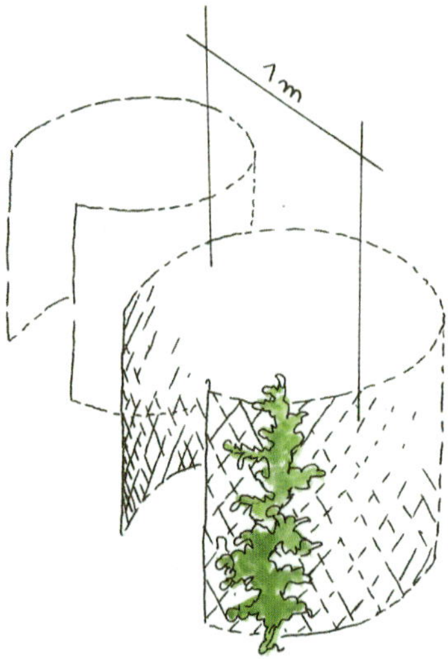

Erbsenanbau mal ganz anders: Solche Spaliere aus Maschendraht in Kreisform sparen Platz.

Lage ist. Sich selbst stützende Sorten – Großvater kann stolz auf seinen Gärtnernachwuchs sein. Selbstbewußt ruht unser Blick auf den in mindestens zwei Reihen schön dicht gesäten, formstabilen Erbsenreihen.

Da wir seitens der künstlichen Windsteuerung noch gewisse Unregelmäßigkeiten zu verzeichnen haben, wenden wir uns beim Aufkommen heftigerer Böen dezent zur Seite und führen Großvater zu einem vertraulichen Gespräch über die Verwertung angewandter Alt-Techniken in ein beetentfernt liegendes Refugium. Dort erfahren wir dann, daß es früher zwei bis drei Meter hohe, also doppelt so hohe Erbsensorten wie die höchsten heutigen gab. Sie mußten wie üblich zwar mit einem Gerüst gestützt werden, man konnte ihnen allerdings durchaus menschenfreundliche Verhaltensweisen anerziehen.

In jeweils nur einer Reihe angebaut, schießen sie nicht in die Höhe und setzen schon weit unten Blüten an. Bequemeres Ernten und bei Regenwetter vergleichsweise trockene Kleidung, weil weniger gesamtkörperliches Herumirren im Erbsendickicht vonnöten ist, sind die Belohnung solchen Gärtnergeschicks.

Viel-Erntern empfiehlt Großvater den Anbau von Erbsen in Kreisen. Seine Kreise hatten etwa 1 m Durchmesser (ca. 3 Fuß) und standen ca. 70 cm (ca. 2 Fuß) entfernt voneinander. Folgende Rechnung lag den großväterlichen Überlegungen zugrunde:

Auf einer Länge von 30 Fuß haben 6 Kreise mit je 9 Fuß Umfang Platz, das sind 54 Fuß Erbsen. In gerader Linie hätte auf dieser Fläche nur eine Reihe Platz (=30 Fuß). Rechnet man ganz genau, so ist der Umfang etwas größer als 9 Fuß, und nach Abzug von 2 Fuß pro Kreiseingang lautet das Ergebnis 44 Fuß bei Kreiswirtschaft gegenüber 30 Fuß bei stur geradeaus, also immerhin, 1,5 mal soviel effektiv genutzte Anbaufläche. Und das ohne Taschenrechner!

Nachdem Großvater gegangen ist, stellen wir bei einem Inspektionsgang durch den Garten erleichtert fest, daß unsere Selbsttragenden gar nicht umgeknickt sind und alles in allem noch nicht mal 60 % Verlust zu verzeichnen sein werden.

Puffbohnen atmen auf: Spitze ab – Läuse weg

Puffbohnen, auch als Gründünger nicht zu verachten, sitzen in aller Regel bald voll der schwarzen Laus, o Graus. Dieser Befall stört die Pflanze bei dem, was sie gerne tut und woran gerade wir größtes Interesse haben: am Wachsen. Und die Hülsen reifen auch nur langsam. Gegen diese Blattlausplage hat der Mensch eine kluge, vorbeugende Gegenmaßnahme entwickelt. Er schneidet die Spitzen ab, sobald sich die Hülsen bilden. Soll ein gutes Mittel sein.

Gegen Blattläuse an der Saubohne wußte schon Großvater einen Rat.

Maisreife fraglich? Anhäufelung rückgängig machen

Es ist üblich, Mais einer besseren Standfestigkeit wegen anzuhäufeln. Ist das Wetter oder die Lage der Anbaufläche jedoch so ungünstig, daß abzusehen ist, daß der Mais nicht vollständig ausreifen wird, kann man die Entwicklung beschleunigen: Sobald die Ähren ausgebildet sind und die

Wer trotz ungünstiger Verhältnisse Mais ernten möchte, muß „enthäufeln".

Körner auszureifen beginnen, wird die angehäufelte Erde am Fuß der Pflanze wieder entfernt. So kommt der Mais schneller.

Die Rettichernte strecken

Beim Rettichanbau kann man pro Pflanzstelle zwei Pflanzen heranwachsen lassen. Der Rettich wächst dann etwas langsamer. Stehen nun in einer Reihe die Pflanzen abwechselnd einzeln und zu zweit, hat dies den netten Effekt, daß sich die Ernte frischer Rettiche über einen längeren Zeitraum erstreckt. Woraus man folgern darf, daß nicht nur gelegentlich weniger mehr sein kann, sondern mitunter auch weniger schnell mehr lange sein würde.

Man kann die Rettichernte in die Länge ziehen, indem man immer wieder zwei Pflanzen nebeneinander setzt, die dann nicht so schnell wachsen.

Spargel-Anbau Leipziger Art

Wo eigentlich, liebe Zeitgenossen, nahm das berühmte Leipziger Allerlei seinen Anfang? In Leipzig, genauer: auf den Beeten allerlei Gärtner im Raum um Leipzig. Es war anno dazumal nämlich üblich, ein Gemüse – erraten: Spargel, der ja für gewöhnlich eine Anbau-Sonderrolle spielt – mit den verschiedensten Arten auf den Beeten mit anzubauen bzw., um genau zu sein, das Gemüse ohne viel Brimborium dazwischenzupflanzen. Diese doppelte Nutzung der Spargelbeete, die strenggenommen zumindest keine reinrassigen mehr sind, hat etwas sächsisch Pfiffiges. Bei der Zusammenstellung der Pflanzentruppe lasse man Starkzehrer von solchen Gemeinschafts-Beeten mit Spargel lieber weg; mit Salat, Kohlrabi, Spinat oder auch entsprechenden Kräutern aber sollte, was um Leipzig herum klappt, auch in anderen Gefilden nicht unmöglich sein. Wenn wider Erwarten nichts geht, einfach mal in und um Leipzig Erkundigungen einziehen.

Artischocken: Winterschock vermeiden – fachgerecht verkleiden

Diese Zier- und zugleich Gemüsepflanze läßt sich in unseren gemäßigten Zonen über zwei bis drei Jahre erhalten. Leider kann man der Pflanze lediglich in ausgesprochen milden Gegenden echte Winterhärte attestieren. Andernorts braucht sie einen geeigneten Kälteschutz. Wer kein Gewächshaus oder kühlen, trockenen Keller sein eigen nennen kann, wo Artischocken in Sand überwintern könnten, muß sie gezwungenermaßen auf dem Beet, bedeckt mit Laub oder Stroh, belassen.

Von zwei Problemen darf man sich hierbei nicht schocken lassen: Mäusefraß sowie Fäulnis unter der Winterbedeckung. Wir greifen also wieder auf den über Generationen angeschwollenen Intelligenzvorrat zurück und ergreifen wie folgt die Initiative: Zu Beginn unserer kältesten Jahreszeit wird das Laub der Artischockenstöcke ebenerdig abgeschnitten. Über die Pflanze wird ein ausreichend großer Blumentopf gestülpt und anschließend rundum hügelartig mit Erde bedeckt. Die Erde um den Topf klopft man vorzugsweise fest und glatt, damit das Regenwasser besser abfließen kann. So verpackt, sind die Artischocken vorerst recht ordentlich vor Kälte geschützt, und man braucht das Laub oder Stroh erst aufzulegen, wenn der Frost stark anzuziehen beginnt. Die gierigen Nager machen sich im übrigen auch erst an die Pflanzen heran, wenn die Abdeckung aufliegt; wir gewinnen somit in doppelter Hinsicht Zeit und Schutz.

Winterschutz für Artischocken: Über die abgeschnittene Staude wird ein Blumentopf gestülpt und dieser mit Erde bedeckt.

Gebt rechten Schutz für Euern Kohl – dann wächst er gut, er fühlt sich wohl

Kohl ist zwar ein ziemlich robustes Gemüse und auch mit unseren oft verregneten Sommern recht zufrieden. Dennoch wird er es besonders zu danken wissen, wenn man die besagte schwache Stelle, die doch schließlich jeder von uns hat, zum Anlaß nimmt, schützend die Hände über ihn zu halten. Freilich bildlich gesprochen. Denn Wind, vor dem das Kohlgewächs

Eine Zwischenpflanzung mit Stangenbohnen kann Kohl vor Austrocknung schützen.

wegen der austrocknenden Wirkung nämlich zu schützen ist, läßt sich nicht durch ein Händchenhalten aufhalten. Das ist jedoch mit einer Hecke als Beetbegrenzung, einer Reihe Stangenbohnen, Mais oder Topinambur zu erreichen. Und siehe, die Kohlsche Wachstumsfreude wird kaum noch Grenzen kennen.

Rosenkohl: Ist sein Röschen zart und fest, ist's ein wahres Schmausefest

Weil das ehrlich stimmt, düngen wir den Rosenkohl ab August nur noch sparsam. Wer an Holzasche kommt, kann damit die Ausbildung der erwünschten festen Röschen unterstützen.

Rosenkohl, wie wir ihn uns wünschen.

Diese Kaffeegenießer! Schnittlauch gehört nun auch noch dazu

Wer nicht alles Kaffeeliebhaber ist! Schnittlauch jedenfalls gehört zu jenen Individuen, die man ebenfalls mit regelmäßigen Gaben der begehrten Bohne verwöhnen kann. Genauer: Auch Schnittlauch dankt es, wenn man ihn mit Kaffeesatz düngt.

Schnittlauch soll besonders gut gedeihen, wenn er mit Kaffeesatz gedüngt wird. Ob bestimmte Kaffeesorten bevorzugt werden, hat sich noch nicht herumgesprochen. Fragen Sie doch einfach mal Ihr wertes Grünzeug …

Blumenkohl mag's nicht kühl

Er ist vielleicht ein bißchen empfindlich, dieser Kohl; zum Ausgleich schmeckt er ja aber auch so fein. Damit der Gartenfreund zu seiner verdienten Blumenkohlkost kommt, sollte er beim frühen Setzen darauf achten, die Pflanzen nicht zu tief (nur ebenso tief, wie sie im Saatbeet standen) in den Boden zu bringen. Denn lediglich die obere Bodenschicht ist schon im zeitigen Frühjahr ausreichend warm. Ein späteres Anhäufeln sorgt dann für die nötige Standfestigkeit.

Blumenkohl nur notreif? Einschlagen – Kopf wächst weiter!

Nein, nein, nur keine Kohlköpfe oder andere einschlagen, gemeint ist nur: Wenn der Blumenkohl im Oktober

Unterentwickelten Blumenkohlköpfen kann man auf die Sprünge helfen.

noch nicht Traumgröße erreicht hat, noch nicht ganz fertig ist mit dem Wachsen, kann man die Pflanzen im Keller in Sand einschlagen und mit der berechtigten Hoffnung, daß sich der Kopf des Blumenkohls weiterentwickelt, wieder nach oben steigen. Für die Entwicklungsfähigkeit anderer Köpfe wollte Großvater keine Garantie übernehmen.

Bohne mit oder ohne Faden? Ein Rat an die Küchenabteilung

Mit oder ohne Faden sind für Großmutter keine Fragen, denn je nach Verwendung ist es durchaus sinnvoll, sich auch nach den allerdings mittlerweile rarer werdenden Sorten mit Faden umzutun. Verwendet man nämlich nur die Kerne und nicht die grüne Hülse dieser Frucht, sind die fädigen Sorten von Vorteil, wie man vielleicht schon zu vergessen pflegt. Warum vorteilhaft? Weil sich die Kerne dieser Sorten leichter aus den Hülsen lösen lassen – eine Arbeitserleichterung, gegen die schwerlich etwas einzuwenden ist.

Rationelle Rhabarbertreiberei

Wer seine Rhabarberpflanzen im Herbst teilt, hat oft noch einige Wurzelstücke übrig. Nun hat man die Wahl: entweder auf den Kompost damit oder für die Treiberei verwenden. Im letzteren Fall kommen die „Reste" in den Keller. Man schlägt sie in feuchten Rindenhumus ein, stellt sie mäßig kühl und dunkel auf und hat dann im Frühjahr schon sehr früh zarte Rhabarberstiele zum Ernten.

Wer Rhabarberwurzelstücke im Keller in feuchten Humus einschlägt, kann sich im Frühjahr schon bald über zarte Stangen freuen.

Erfrischungsbrause

Nicht nur wir Menschen blühen an heißen, trockenen Sommertagen nach einem Duschbad regelrecht auf. Ein leichtes Bespritzen der Pflanzen mit Gießwasser am Abend solcher Tage wirkt auch auf diese wunderbar erfrischend. Solch eine leichte Erfrischungsbrause ersetzt allerdings nicht das gegebenenfalls notwendige Gießen. Zu beachten ist grundsätzlich, daß häufiges Spritzen v. a. den Blatt- und Stengelwuchs begünstigt, und zwar letztlich auf Kosten der Blüten- und Fruchtentwicklung. Gießen und Spritzen sind zwei verschiedene Maßnahmen, die in einem ausgewogenen Verhältnis zueinander stehen sollen. Zu berücksichtigen ist ferner, vor allem an heißen Tagen, daß die Spritzvorrichtung beim Beregnen der Beete so gehalten wird, daß das Wasser möglichst hoch steigt, damit es sich auf dem Weg durch die Luft gut aufwärmt.

Biogärtners Geduldsprobe: Wurzelunkräuter

Die ungebremste Ausbreitungsfreude und Beharrlichkeit manchen Krautes stellt des Biogärtners Frohsinn wahrlich auf eine harte Probe – und dann soll man dieses gierige Grünzeug neuerdings auch noch liebevoll „Wildkräuter“ nennen. So erscheinen einem ausdauernde, immer wieder neu austreibende Unkräuter (z. B. Disteln, Ackerwinden und Löwenzahn) oft als ein Ärgernis ohne absehbares Ende. Hat man einen Teil der Wurzeln entfernt, treiben die im Boden gebliebenen Reststücke um so stärker aus, weil sie sich an der Bruchstelle verzweigen. Dieser Sturheit muß man Gleiches entgegenzusetzen bereit sein: Es wird empfohlen, diese lästigen Pflanzen unmittelbar vor der Blüte auszureißen, damit die Wurzel im eigenen Saft „erstickt“.

Manche erfahrenen Gärtner sind auch der Meinung, diese Pflanzen immer dann auszureißen, wenn sie etwa handhoch aus dem Boden herausgewachsen sind. Dadurch würde die Wurzel auf Dauer geschwächt, denn bevor sich im Boden Seitenwurzeln zur Nahrungsaufnahme bilden, erscheinen die Blätter. Werden diese abgerissen, erhält die Wurzel von oben keine Nahrung mehr und zugleich von unten noch nicht.

Dem Schachtelhalm ist am schwersten beizukommen. Diese Pflanze hat Wurzeln, die bis zu mehreren Metern in den Boden reichen. Selbst tiefes Umgraben und Sammeln der Wurzeln nützt nichts. Hier braucht der Gärtner mitunter Engelsgeduld. Alle 10 bis 14 Tage müssen die Triebe abgehackt werden. Unterstützt wird diese Arbeit durch tiefes Lockern sowie Kompost- und Kalkgaben. Man tröste sich damit, daß die Geduld von Engeln sicher keine schlechte Eigenschaft für einen Gärtner ist.

Löwenzahn gehört auch zu den Wildkräutern, die aus den im Boden verbliebenen Wurzelstücken verstärkt austreiben.

Brennesseln im Wandel der Zeit

Das internationale Ansehen der Brennnessel ist in den letzten Jahren, ganz sicher zumindest in den Reihen aller zukunftsorientierten Gärtnermenschen,

Mit Handarbeit den Brennesseln trotzen: Handschuhe helfen gegen die brennenden Folgen.

beträchtlich gestiegen. Allein die in konstruktiver Zusammenarbeit mit ihr durchführbaren Pflanzenschutzmaßnahmen rechtfertigen grundsätzlich die friedliche Koexistenz mit diesem wild wuchernden und entschieden wehrhaften Kraut.

Bei aller Sympathie muß freilich einschränkend festgestellt werden, daß der Drang der Nessel zu hegemonialen Ansprüchen, gartenpolitisch gesehen, nicht immer hingenommen werden kann. Rückt die Nessel in großen Beständen in für sie nicht vorgesehene Zonen allzu dreist vor, darf, ja muß man zügelnd für eine gerechte Platzverteilung unter den Gartenbewohnern sorgen.

Da wir eine Politik des Friedens mit immer weniger Waffen konsequent betreiben, verweisen wir einen chemischen Angriff sowieso und überhaupt ins Reich absurder Phantasielosigkeit und platter „Hau-drauf-Mentalität“. In unseren Kreisen schauen wir uns auch hier lieber nach älteren, mitunter auch arbeits- und intelligenzaufwendigeren Methoden um.

Ein Verfahren, das etwas Geduld erfordert, besteht im regelmäßigen und geduldigen Ausreißen der Brennessel mit ihrem Wurzelwerk. Man beginnt damit im Frühjahr; jedesmal, wenn die Stengel etwa 30 cm hoch gewachsen sind, greift man (unbedingt handschuhgeschützt) herzhaft zu. Ein ruckhaftes Zerren vermeidet man jedoch besser, da man solchermaßen lediglich ein schnelles Abreißen kurzer Enden erzielt. Die Wurzeln der Nessel verlaufen ziemlich flach, in Gras sogar oberflächlich unter dem Gras, so daß sie sich oft meterweise „abribbeln“ lassen; schwere Böden wässert man gegebenenfalls vor dieser entschlossenen Aktion.

Lauchkraut: Der Ersatz-Knobi

Wie vielen Kreaturen man doch so leichthin Gemeinheiten unterstellt! Zu den bedauerlichen Vertretern dieser Klasse gehört das Gemeine Lauchkraut *(Alliaria petiolata)*, das ganz zu Unrecht als Unkraut verteufelt wird, wiewohl es sich freilich rasch und stark ausbreiten kann. Bekannt ist es auch unter den Namen Knoblauchs-Hederich, Hasenkohl, Knoblauchsrauke und Waldknoblauch. Von alters her als Heilpflanze und Gewürz im Gebrauch, ist es heute vielen unbekannt.

Dabei kann dies feine Kraut einen attraktiven Vorteil gegenüber dem Knoblauch, ins Feld führen: Die Blätter enthalten Senföle und ermöglichen deshalb eine Verwendung wie Knoblauch ohne allerdings die unbeliebten Genußkonsequenzen befürchten zu lassen. Wen das geruchsneutrale Argument überzeugt, der sollte beim Anbau daran denken, daß dieses Kraut halbschattige Standorte und stickstoffhaltige, nahrhafte Böden liebt. Wild kommt es unter Hecken und Büschen, an Waldrändern und in lichten, feuchten Wäldern vor, wo wir es am besten ganz in Ruhe lassen.

Ein bißchen wie zu Hause: Tropische Einjahrespflanzen mögen's warm

Tropischen Pflanzen, wie dem Wunderbaum *(Ricinus communis)* oder dem Maniok-Eibisch *(Okra, Abelmoschus manihot)*, können wir zu echten Heimatgefühlen verhelfen, wofür sie sich mit einem üppigen Wachstum bedan-

Der Wunderbaum *(Ricinus communis)* braucht einen warmen Standort.

Viele tropische Pflanzen benötigen für ihr Wachstum „Warme Füße“. Eine Mischung aus Laub und Mist sorgt für die richtige Bodentemperatur.

ken werden. Wir müssen nur für leicht tropische Verhältnisse sorgen, das heißt einen warmen Standort für sie schaffen. Großvaters kluge Idee war es, das „Warme Mistbeet“ als Vorlage zu nutzen. Und so geht man vor:
Zunächst die Erde etwa 1 m tief ausheben, darauf 30 cm Pferdemist-Laubgemisch einfüllen. Der frische Mist liefert die gewünschte Wärme, und das untergemischte Laub bremst eine zu stürmische Wärmeentfaltung ab, so daß diese sich sehr brauchbar in die Länge zieht. Nun noch 30 cm halbverrotteten Mist und den Rest mit Mistbeeterde (Füllung vom letzten Jahr) auffüllen.
Nicht nur unsere tropischen Abkömmlinge werden dankbar sein, alle wärmeliebenden Pflanzen versprechen, in einem solchen gemütlichen Beet bestens zu gedeihen.

Winterabdeckung: Weg mit ihr zur rechten Zeit

Fingerspitzengefühl muß ein richtiger Gartenfreund mitbringen oder entwickeln, überhaupt für so manches den „richtigen Riecher" besitzen. Vieles ist schließlich auch Erfahrungswissen, gewonnen über viele, viele Jahre aufmerksamer Beobachtung des ganzen Gartengeschehens. Eng damit verbunden natürlich das Wetter mit dessen jahreszeitlich typischen Verläufen und Ausprägungen.

Bei der Entscheidung, wann die Winterabdeckung vom Staudenbeet kann, greifen wir in der Tat auf die langjährigen Erfahrungen unserer Vorfahren zurück. Dabei erwies es sich stets als sinnvoll, die Beete frühestens im März freizumachen, mit Ausnahme der Stellen, wo Schneeglöckchen und Krokusse stehen; dort kann es (je nach Witterung) bereits im Februar soweit sein.

Man muß wissen, daß die Pflanzen, die oft schon die ersten Triebe aus der Erde stecken, noch empfindlich reagieren. Insbesondere hüte man sich davor, wenn der Zeitpunkt der Entfernung der Abdeckung gekommen ist, dies unter der lachenden Mittagssonne zu tun; desgleichen lasse man diese Arbeit bleiben, sofern ein scharfer, austrocknender Wind bläst. Und wer an trüben Tagen nichts Rechtes anzufangen weiß, wähle genau diese zur Abdeck-Aktion – es ist der ideale Zeitpunkt.

Freude verlängern – Blüte strecken

Mit ein wenig Geschick kann man bei entsprechendem Arrangement die Gesamtblütezeit (auf einem Staudenbeet z. B. oder verteilt auf den ganzen Garten) verlängern. Dazu muß man im Mai die Spitzen von Phlox, Rittersporn, Astern, Chrysanthemen u. a. um ca. 10 cm kürzen. Aus den Blattachseln

Die Winterabdeckung auf dem Staudenbeet kann über den Schneeglöckchen und Krokussen meist schon im Februar entfernt werden.

Links: Die Blühperiode vieler Stauden läßt sich leicht verlängern, indem man im Mai den Haupttrieb kürzt. Aus den Blattachseln wachsen dann unzählige neue Triebe.

wachsen sodann neue Triebe, die ungefähr zwei bis drei Wochen später blühen, als es der Haupttrieb getan hätte.

Iris – manche mögen's trocken

Iris ist nicht gleich Iris. Während viele Arten der auch unter dem Namen Schwertlilie geläufigen Pflanze bevorzugt an sumpfigen Ufern wachsen, lechzen andere (unter Bartiris zusammengefaßte Arten) geradezu nach Trockenheit. Je trockener diese im Sommer stehen, desto prächtiger fällt die Blüte im nächsten Jahr aus – also schön die Gießkanne stehenlassen.

Petunien – vor dem Urlaub zum Frisör

Petunien erfreuen sich verbreiteter Beliebtheit, weswegen Großvaters Tip an dieser Stelle durchaus viele ihrer Liebhaber noch etwas glücklicher machen dürfte. Das schmucke Gewächs hat nämlich leider eine schwache Stelle: Es ist recht empfindlich, was Wassermangel angeht. Um nun

Der Bartiris verhilft weniger Wasser im Sommer zu einer reichhaltigeren Blüte im nächsten Jahr. Also sparsam umgehen mit dem köstlichen Naß!

beispielsweise nach längerem Ferienspaß angesichts erbarmungswürdig dahinsiechender Petunienlandschaften nicht den ganzen Erholungswert aufs Spiel zu setzen, empfiehlt es sich, die Pflanzen vor der Abreise kräftig zurückzuschneiden. Das bewirkt gleich zweierlei: Erstens sinkt deren Wasserbedarf, und zweitens wird dadurch obendrein die vermehrte Bildung von Blüten in Schwung gebracht. Auf diese Weise von einem „Blütenmehr", mitunter sogar Blütenmeer, begrüßt zu werden, versüßt einem bestimmt ein wenig das verdammte Urlaubsende.

Schneidet man Petunien stark zurück, wird der Wasserbedarf reduziert und die Blütenbildung angeregt.

Gladiolen zur Winterruhe legen: Reihenfolge achten bringt hier Segen

Die Winterruhe für Gladiolenknollen ist sorgfältig einzuleiten, sollen uns die Pflanzen im nächsten Jahr wieder mit ihrem Blütenspiel glücklich machen. Eine erste Regel besagt, daß die Knollen nicht vor Ende September aus dem Boden dürfen. Zu frühes Ausgraben

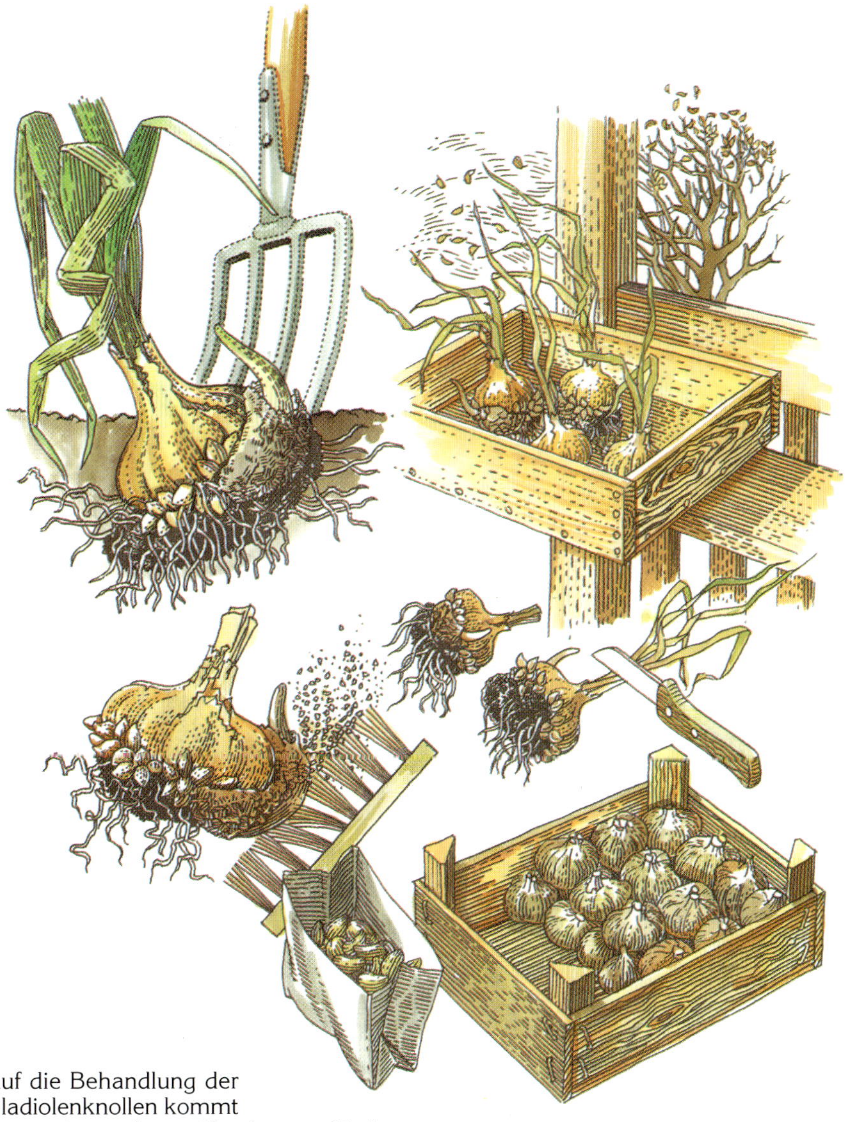

Auf die Behandlung der Gladiolenknollen kommt es an: Ausgraben – Trocknen – Entlauben – Abbürsten – und dann erst ins Winterlager. Die Gladiolen werden es danken.

geht auf Kosten der nächstjährigen Blüte, weil die Knolle nicht genügend Nährstoffe sammeln kann.
Ist der Zeitpunkt der Entnahme dann gekommen, muß die Knolle in Sonne und Wind trocknen, wobei für sie ein frostfreier Platz zu reservieren ist. Erst jetzt wird das Laub vollständig entfernt. Aber noch können die Gladiolen nicht ins Lager. Zehn Tage nach Entfernen des Laubes werden die Knollen geputzt. Die Erde wird dabei vorsichtig abgebürstet und die alte Knolle von der neuen (nicht mit den Brutknöllchen verwechseln) getrennt, das heißt abgebrochen. Die Brutknöllchen werden für sich gelagert und im Frühjahr gepflanzt. Blütenfreude kommt dann im übernächsten Jahr auf.
Die alte, „verbrauchte“ Knolle wandert auf den Kompost; die neue, hoffentlich pralle Knolle kommt ins Winterlager. Die beste Temperatur zum Überwintern liegt übrigens bei 5–8 °C.

Wer die Rose wahrhaft innig liebt, ihr den richtigen Standort gibt

Rosen – irgendwie sind sie doch von ganz besonderer Natur, und deswegen ein paar Worte zu ihren und ihrer Liebhaber Gunsten. Herumgesprochen hat sich ja vielleicht bei dem einen oder andern, daß es die älteren Sorten sind, die als außergewöhnlich robust und winterhart gelten und vor allem in dem unübertrefflichen Ruf stehen, einen

Rechts:
Üppige Rosenblüte als Lohn für liebevolle Pflege und den richtigen Standort.

Duft zu kreieren, der seinesgleichen sucht. Ob wir hier das richtige Geschäft gemacht haben, auch ihn wie so vieles wegzurationalisieren, steht dahin; wir für unseren Geschmack hätten die paar weniger Stacheln und größere Blühfreudigkeit heutzutage favorisierter Sorten mit der Folge praktisch flächendeckenden Duftverlusts nicht eingetauscht.
Der richtige Standort ist natürlich auch für Rosen bedeutsam. Warm und sonnig, eventuell leicht beschattet sollte der Platz sein, jedoch möglichst nicht direkt vor Mauern, dort ist es oft zu heiß und trocken. Stauende Nässe oder lange Berieselung von oben, wie im Traufenbereich von Bäumen oder Sträuchern, sagt den Rosen nicht zu. Normale Erde reicht aus, sandiger Boden sollte mit Kompost und Ton schwerer gemacht, zu schwerer Boden umgekehrt mit Sand aufgelockert werden. Diese Grundvoraussetzungen eingehalten, gedeihen Rosen relativ problemlos.

Trockenheit – nicht nur im Sommer ein Problem

Immergrüne Pflanzen gehen – wer hätte dies gedacht – häufiger durch Trockenheit als durch Frost zugrunde.

Ein festgestecktes Netz verhindert, daß die Laubschicht zum Schutze des Wurzelwerks im Winter fortgeweht wird.

Besonders nach sehr niederschlagsarmen Sommern, wie beispielsweise dem des Jahres 1904, können solche Pflanzen bis in den Winter hinein ballentrocken sein. Die von den Wurzeln durchzogene Erde ist während der Sommerzeit staubtrocken geworden und hat trotz normaler Mengen Herbstregen noch kein Wasser wieder aufgenommen. Die rauhe Winterluft entzieht nun auch noch den Blättern das Wasser, die keine Möglichkeit haben, den Verlust zu ersetzen. Die Pflanzen werden welk und vertrocknen – mitten im Winter. Der Gartenfreund, der es nicht besser weiß, glaubt, die Pflanzen wären erfroren. Nach heißen Sommern ist es deswegen unbedingt angezeigt, immergrüne Pflanzen bis in den Oktober und sogar November gründlich zu wässern. Um zu verhindern, daß womöglich das gesamte Wurzelwerk (bedingt durch einen späten, reichlichen Feuchtigkeitsgehalt) einfriert, bedeckt man den Wurzelhals vorsichtshalber mit einer ca. 15 cm hohen Laubschicht. Ein festgestecktes Netz schützt diese vor Wind.

Nachwachsende Stützen für Blütenpracht nützen

Die Hochstimmung angesichts schwerblütiger Pflanzen in voller Pracht, wie Pfingstrosen etwa, kann schnell in eine Art zornige Weinerlichkeit umschlagen, wenn man sie nach einem windigen Tag erbärmlich zugerichtet, am Boden liegend vorfindet. Und auch der eben noch ersehnte Regenguß läßt die

Beim Anspitzen der Stäbe das Messer immer vom Körper wegführen.

Blütenköpfe leider gar zu schwer werden und unter diesem Gewicht zusammenknicken. Hohe oder mittelhohe Stauden benötigen oftmals eben stützende Unterstützung.
Den Aufwand einer extra Anschaffung dafür (z. B. Bambusstäbe) kann man sich häufig sparen, greift man viel einfacher auf bereits vorhandenes Gerät zurück: In Form verholzter Stiele, herbstliche Überbleibsel vieler Pflanzen, wie z. B. der von Sonnenkraut oder verschiedener Disteln, liegt es als ideales Stützgerüst schon vor. Für das darauffolgende Jahr drängt sich die natürliche Zweckentfremdung geradezu auf. Man erntet das Material ab und bewahrt es an einem trockenen Ort bis zum Einsatz auf.

Sehnsüchtiges Warten auf die Hortensienblüte – mit Erfolg

Wollen die Hortensien wieder nicht blühen? Obwohl fleißig gepflegt und geschnitten? Keine Bange, vielleicht war es einfach nur des Guten zuviel. Hortensien blühen am vorjährigen Holz, und wer weiß, was man damit gemacht hat? Wurde es nämlich gutmeinend im Frühjahr oder Herbst weggeschnitten, ist damit natürlich der Blütenansatz futsch. Schneiden sollte man die Hortensien lediglich zum Auslichten und bei echtem Bedarf, d. h., wenn sie einem zu üppig geraten. Die richtige Zeit für den richtigen Schnitt ist dann der Winter.

Verwandlungskünstler Hortensien

Wie schön waren doch die Zeiten, als man noch an echte Naturwunder glaubte! Was mag noch in urgroßelterlichen Köpfen vorgegangen sein, wenn etwa die rosa blühenden Hortensien (man weiß es doch ganz genau!), aus dem Blumentopf in den Garten gepflanzt, mit einem Mal ganz blau daherkommen. Die Erklärung ist irgendwie enttäuschend simpel: In eisenhaltigen Böden oder solchen, die mit Abraum von Kohlehalden vermischt sind, verwandeln sich die rosa Blüten in blaue. Warum? Wer Lust hat, sich mit einem Chemiker darüber zu unterhalten, soll es tun; am Ende wird auch diese Zunft nur mit den Achseln zucken können, weiß Gott! Uns bleibt, den Hortensien-Effekt gegebenenfalls zu Bodenanzeiger-Zwecken zu nutzen – und Spaß zu haben.

Die Krone aufgesetzt – Fuchsienbäumchen züchten

Ist die Fuchsienliebhaberei richtig in Schwung, kann man ihr die Krone aufsetzen und ein Kronenbäumchen ziehen.
Anfänglich geht's darum, die vorgesehene Fuchsie zum Wachstum anzuregen. Hierzu wird sie in stickstoffreiche Erde gesetzt; Mist und Hornspäne sind geeignete natürliche Zusätze. Bis auf einen Trieb, der angebunden wird, ent-

Fuchsienhochstämmchen sind auf Terrassen und Balkonen wieder sehr beliebt. Die eigene Aufzucht erfordert ein paar Jahre Geduld und Schnittarbeit.

fernt man alles, inklusive nachwachsender Seitentriebe. Setzt der Haupttrieb Knospen an, muß entspitzt werden. Nun kommen aus den Blattachseln Seitentriebe, wovon lediglich der kräftigste belassen und angebunden wird. Er ersetzt den bisherigen Haupttrieb und wird später zum Stamm des Bäumchens.
Im zweiten oder dritten Jahr ist der Stamm dann lang genug; er wird oben entspitzt, die Seitentriebe werden ebenfalls nur eingekürzt. So verfährt man weiter, bis einem die Krone dicht genug erscheint. Ab diesem Zeitpunkt darf kein Stickstoffdünger mehr gegeben werden, sonst muß man auf Blüten zu Gunsten des weiteren Wachstums verzichten. Mit Knochenmehlgaben erntet man schließlich wahre Blütenpracht – und das wäre dann ja die ersehnte Krönung.

Damit es wirklich klappt: Erfolgstips zur Ablegeranzucht

Eigentlich ist es ja bekannt, wird aber oft nicht beachtet: Ableger von Zimmerpflanzen sind empfindliche Geschöpfe. Sie müssen wirklich gut geschützt werden. Am besten zieht

Das Mini-Gewächshaus auf der Fensterbank – mit integrierter Lüftung.

man sie – wie anderes – auch auf der Fensterbank unter Glas an. So hält das Glas Zugluft ab und sorgt gleichzeitig für eine hohe Luftfeuchtigkeit. Damit die Luft aber nicht muffig wird, wodurch der Erfolg ebenfalls gefährdet wäre, legt man einige Hölzchen unter den Glasrand. So ist die Frischluftversorgung gewährleistet. Bei starker Sonneneinstrahlung sollte zusätzlich für eine Schattierung gesorgt werden.

Blütenlockstoff: Wenn's nicht nur grünen soll bei uns im Haus

Der Umgang mit der Pflanzenwelt sollte stets in Ruhe und Muße geschehen. Auch wenn zu Großvaters Zeiten hiervon noch mehr vorhanden war, so gab es sicher trotzdem Augenblicke, die der Gärtner im Großvater voller Ungeduld herbeisehnte. So ein Moment war vielleicht gekommen, wenn seine Zimmerpflanzen erste Knospen zeigten, es jedoch noch einige Zeit bis zur Blüte dauern sollte. Es muß ein mit allen Wassern der Gärtnerkunst gewaschener Großvater gewesen sein, der weiland folgenden Kunstgriff ersann: Man legt einen reifen Apfel neben das entsprechende Pflanzengefäß und über beides einen Glassturz oder eine Folie. Und als würde die Reife der Frucht wie ansteckend wirken, kommt nun die Blüte richtig in Fahrt. Da man auf Hexerei heute nicht viel gibt, soll nicht verschwiegen sein, daß es das dem Apfel entströmende Reifegas Ethylen ist, welches die Blüte beschleunigt. Na gut, dann nennt man das Wundermittel eben so.

Das Blumenkasten-Austrocknungsproblem: Wassertürme aufstellen!

Flaschen, die kopfüber in die Erde gesteckt werden, können für eine gewisse Zeit die Wasserversorgung der Blumenkästen sichern.

In einem Blumenkasten herrschen recht beengte Verhältnisse. Kein Wunder also, daß die Blumen – bedingt durch den begrenzten Wurzelraum eben – schnell vom Austrocknen bedroht sind. Um sich die ständigen Kontrollen zu ersparen, sorgt man auf

folgende Art und Weise für einen ausreichenden Wasservorrat:
Eine mit Wasser gefüllte Flasche wird kopfüber etwa 5 cm tief in die Erde des Kastens gesteckt. Je nach Bedarf sickert das Wasser aus der Flasche nach und nach in die Erde. Eine simple, wenngleich annähernd geniale Einrichtung, die sich außerdem für längere Abwesenheit – beispielsweise während des Urlaubs – nutzen läßt. Man muß nur 'rausfinden, wie groß der Flaschenbedarf für einen bestimmten Zeitraum sein wird, und eine entsprechende Anzahl Wassertürme in Stellung bringen.

Vielseitiger Schwarztee: Genießen, düngen, Blattlaus vertreiben

Das kommt in den besten Teekreisen vor: Nach dem Genießen bleibt gelegentlich ein Rest in der Kanne. Dieser gehört beileibe nicht in den Ausguß, da fiel manchem schon Besseres ein. Man kann damit seine Zimmerpflanzen gießen, was einen leichten Düngeeffekt hat. Oder man benutzt die Teereste zur Bekämpfung von gelegentlich auftretenden Blattläusen, wobei dann die Blätter damit begossen oder besprüht werden. Wunder dürfen von dieser Anwendung jedoch nicht erwartet werden. Hartnäckige Blattlausplagen bedürfen gründlicherer Bekämpfungsstrategien wie Überprüfung der Erdverhältnisse (zu naß, zu trocken, zu wenig), Änderung des Standortes (Licht, Temperatur) oder der Düngung (zuviel, zuwenig, einseitig), denn schlechte Verhältnisse begünstigen den Befall.

Feuchtigkeitsgehalt bei Topfpflanzen: Klangprobe gibt Auskunft

Womöglich kommt es öfter vor, daß Zimmerpflanzen regelrecht ersaufen, als daß sie vertrocknet alle Blätter von sich strecken. Viele Topfgewächse werden einfach zu großzügig gegossen. Wie erkennt man nun aber, ab wann gegossen werden sollte? Hat man seine Zimmerpflanzen in Tontöpfe gepflanzt, gibt es eine simple Methode, mit der feststellbar wird, wie es mit dem Wasserhaushalt im Wurzelballen bestellt ist. Man klopft leicht an den Topf. Gibt es einen hellen, klingenden Ton, ist die Erde trocken, ein Guß ist fällig. Bei einem eher dumpfen Ton wird noch ausreichend Feuchtigkeit vorhanden sein. Zu bedenken ist aber, daß ein Riß im Topf den Klang „verfälscht".

Nochmals Zimmerpflanzen: Die rechten Plätze für unsere grünen Schätze

Riesengroßes Expertentum ist gar nicht erforderlich, um den unterschiedlichen Ansprüchen verschiede-

Auch für Probleme mit unseren Zimmerpflanzen hat Großvater einige Tips parat.

ner Zimmerpflanzen gerecht zu werden. Das mal vorweg zum Mutmachen. Mit der Wahl des individuell pflanzengerechten Standorts ist schon eine Menge gewonnen, deswegen nun einige Regeln, in die jahrelange Erfahrung eingeflossen ist.

Meist lassen sich die Standortvorlieben der einzelnen Gewächsarten an den Blättern erkennen. Folgende Merkmale geben Auskunft:

- Kleine, ledrige, eher harte Blätter lassen auf große Lichtansprüche schließen. Helle Ost- oder Westfenster sind das Richtige, z. B. für Wachsblume und Myrte.
- Wahre Sonnenanbeter haben wir in Kakteen und Sukkulenten. Ihre glat-

ten, fleischigen Blätter sind auf Wasserspeicherung ausgelegt; in ihren Herkunftsländern müssen sie lange Trockenzeiten überstehen können. Diese sollten sie im Anschluß an die Vegetationsphase auch in unseren Gefilden durchleben. Wir gießen sie deswegen im Winter äußerst sparsam. Manch einer stellt seine Kakteen winters über in den Keller, sie sollen dann im Frühjahr eher zum Blühen bereit sein.

- Pflanzen mit weichem, großem, vergleichsweise dunklem Blattwerk wie Efeu, Gloxinien und Schefflera lieben halbschattige Plätze.
- Hohe Luftfeuchtigkeit benötigen Pflanzen mit zarten, dünnen Blättern. Dazu gehören einige Farne und das Frauenhaargras. Man sorgt dafür, daß entweder der Pflanzenbehälter in eine mit Wasser gefüllte flache Schale gestellt wird (Verdunstung), oder man greift öfter zur „Blumenspritze“.

Generell läßt sich sagen, daß bei aller Unterschiedlichkeit der jeweiligen Lichtansprüche die wenigsten Pflanzen eine direkte Bestrahlung durch die hochstehende Sonne mögen.

Höhepunkte der Blumistik: z. B. die Baumannsche Pflanzenvermehrung

Es sind nicht nur so einleuchtend rationale Gründe wie die das liebe Geld betreffenden, welche die selbständige Pflanzenvermehrung interessant erscheinen lassen. Das Gefühl, an der Neuschöpfung direkt teilzuhaben, läßt es sicher manchem in den Händen kribbeln. Zu Zeiten, als man die intensive Privatbeschäftigung mit Pflanzen aller Art (außer der mit im engeren Sinne Nutzpflanzen) noch so schön griffig mit „Blumistik“ betitelte, war mit der Pflanzenvermehrung aus eigener Produktion sicher ein besonderer Höhepunkt der Liebhaberei gesetzt.

Eine spezielle Technik der Pflanzenvermehrung für Topf- und Kübelpflanzen, die nicht so gut durch Stecklinge oder Absenker vermehrt werden können, im folgenden zwecks Nachahmung näher beschrieben, ist mit den „Baumannschen Gerüstablegern“ vor langer Zeit entwickelt worden. Das Verfahren ist dem Abmoosen ähnlich, mit dem Unterschied, daß die Ableger gleich in einem Topf stehen.

Man beginnt damit, daß man um die Pflanze ein Gerüst aus Bambusstäben errichtet, das nicht wackeln darf. Je nach Größe des Topfes kann das Gerüst in den Topf selbst oder in einen größeren, ebenfalls mit Erde gefüllten Übertopf gesteckt werden. Durch Querverstrebungen oben erhält das Gerüst Stabilität. Weitere Querverstrebungen dienen der Befestigung der kleinen Vermehrungstöpfe.

Den zur Vermehrung ausgewählten Zweigen schneidet man, etwa 15 cm von der Spitze entfernt, von unten nach oben eine 5 cm lange und bis zur Mitte reichende Zunge, die auf 2 cm eingekürzt wird. Der bis auf die oberen Blät-

Die Ableger direkt an der Pflanze in kleine Töpfe gesteckt – Urgroßvaters Art der Vermehrung von holzigen Topfpflanzen.

ter entblätterte Zweig soll nun mit abgespreizter Zunge in seinen Topf kommen, dazu wird dieser seitlich aufgeschnitten und in entsprechender Lage am Gerüst befestigt. Zuerst schiebt man den Zweig in den Topf, polstert dort mit Moos, wo er gedrückt werden könnte, verstopft auch den Einschnitt mit Moos und rückt den Zweig in eine Lage, in der die Zunge gut abgespreizt ist. Anschließend wird der Topf mit Erde gefüllt, der Zweig eventuell mit einem Stäbchen gestützt und in der folgenden Zeit gut feucht gehalten.

Je nach Wetterlage stellt man das Ganze draußen oder im Haus auf. Nach etwa sechs Wochen sind neue Wurzeln gewachsen, daran zu erkennen, daß der Zweig neu austreibt. Die Ableger werden von der Mutterpflanze getrennt und alsbald mit Wurzelballen umgetopft – und fertig ist ein neuer grüner Erdbewohner.

Pfingstrosen-Blüten: Groß oder klein – wie sollen sie sein?

Je nachdem, ob man mit kleinen Blüten zufrieden ist oder noch viel zufriedener mit ordentlich großen, dafür

Bei Pfingstrosen kann man, je nach Schnitt, zwischen großen oder kleinen Blüten wählen.

aber weniger Blüten an der geliebten Pfingstrose, sollte die Pflanze entweder beschnitten werden – oder eben ungeschoren bleiben.
Kurz: Wer auf wenige, große Blüten spekuliert, muß die Seitenknospen rechtzeitig abschneiden; das heißt, wenn sie noch sehr klein sind.
Man braucht sich ja nicht für ewig festlegen. Das Blumenstreuen für ein Hochzeitspaar ist mit großen Blüten natürlich viel schöner …

Weihnachtliches Blütenwunder: Barbarazweige pünktlich in Pracht

Am 4. Dezember ist Barbaratag, traditionell der Tag, an dem Zweige von Obstbäumen geschnitten werden, die für den ersehnten weihnachtlichen Blütenzauber sorgen. Wir können diesem schönen Brauch eine gute Chance zu seinem Gelingen geben und beachten dazu folgende großväterliche Herangehensweise:

- Beim Schneiden ist darauf zu achten, daß die Zweigenden schräg angeschnitten sind.

- Die Zweige müssen zunächst in einem kühlen Raum stehen, nach ein paar Tagen wird das Gießwasser bis auf 18 °C erwärmt (morgens und abends wechseln). Gleichzeitig wird dem Wasser etwas Salz zugegeben (eine Prise pro Liter).
- Etwa eine Woche vor Weihnachten dürfen die Zweige zu uns in die geheizten Räume umziehen, und wir vergessen nicht, öfter lauwarmes Wasser nachzugießen und die Prise Salz zu spendieren.

Schnittblumen fit halten

Schnittblumen bleiben länger frisch, wenn Roter Fingerhut mit in der Vase steht. Gehören Narzissen mit in einen Strauß, lasse man diese zunächst separat für etwa zwei Stunden in einem wassergefüllten Gefäß stehen. Narzissen besitzen einen Wirkstoff, der andere Blumen in der gleichen Vase zum schnelleren Welken bringt. Nach den „Entgiftungsstündchen" dürfen die Narzissen mit in den Strauß, ohne daß man nochmals die Stiele angeschnitten hat. Vielleicht sind sie ja ein bißchen eifersüchtig, die Narzissen.

Narzissen gehören erst einmal zwei Stunden in Quarantäne, bevor sie sich wieder zu ihren Schnittgenossen gesellen dürfen.

Der erfahrene Pflanzendoktor bei der Arbeit

Hellsehen in Sachen Frost

Gärtner, Landwirte und Forstleute und überhaupt Menschen, die sich viel in der freien Natur aufhalten, verstehen es, aus mancherlei (für die anderen unsichtbaren) Anzeichen mit ziemlicher Sicherheit auf Witterungsveränderungen zu schließen. Für die Nicht-Hellseher in Sachen Frostgefahr gibt es ein recht unkompliziertes Verfahren der Vorhersage. Aus einem guten Glasthermometer mit Einteilung nach Celsius stellt man sich ein „feuchtes Thermometer" her. Zu diesem Zweck wickelt man um die untere Verdickung der Glasröhre, in der die Quecksilberkugel sitzt, eine Hülle von Gaze oder dünnem Leinen. Oberhalb der Kugel bindet man nun 10 bis 15 Baumwollfäden um die Glasröhre, so daß sie gleichmäßig verteilt über die Quecksilberkugel herabhängen. Verwendung finden dürfen hierfür aber nur gründlich gereinigte Materialien, die auch für die Zukunft stets sauberzuhalten sind. Aufgehängt wird das so präparierte Thermometer am besten in einem weißgestrichenen Kasten, jedenfalls unbedingt vor den Einflüssen der Sonnenstrahlung geschützt. Der Kasten muß überall Luftzutritt aufweisen. Unter die herabhängenden Baumwollfäden stellen wir jetzt ein mit reinem Wasser (destilliertem Wasser) gefülltes Gefäß, und zwar so, daß die Fadenenden in die Flüssigkeit getaucht sind. Die Fäden ziehen Wasser empor und halten dadurch die Kugel ständig

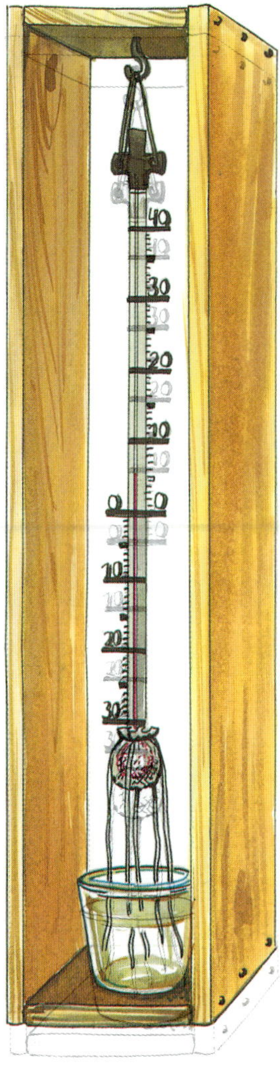

Für das feuchte Thermometer brauchen Sie ein Thermometer mit freiliegendem unteren Ende. Geeignet sind normale Außenthermometer, bei denen man unten die Glassäule mit der Quecksilberkugel freilegen kann.

feucht. Im Vergleich zu einem gewöhnlichen (trockenen) Thermometer wird man feststellen, daß dieses immer einige Grade wärmer anzeigt als unser präpariertes. Je trockener die Luft ist, desto größer wird die Differenz, weil damit die auf das trockene Thermometer einwirkende Verdunstungskälte immer geringer wird. Um das „feuchte Thermometer" als Frostmelder einzusetzen, muß man es nun gegen drei Uhr nachmittags ablesen. Die Temperatur liegt um diese Zeit stets vier Grad höher als die tiefste Temperatur der nachfolgenden Nacht. So weiß man gleich, ob es Minustemperaturen geben wird. Beispiel: Zeigt das „feuchte Thermometer" um drei Uhr nachmittags drei Grad an, dann wird die tiefste Temperatur in der nächsten Nacht folglich minus ein Grad betragen. Für diesen Fall müßten also Frostschutzmaßnahmen ergriffen werden. Diese Vorhersagemethode spart unter dem Strich sicher eine ganze Menge vorsorglicher, jedoch überflüssiger Arbeit mit Schutzmaßnahmen oder aber Ärger über frostgeschädigte Pflanzen.

Linderung bei Frostschäden an Jungtrieben von Gehölzen

Trotz „feuchten Thermometers" (vergessen draufzugucken? siehe Tip davor) ist es dann doch passiert: Der Frost hat zugeschlagen. Vorzugsweise junge Triebe früh austreibender Gehölze fallen den Minusgraden zum Opfer. Der eigentliche Grund der Beschädigung oder sogar des Absterbens von gefrorenen Trieben ist deren Austrocknung. Wegen der durch Kristallisationsprozesse bei Frost beschädigten Zellen und der bei nachfolgendem Sonnenschein verursachten Verdunstung des lebensnotwendigen Zellwassers „verdursten" die betroffenen Pflanzenteile. Durch Überbrausen mit kaltem (!) Wasser stellt man den beschädigten Trieben oftmals wieder ausreichend Flüssigkeit zur Neuaufnahme in die noch intakten Zellen zur Verfügung. Andernfalls verlieren die beschädigten Pflanzenteile mehr Wasser durch Verdunstung, als sie neues ohne unsere Hilfe aufnehmen können.

Rettendes Dach über dem Kopf: Gläserner Frostschutz

Frostempfindliche Pflanzen wußten sich bei Großvater gut aufgehoben. Er hielt für sie im Frühjahr stets einige große Glasglocken oder auch transportable Minigewächshäuser mit in Metall gefaßten kleinen Scheiben bereit. Aufpassen mußte er nur an sonnigen Tagen, denn dann wurde es selbst im Frühjahr leicht zu heiß unter solchen Schutzdächern; so hieß es, auf entsprechende Belüftung zu achten.
Wem also derartige Frostschutzmittel vergangener Zeiten zur Verfügung stehen, der denke an unterzulegende Hölzchen bei den Glocken und zu öffnende Fensterchen bei den transportablen Häusern.

Der rettende Schutz aus Glas für Gemüse bei Spätfrösten.

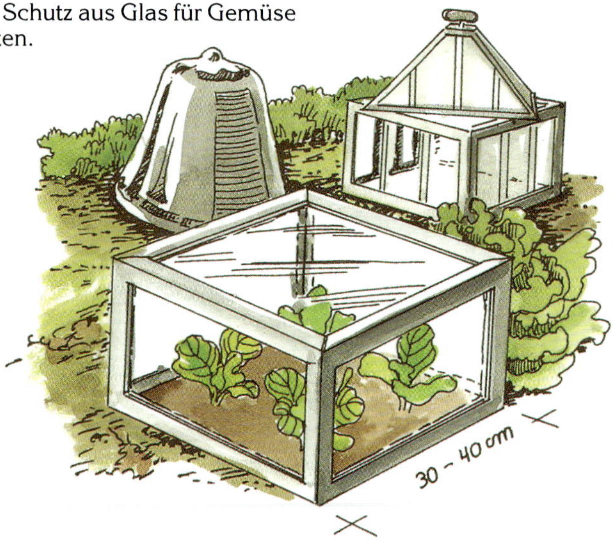

Heutzutage frostschützt man häufig mit Folien oder Vliesen. Das sind durchaus nützliche moderne Errungenschaften, zumal wenn ganze Beete zwecks Ernteverfrühung abgedeckt werden. Die Folien oder Vliese bleiben üblicherweise bis Mitte Mai, also bis zu den Eisheiligen, auf den Beeten liegen. Großvaters Methode bietet allerdings einen nicht zu unterschätzenden Vorteil: Gezielt können einzelne Pflanzen, etwa junge Zucchini oder Paprika, erste Triebe von Dahlien oder Gladiolen für einige Tage vor späten Frösten geschützt werden. Wer nun nicht auf großväterliche Bestände zurückgreifen kann, verwende große Einmachgläser oder baue sich Holzrahmen, die mit Folie bespannt bzw. mit Glas abgedeckt werden. Hauptsache, man hat ein Dach überm Pflanzenkopf parat.

Im Kerzenschein der Nachtfrost schwindet

Stehen nächtliche Fröste bevor, können junge Pflänzchen einfach durch übergestülpte Blumentöpfe vor eben diesen geschützt werden; bei leichten Frösten langt das völlig. Etwas stär-

Stärkeren Frösten kann man mit Kerzenlicht trotzen.

kere Fröste verlangen ausgefuchstere Schutzmaßnahmen: Einige Platten aus Metall (etwa 2–5 mm stark, mal beim Schrotthandel vorbeisehen) werden auf den Beeten so aufgestellt, daß man Kerzen, z. B. Grablichter, darunter stellen kann (auf ausreichend Windschutz achten). Achtung: Kerzen weit genug von den Pflanzen wegstellen, damit es keine Verbrennungen gibt. Für eine Platte von 40 cm Seitenlänge sind drei Lichter notwendig. Die Kerzen erwärmen die Platten immerhin so stark, daß die Pflanzen in der Nähe ausreichend vor Frost geschützt sind. Diese Methode eignet sich auch für überwinternde Pflanzen, wenn im Januar oder Februar noch starke Fröste drohen.

Wühlmausprobleme: Ein alter Zopf?

Keineswegs. Nach wie vor ein haariges Thema. Das Wühlmausproblem erweist sich doch ganz offensichtlich als eine geradezu generationsübergreifende Herausforderung.
Wer aber bereit ist, für eine Entschärfung des Problems einige Haare zu lassen, begebe sich zum Friseur und rette das zu Boden sinkende Material vor dem Müllschlucker. Man stopfe nun davon etwas in die Löcher dieser hartnäckigen Nager, die den menschlichen Haargeruch nicht mögen und bestimmt vor ihm flüchten werden.

Gegen Wühlmäuse im Garten hat Großvater verschiedene Tips parat.

Auch Holunder mag die Wühlmaus nicht

Für diejenigen, die bei der Wühlmausbekämpfung viele Haare vergeblich gelassen haben (siehe Tip vorher), hier eine weitere erfolgversprechende Maßnahme, diesmal mit Hilfe des Holunders. Man kann Holunderzweige in die Gänge stopfen; besser mögen zer-

Blühender Holunder ist nicht nur ein Augen- und Nasenschmaus, er hilft auch noch gegen unliebsame Wühlmäuse.

riebene Holunderblätter sein. Eine noch größere Beleidigung für das Riechorgan dieser hartnäckigen Nagetiere ist die Jauche von Holunderblättern, die man samt Blättern in die Gänge gießt. Je nach Ausdauer der Nager muß man diese Anwendung wiederholen und ruhig auch mit anderen Methoden kombinieren.

Beispielsweise mit dieser: Man grabe leere Weinflaschen so an den Rändern der Beete (im Abstand von etwa 3 m) ein, daß ihr Hals ca. 4–5 cm aus der Erde ragt. Eventuell ist eine gewisse Schräglage der Flaschen erforderlich, damit nun der über sie streichende Wind einen wühlmausvertreibenden Ton erzeugt. Boxbeutel sollen sich wegen ihrer besonders schauerlich tiefen Töne vorzugsweise eignen.

Wühlmausprobleme? Der Katze freie Bahn schaffen!

Will man die eigene (oder eine befreundete) Katze für die Jagd auf die lästigen Nager gewinnen, muß man für anständige Arbeitsbedingungen der vierbeinigen Mitstreiter sorgen. Dazu gehört das Kurzhalten der Rasenfläche, die von Wühlmausgängen durchzogen ist. Auf eine Formel gebracht, gehe man davon aus: Die Erfolgsquote der Katze steigt ungefähr proportional zur abnehmenden Länge des Grases.

Milchmix besonderer Art: Da trollt sich der Maulwurf

Was für durchtriebene Verscheuchungsmittel unsere Altvorderen doch zusammengebraut haben, ging ihnen – zu Recht oder Unrecht – das Maulwurfgetier auf die Nerven. So vermixten sie drei Teile Molke mit einem Teil Buttermilch und bewahrten das Gebräu vier Tage an einem warmen Ort auf, wo es sein volles Abschreck-Aroma entfalten konnte. Die Anwendung folgte nun dem simplen Prinzip des In-die-Gänge-Gießens – pro Hügel soll so rund eine Tasse den gewünschten Effekt erzielen. Die gruselige Soße soll dann ein knappes halbes Jahr lang für entschiedene Vorbehalte hinsichtlich der Bewohnbarkeit solcherart präparierter Wohnlagen seitens der Maulwurfsgesellschaft gesorgt haben. Also, wer's glaubt, darf es ruhig selber mal probieren. Wer nicht, selbstverständlich auch.

Wer der Maulwurfsgrille eine Grube gräbt ...

... wird schon seine Gründe dafür haben. Mancherorts kennt man diese Grillenart zwar gar nicht, aber dort, wo sie auftritt, kann sie einem Gärtner ganz beträchtlichen Ärger bereiten. Dabei zählt sie nicht eigentlich zu den Schädlingen, vertilgt sie selbst doch so einiges an unterirdisch lebendem, unerwünschtem Getier. So richtig nervig wird es mit ihr jedoch erst, wenn sie sich in Massen im Nutzgarten niederläßt und im Frühjahr die Wurzeln der gerade gepflanzten oder gekeimten Gemüse auffrißt.

Maulwurfsgrillen werden von der Wärme des Pferdemistes angelockt.

Maulwurfsgrillen muß man nicht gleich töten, man kann auch sanftere Maßnahmen anwenden, um sie vom eigenen Garten fernzuhalten, z. B. mit folgender Methode: Im Herbst wird an geeigneter Stelle, vor allem dort, wo viele Maulwurfsgrillengänge zu finden sind, eine etwa einen Quadratmeter große, 60 bis 70 cm tiefe Grube ausgehoben und mit festgetretenem Pferdemist gefüllt. Viele Maulwurfsgrillen werden so eine Grube als das ideale Plätzchen zur Überwinterung ansehen. So kann man die dort versammelten Tiere dann im zeitigen Frühjahr mitsamt dem Mist an einen geeigneten Ort bringen.

Einfache Schutzbleche halten gefräßige Maulwurfsgrillen fern.

Schutzblech hält Maulwurfsgrillen ab

Um junge Pflanzen vor Maulwurfsgrillen zu schützen, zieht man listigerweise ein Schutzblech um die Pflanzstelle herum hoch. Dieses kann aus einem nicht zusammengelöteten Blechzylinder, beispielsweise einer aufgeschnittenen und möglichst korrosionsbeständigen Konservendose, bestehen. Nach dem Einpflanzen drückt man das schützende Blech einige Zentimeter in die Erde.

Später kann unser Schutzblech wieder vorsichtig entfernt werden, wozu es eben offen sein muß, damit die inzwischen hoffentlich sehr ordentlich gewachsenen Pflanzen nicht beschädigt werden.

Auch im Mistbeet unerwünscht

In Mistbeeten fühlen sich Maulwurfsgrillen offenbar überaus wohl, sie genießen die Wärme der Mistpackung, wofür wir Verständnis haben. Leider fressen Maulwurfsgrillen so ziemlich alles, was ihnen in die Quere kommt, was wir aber lieber ausgewachsen im Kochtopf sehen würden. Damit sich diese grilligen Tierchen nicht sogleich auf die Wurzeln unserer jungen Pflanzen stürzen, sollte man sie loswerden. bevor man das Mistbeet bepflanzt oder besät. Eine Abkochung von Erlenrinde, ins Beet gegossen, soll alle sich eingenisteten Maulwurfsgrillen vertreiben.

Maulwurfsgrillen gehören zu den ungeliebten Besuchern des Gartens.

Federvieh im Junggemüse

Auf Gezwitscher im Gemüsebeet kann man ganz gut verzichten, picken die Vögel doch allzu gerne an den jungen Blättern von Salat und Gemüse, auch Keimlinge werden gerne aus dem Boden gezogen. Sind die Pflanzen erst einmal ein gutes Stück gewachsen, schadet ihnen das gelegentliche Anknabbern nicht mehr, aber junge Setzlinge sind oft völlig kahlgefressen.
Um die Vögel, vor allem Spatzen, von den Beeten fernzuhalten, muß man sich öfter neue Abschreckungsmetho-

Am Gemüsebeet hört die Freude über fröhlich zwitschernde Amseln meist früh auf.

Kartoffel-Federsterne als Vogelscheuchen.

Unten:
Fein zerriebener Wermut hält Vögel vom Saatgut fern.

den einfallen lassen – das Federvieh ist ja erstaunlich lernfähig. Für das Saatbeet eignen sich dicht über dem Boden kreuz und quer gespannte blaue Fäden, andere Farben zeigen nicht den erwünschten Erfolg.

Später kann man einen Federstern basteln und aufhängen. Und das geht so: Eine ringsum mit Federn besteckte Kartoffel wird an einem schräg in den Boden gesteckten Stock aufgehängt. Der sich im Wind frei bewegende Federstern hält die Vögel eine ganze Weile vom Beet fern.

Samenschutz – Wermut vergrault die Vögel

Das Problem ist so alt wie die Anfänge des Ackerbaus. Gierig picken die gefiederten Gesellen das soeben mühsam eingebrachte Saatgut auf. Um ihnen das zu vergällen, streue man beim Säen etwas Wermutpulver mit dazu. Der Geruch von Wermut soll nicht nur Vögel vergraulen, auch Ratten und Mäusen vergeht offenbar der Appetit. Wermutpulver kann man sich in der Apotheke besorgen oder selbst aus gut getrockneten Blättern herstellen. Zwecks oben beschriebener Anwendung vermahle man sie zu ganz feinem Pulver.

Buchenreisig und die moderne Variante der Abdeckung von frischer Saat.

Natürliches Schutzdach über frischer Saat

Buchenreisig eignet sich deswegen besonders gut zum Abdecken von Beeten mit frischer Saat, weil es vergleichsweise nicht so flach aufliegt (wie z. B. Tannenreisig). Eine moderne Variante besteht darin, Kunststoffbahnen, die in etwas mehr als der Größe des jeweils abzudeckenden Beetes geschnitten werden, aufzulegen. Kleine Einschnitte (nicht Löcher!) sind noch für die Luftversorgung unter diesem Saat-Schutzdach zu machen.

Wenn die Pflänzchen mehr als drei Blattpaare entwickelt haben, kommt das Schutzdach weg. Bei Erbsen böte

Eine Vogeltränke in der Nähe unserer Obstbäume verhindert, daß Sperling und Co. seinen Durst an den jungen Knospen löscht.

sich verwendetes Buchenreisig dann gleich als Rankgestänge an. Dafür steckt man die Zweige senkrecht neben die Pflänzchen, wenn diese eine Höhe von etwa 10 cm erreicht haben.

Vogeltränke als Fruchtschutz

Es ist nicht in erster Linie immer der Hunger oder gute Appetit, der die Vögel dazu veranlaßt, an den jungen Knospen z. B. unserer Obstbäume herumzupicken. Oftmals ist es schlicht Durst, der die Tiere (jedenfalls bei langanhaltender trockener Witterung) zu den Knospen zieht. Manchmal hilft dann das Aufstellen einer Vogeltränke nahe der gefährdeten Bäume oder Sträucher, um dem Naschen der Vögel zu begegnen (Abbildung S. 89 unten).

Kleie lockt die Schnecken an, was zu wissen hilfreich ist

Man könnte meinen, Schnecken seien ausgesprochene Genußtypen, was freilich übertrieben ist. Aber eines scheint festzustehen: Für Kleie kriechen sie meilenweit, jedenfalls noch viel lieber. Besonders Roggenkleie zieht sie geradezu magisch an. Wer sich in feuchten Jahren seine Ernte nicht mit diesen, uns, seien wir ehrlich, oft lästigen Erdbewohnern teilen will, sollte sich Kleie besorgen und diese als Lockspeise in kleinen Häufchen auslegen. Abends, während der Dämmerung oder frühmorgens kann man dann die Tiere an den Ködern ganz bequem einsammeln und aus seinem Garten verbannen. (Nebenbei gefragt, wie verstehen Sie sich eigentlich mit Ihrem Nachbarn? Prima. Hätte auch gar keinen Zweck, die Tiere sind ausgesprochen anhänglich.)

Mit Kleiehäufchen kann man Schnecken möglicherweise von der Ernte fernhalten.

Und weil das Thema so interessant ist, wollen wir es noch ein wenig ausschmücken: Auch schon zu Urgroßvaters Zeiten, und wer weiß, wie lange schon, war bekannt, daß das sicherste Mittel gegen die Schneckenplage im regelmäßigen Absammeln dieser wirklich gefräßigen Tiere besteht. Ausgelegte Unterschlüpfe erleichtern das Einsammeln. Unter umgestülpten Blumentöpfen ohne Loch beispielsweise, die an einer Seite mit einem Hölzchen angehoben stehen, lassen sich die Schnecken den ganzen Tag über einsammeln. Das Schönste an dieser Fangart ist, daß man nicht so schrecklich früh aufstehen muß. In Kombination mit dem Kleie-Trick ist dies evtl. die lange ersehnte Patentlösung.

Schneckenabwehr: Der Spezial-Tip

Rezepte zur Schneckenbekämpfung kann man eigentlich gar nicht genug kennen – es gibt doch so viele von ihnen, ja, Schnecken freilich, Schnekken. Aber auch Rezepte, hier ist noch eins: Die Früchte eines Strauchs namens Asiatische Kermesbeere *(Phytolacca acinosa)* lassen sich für die Bekämpfung der Weichtiere einsetzen. In den Früchten sind sogenannte Saponine enthalten, die die Schleimhüllen der Schnecken angreifen und dadurch tödlich wirken.
Weil keine genau beschriebenen Anwendungsformen auffindbar waren, schlagen wir folgende Herangehensweise vor: Man sammelt die Früchte bzw. besorgt sich die Pflanzen vom Handel, muß dann allerdings auf die Ernte warten. Die Früchte werden getrocknet und anschließend vermahlen. Nun stellt man einen Kaltwasserauszug her (2 Eßlöffel Kermes-Pulver je Liter, 30 Minuten ziehen lassen) und sprüht davon auf die schneckengefährdeten Beete. Wie lange die Wirkung anhält, hängt u. a. von der versprühten Menge ab und muß beobachtet werden. Die toten Schnecken entfernt man am besten von den Beeten, weil ihr Geruch nur weitere herbeilocken würde (aber für die haben wir zur Not ja die anderen Rezepte).
Ein Hinweis noch zur Kermespflanze: Sie kommt verwildert vor und siedelt sich mitunter von allein in Gärten an. Im Handel sind die beiden in unseren Regionen kultivierbaren Arten (von

Die Früchte der Kermesbeere machen Schnecken den Garaus.

insgesamt über 30 Arten) meist fälschlicherweise nur unter dem Namen Amerikanische Kermesbeere *(Phytolacca americana)* zu erhalten. Man orientiere sich an folgendem Unterscheidungsmerkmal: Die asiatische Art hat aufrechte, die amerikanische hingegen hängende Blütenstände.

Rhabarber, nicht nur als Kompott und Kuchenbelag beliebt, beteiligt sich mit seinen Blättern auch noch erfolgreich beim mühseligen Schneckenfang.

Auf Schneckenfang mit Rhabarberblättern

Die großen Blätter des Rhabarbers sind beliebte „Versammlungsorte" für Schnecken. Das können wir uns zunutze machen, indem wir Rhabarberblätter im Garten auslegen. Man kann viele Schnecken nach einiger Zeit auf diese Weise recht bequem tagsüber einsammeln, weil man ja weiß, wo sie sind.

Ameisenvertreibung

Die unerbittliche Methode.

Grundsätzlich sei zunächst angemerkt, daß Ameisen wie eigentlich alle Tiere und Pflanzen ihren Platz in der Natur, also auch in unserem Garten haben. Damit soll nun nicht für Toleranz gegenüber beispielsweise Wildschweinen im Hausgarten geworben werden. Man sollte sich aber grundsätzlich überlegen, ob das eine oder andere Kräutchen und Tierchen nicht doch geduldet werden kann. Außerdem gibt es geschützte Arten, denen keinesfalls zu Leibe gerückt werden darf. Sollten sich beispielsweise einmal Waldameisen in einen Garten verirrt haben, dürfen diese nicht getötet werden! Das zuständige Forstamt kann in so einem Fall sicher mit einem guten Rat weiterhelfen.

Die unerbittliche Methode

Über ein (wirklich) störendes Ameisennest wird an einem sonnigen, warmen Tag ein großer Blumentopf gestülpt. Innerhalb von drei bis fünf Stunden legen die Tierchen ihre Eier dorthinein ab, was durch das Bodenloch kontrollierbar ist. Ein Eimer mit sehr heißem Wasser sollte jetzt bereitstehen. Mit einem Spaten wird der „Ameisen-Topf“ abgehoben und in den Eimer versenkt.

Etwas „humaner“

Nicht ganz so rabiat gehen wir mit Hilfe folgender Methode vor: Das störende Ameisennest hebt man vorsichtig mit einem Spaten aus und schleudert es dann in weitem Bogen in den Garten. An den Eiern finden die Vögel Geschmack, und die zerstörte Kolonie wird nur sehr langsam (wenn überhaupt) wieder aufgebaut werden können.

Ameisen verduften lassen

Will man die emsigen Gartenbewohner unblutig aus ihren Löchern vertreiben, so können hierfür die Düfte verschiedener Kräuter hilfreich sein. Dazu drücke man frische Blätter von Kerbel, Thymian, Majoran oder Lavendel in die Erde des Ameisenbaus – und die Ameisen suchen das Weite. Auch frische Geiztriebe von Tomaten sollen die Tierchen vergraulen. Natürlich gibt es keine Gewähr dafür, daß sich die Ameisen nun auf die große Wanderschaft hinaus aus dem Garten begeben. Aber vielleicht fühlen sie sich ja auch beim Nachbarn wohler …

Schluß mit dem Floh-Zirkus! Schattenschutz vor Erdflöhen

Gegen Erdflöhe hilft oft schon das Schattieren der gefährdeten Reihen von Kohl-, Rettich- oder Radieschenpflanzen mit an den Reihen entlang hochgestellten Brettern. Auch ein

Mit einfachen Stützen lassen sich die Schattierbretter hochstellen.

abendliches Übergießen der Pflanzen mit einem Wermut-Absud gilt als hilfreich. Bei frisch gesetzten Kohlpflanzen ist es am einfachsten, mit Holunderblättern zu mulchen.

Erdfloh-Prophylaxe

Es ist ja irgendwie gemein – aber man kann den Erdflöhen schon vor der Aussaat den Spaß verderben. Die Samen der später gefährdeten Pflanzen (Kohl, Rettich, Radieschen) werden in einem gut angefeuchteten Brei aus zerkleinerten Lauchgewächsen, gemischt mit Sägemehl (von unbehandeltem Holz, beim Sägewerk anfragen), zum Keimen gebracht. Die vorgekeimten Samen kommen dann in die Erde. Bei solchen Pflanzen vergeht – so wurde überliefert – den Erdflöhen angeblich der Appetit.

Fangbrett für Erdflöhe

Welche Arbeitsrichtung, Fransen vorn oder hinten, die effektivere ist, wurde nicht überliefert; also ausprobieren.

Wer gerne und reichlich Kohl, Radieschen und Rettich anbaut, weiß, welche Mengen gefräßige Erdflöhe zu vertilgen in der Lage sind, besonders wenn sie sich über noch kleine Pflanzen hermachen. Wo die Tiere in Massen auftreten, lohnt es sich, wieder einmal gemein zu sein und den Bau eines Fangbrettes (siehe Zeichnung Seite 94) in Angriff zu nehmen. Die Fransen des Brettes werden regelmäßig abends über die betroffenen Pflanzen gestreift. Die aufgeschreckten Erdflöhe springen in die Höhe und bleiben an der mit Leim bestrichenen Unterseite des Brettes kleben. Hat man Schwierigkeiten, Insektenleim zu bekommen, kann man auch die schon bestrichenen Leimringe für Obstbäume nehmen und diese unter das Brett kleben.

Erdflöhe noch einmal ausgetrickst

Treten die Flöhe nur von Zeit zu Zeit auf, so daß der Bau und die Anwendung des oben beschriebenen Fangbrettes zu aufwendig erscheint, kann man die Tierchen auf andere Weise von Pflanzen fernhalten. Rings um die Kohlbeete oder die Radieschenreihen wird als „Fangpflanze" Gartenkresse ausgesät – die mögen Erdflöhe noch lieber als Kohl oder Radieschen.
Raffiniert, nicht wahr? Eine andere Methode, um seine Kohlpflanzen erdflohfrei zu halten, ist die, ein Kohlbeet mitten im Rasen anzulegen. Da Erdflöhe nicht auf Grasflächen überwintern, ist auch nicht zu befürchten, daß sie hier den Kohl finden werden.

Mal die Zwiebelfliege verkohlen

Nicht mit Kohl, sondern Holzkohle. Um die Zwiebeln vor anfliegenden Zwie-

Mit überlegt eingesetztem Holzkohlestaub kann man seine Zwiebeln gegen den Anflug der Zwiebelfliege schützen.

belfliegen zu schützen, muß man die Pflanzen im Juni bis Juli wiederholt mit Holzkohlepulver bestäuben. Allerdings sollte man nun nicht darangehen und den Holzkohlenvorrat der ganzen, wieder mal ins Wasser gefallenen Grillpartys vom letzten Jahr wie wild verstreuen. Salopp gesagt: das bringt's einfach nicht. Denn wenn alle Zwiebeln bestäubt würden, ließen sich die Fliegen dadurch nicht von der Eiablage auf diesen abhalten. Holzkohlepulver verteilte der weise Großvater deshalb nicht über alle Zwiebeln, einige ließ er unbestäubt der Fliegenbrut. Diese Opferpflanzen beobachtet er dann besonders sorgfältig, um sie bei den ersten Anzeichen von Befall (gelbliches, kränkliches Aussehen) auszureißen und zu kompostieren. Großvater wußte demnach genau: Zwiebelfliegen lassen sich nur bedingt verholzkohlen.

Kohlweißlinge lassen sich mit weißen Eierschalen verwirren.

Kohlweißlinge verwirren

Keine Frage: Der Mörder ist nicht immer der Gärtner: Der Gartenmensch ist von Natur aus meißt äußerst friedliebend. Allerdings sollte man sein strategisches Geschick, eingesetzt zur Wahrung seiner Interessen, ja nicht unterschätzen: Um Kohlweißlinge daran zu hindern, ihre Eier an unseren so begehrten Kohlpflanzen abzulegen, hilft folgender Trick: Zwischen eben jene Pflanzen legt man leere, weiße Eierschalen. Das herumsuchende Kohlweißlings-Weibchen meint nun, daß an den Stellen gerade (weiße) Artgenossen ihre Eier ablegen und sucht sich deshalb ein anderes Plätzchen.

Kohlgallenrüßler – nettes Ablenkungsmanöver zu beiderseitiger Zufriedenheit

Diese kleinen Käfer, die in den unteren Stengeln der Kohlgewächse ihre Eier ablegen, bereiten vergleichsweise selten große Kopfschmerzen. Ärgerliche Schadensdimensionen können sie aber bei langer Kultur, z. B. bei Weiß- und Rotkohl, anrichten. Die Larven des Kohlgallenrüßlers rufen haselnußgroße Gallen (Verwachsungen) hervor.

Rechts:
Mit Kohlrabi lassen sich Kohlgallenrüßler von Weiß- und Rotkohl ablenken.

Knipst man diese ab, kann man innen die Larven in ihren Fraßgängen beobachten – wirklich sehr interessant –, jedenfalls solange man nicht ans Essen denkt. Eine gewisse Liebhaberei der berüsselten Käfer läßt diese anscheinend Kohlrabi anderen Kohlarten vorziehen. Diese noch viel interessantere Beobachtung kommt uns zupaß, und wir nutzen sie, indem einige Kohlrabi ablenkerisch zwischen den Kopfkohl plaziert werden. Und es freut uns obendrein mächtig, daß der Kohlrabi, obwohl er zwar reichlich Besuch erhält, darunter jedoch wegen seiner relativ kurzen Kultur nicht zu leiden hat.

Von April bis Ende Juni treibt die Spargelfliege ihr Unwesen, bleibt aber an mit Fliegenleim bestrichenen Holzstäbchen kleben.

Die Spargelfliege geleimt

Die Spargelfliege sieht der gewöhnlichen Stubenfliege recht ähnlich, kann aber mehr Ärger bereiten. Etwa von April bis Ende Juni versucht sie, ihre Eier in den weißen Triebspitzen der Spargelpflanzen abzulegen. Besonders im zweiten Jahr der Pflanzung ist der Spargel gefährdet, weil er noch nicht gestochen wird. Ein altbewährtes Hausmittel, auf das die meisten der unerwünschten Spargelliebhaber immer wieder hereinfallen, ist folgendes: Während der Flugzeit (siehe Tip-Anfang) werden auf dem Beet spargeldicke, weiße Holzstäbchen gleichmäßig verteilt in den Boden gesteckt. Die Spitzen, dieser Stäbe streicht man mit Fliegenleim ein. Gemein, aber wirksam.

Allheilmittel gegen Schadinsekten?

Als Mittel gegen verschiedene sogenannte Schadinsekten, in allen ihren Entwicklungsstadien, vom Ei bis zum ausgewachsenen Tier, wurde im vorigen Jahrhundert der Kartoffelabsud gehandelt. Das Besprengen der Pflanzen mit dem Kochwasser von Kartoffeln also, selbstverständlich im abgekühlten Zustand, soll die vollkommene Beseitigung manches Schädigers gebracht haben. Sie zweifeln? Wie heißt es doch so treffend: Probieren geht über studieren!

Pfefferminztee für Gemüse, er sorgt für Schutz für eben diese

Der langen Liste der schädlingswidrigen Kräutertees haben wir heute noch einen hinzuzufügen. Gegen Ameisen und Erdflöhe helfen wiederholte Güsse von Pfefferminztee (eine Handvoll frische oder 1 Teelöffel getrocknete Pfefferminze auf ein viertel Liter Wasser). Wobei gegen Erdflöhe am besten die Pflanzen selbst, bei Ameisen die Nester im Boden begossen werden. Die Wirkung ist auch hier – wie bei vielen anderen Tees – eher auf den starken Geruch als auf spezielle Inhaltsstoffe zurückzuführen. Aber was soll's, wirken soll's.

Medizin für Zimmerpflanzen

Palmen und andere Topfpflanzen (Blattpflanzen) zeigen an Veränderungen ihres Blattwerks (Einrollen, Verfärbungen, Flecken) ein Kränkeln an. Wenn sich Standortveränderungen und auch Umtopfen nicht positiv auswirken, können Knoblauch und Zwiebeln oft zur Gesundung beitragen. Eine Maßnahme ist, die Blätter mit der glatten Fläche einer durchgeschnittenen Knoblauchzehe einzureiben (eventuell im Wochenabstand wiederholen).
Die Zwiebel kann helfen, indem man

Knoblauch allseits beliebt.

Tauchen gegen Läuse: Manche Pflanzen vertragen das lange Tauchen nicht. Bei empfindlichen Pflanzen sollte man deshalb erst eine Tauchprobe mit einem Blatt oder Zweig machen.

gesammelte Schalen mit kochendem Wasser (am besten Regenwasser) überbrüht und das Ganze 24 Stunden ziehen läßt. Dem Blattwerk der kümmernden Pflanzen gönnt man nun ein Bad in dem Zwiebelsud. Dazu stellt man die Pflanzen an einen Ort (z. B. Badewanne), wo man sie mit einer Gießkanne mit Brausekopf übergießen kann, ohne irreparable Wasser- oder Geruchsschäden befürchten zu müssen.

Blattläuse an Topfpflanzen: Einfach ablegen

„Warum kompliziert oder gar garstig giftig, wenn's schlicht und einfach geht?“ mag man sich angesichts blattlausgeplagter Topfpflanzen denken und in hochbetagten Gartenbüchern nach den Problemlösungsansätzen der lieben Alten stöbern.

Und siehe, da empfahl man sich, die besagten Töpfe einige Nächte nacheinander auf die Seite ins Gras zu legen. Tagsüber, so der Rat, kommen die Töpfe an ihre angestammten Plätze. Zugegeben, das Verfahren ist bei vielen Töpfen vielleicht doch nicht so ganz leicht zu bewerkstelligen und bei den heute üblichen Balkonkästen unter Umständen etwas mühselig.

Aber wenn man nicht gerade mutterseelenallein mit Unmengen an Riesengefäßen Dutzende Treppen auf und ab stolpern und auf wildfremden Rasenflächen nach heimlichen Abliegeplätzen fahnden muß, könnte sich diese Strategie sehr wohl als Alternative zu anderen Blattlaus-Jagdtechniken erweisen.

Tauchen mögen Läuse nicht

Wenn es auf unseren Zimmerpflanzen lausig zugeht, verordne man den Pflanzen mit den Biesterchen ein Tauchbad. Auf zwei Stäbe, die auf den Rand eines Eimers Wasser (Zimmertemperatur) gelegt wurden, stellen wir kopfüber die befallenen Pflanzen. Das Blattwerk läßt man etwa eine Stunde im Tauchbad, dann wird auch der letzten Laus die Luft ausgegangen sein. Bei Bedarf (oder auch vorsorglich gegen die nächsten Läusegenerationen) wiederholt man die Prozedur.

Gaumenfreuden vom Baum: Obstsorten, Anbau und Pflege aus guten Gartentagen

Baumpflanzung: Das Frühjahr hat auch seine Vorteile

Den Obstbäumen ist es vermutlich egal, ob sie im Herbst oder im Frühjahr gepflanzt werden – Hauptsache, es geschieht mit Geschick am richtigen Ort. Die Herbstpflanzung wird aber wohl von den meisten Gärtnern bevorzugt, weil der Baum dann im Frühjahr schon viele neue Wurzeln gebildet hat. Aber in schweren Böden sollte man die Bäume doch lieber (erst) im Frühjahr pflanzen, denn die jungen Wurzeltriebe werden in diesen oft nassen Böden über Winter leicht von der Wurzelfäule befallen.

Ob man nun seine Bäume im Herbst oder im Frühling pflanzt: Angießen ist immer ganz wichtig nach dem Setzen.

Baumpflanzung: Starthilfe für den Nachwuchs

Den jungen, unerfahrenen Erdgeschöpfen wollen wir alles Gute mit auf

den Lebensweg geben, und bei frisch zu pflanzenden Jungbäumen beginnen wir mit folgender edler Tat: Im Herbst bereits heben wir das Pflanzloch aus, etwa einen Meter tief und breit. Die ausgehobene Erde wird dabei auf zwei Haufen verteilt: einer von der oberen, der besseren, einer von der unteren Bodenschicht. Im Frühjahr, zur Pflanzzeit, kommt zuerst die Erde der oberen Schicht ins Pflanzloch, und zwar so viel, daß der darauf gesetzte Baum ausreichend hoch steht. (Die Veredelungsstelle, erkennbar an einer Verdickung im Stamm, soll eine Handbreit über dem Boden sein.) Wenn der eigene Vorrat nicht genügt, muß man sich von anderer Stelle „gute Erde“ beschaffen, denn eine ausgewogene Nährstoffversorgung verhilft dem Bäumchen zu einem guten Start.

Steht der Baum wie gewünscht auf seinem extrafeinen Grund, wirft man zwei bis drei Handvoll Gerste auf die blanken Wurzeln und füllt anschließend mit der restlichen Erde ausreichend auf. Man darf nun den Boden nicht allzu fest antreten, damit sich die Gerste nicht erhitzt (durch möglichen Luftabschluß) und zu faulen beginnt, mit entsprechender Ansteckungsgefahr für den Pflanzling.

Die Gerste soll sich langsam zersetzen und auf diese Weise als Kraftspender die Wachstumsfreude anspornen. Das Schöne daran ist, daß sich mit dieser speziellen Starthilfe dem jungen Baum die ersten Früchte frühzeitiger entlocken lassen, verriet Großvater. Und dann muß es ja stimmen.

Für eine gute Kronenentwicklung von Obstbäumen ist der richtige Schnitt in der Jugend wichtig.

Obstbaum-Erziehung: Stolz der Baum die Krone trägt, wird nicht falsch herumgesägt

Damit später einmal mit Blick auf die in eigene Hege und Pflege genommenen jungen Obstbäume von einer guten Kinderstube gesprochen werden kann, muß man u. a. darauf achten, nicht zu viele Seitenäste wegzuschneiden, bevor die rechte Zeit gekommen ist. Auch von den im Sommer wachsenden Seitentrieben sollten immer einige stehenbleiben. Die Seitenäste fördern nämlich das Dickenwachstum des Stammes, und deshalb sollten gerade von den unteren zunächst einige wachsen. Sonst bleibt der Stamm zu dünn, um einmal eine stolze Krone tragen zu können. Nach einigen Jahren kann auf diese Zweige zugunsten einer „Stammverlängerung" verzichtet werden.

Je nachdem, ob man Triebwachstum oder Fruchtansatz fördern möchte, schneidet man im Herbst oder im Februar.

Baumschnitt-Termin nach dem Motto: Was ihr wollt – starker Trieb oder starke Frucht

Die Zeit des Baumschnittes reicht vom Blattfall im Herbst bis kurz vor den Neuaustrieb im Frühjahr. Nur die Tage, an denen es kälter als -5 °C ist, sollte man für den Baumschnitt meiden. Je nachdem, was man dann bewirken will, sollte man die Bäume im Spätherbst oder erst im Februar schneiden. Starkes Triebwachstum wird in aller Regel die Folge sein, sofern die Bäume im Herbst geschnitten wurden. Der Schnitt im Februar hingegen hemmt das Triebwachstum und fördert eher den Fruchtansatz.

Großvaters Spalierobst: Jedes Fleckchen Garten gut genutzt

Ja, das war ein gewichtiger Grund, wieso Spalierobst angebaut wurde. Und bei den heutigen, oftmals sehr bescheidenen Gartengrößen liegt es nahe, diese Anbauweise wieder mehr zu pflegen, möchte man auch auf Winzig-Grundstücken nicht nur Mini-Ernten einfahren.
Sorgfältig muß die Sorte von Äpfeln, Birnen und anderen Obstarten ausgewählt werden, denn je nach Himmelsrichtung der Wand, an der ein Baum stehen soll, eignen sich verschiedene Sorten. Eine kleine Auswahl:

- An der Südwand, sehr sonnig und warm, auf eher trockenem Boden gedeihen die Birnensorten 'Alexander Lucas' oder 'Gräfin von Paris'; alle Pfirsiche und Weinreben; Aprikosen nur bei leicht beschatteter Wand.
- Die Nordwand ist kühl, feucht und schattig; hier lassen sich beispielsweise gut Sauerkirschen anbauen.

Spalierobst nutzt selbst den engsten Raum optimal aus.

- Die Westwand zeigt zur feuchten Wetterseite, die je nach Neigung wärmer (nach Süden) oder kühler (nach Norden) ist; an ihr gedeihen Birnensorten wie die 'Kongreßbirne', 'Gellerts Butterbirne', 'Bunte Julibirne'; von den Äpfeln eignet sich z. B. 'Landsberger Renette'.
- Die eher kühle, aber trockene und windgeschützte Ostwand ist brauchbar für Birnen der Sorten 'Williams Christ', 'Clapps Liebling', 'Gellerts Butterbirne'; von den Apfelsorten 'Lanes Prinz Albert'.

Spalierobst vor weißem oder schwarzem Hintergrund, beides hat seine Vorteile.

Man sieht also: Obsternten sind nicht nur in Gärten von Fußballfeldgröße möglich, Platz ist oft auch neben der kleinsten Hütte.

Schwarz oder Weiß – das ist hier die Frage

Mauern oder Bretterwände, vor denen Spalierobst angebaut wird, bekommen in der Regel einen Anstrich – tendenziell schwarz oder weiß. Die Farbauswahl sollte man gerade hier nun nicht so sehr unter rein ästhetischen Gesichtspunkten treffen.
Unsere Ahnen hatten sich diesbezüglich schon sehr energieökonomische Fragen gestellt und konnten nach jahrelangen, empirisch ausgerichteten Untersuchungen folgende Erkenntnisse und Empfehlungen mitteilen:

Dunkle Oberflächen bieten sich vor allem zum Zweck der Wärmespeicherung an. Deshalb sollten dickere Mauern, deren Material wirklich speicherfähig ist, einen dunklen Anstrich erhalten. So wird tagsüber Energie gespeichert und nachts abgegeben. Dieser Faktor ist in gartentechnischer Hinsicht einzubeziehen. Zu bedenken ist beispielsweise, daß solche „Kraftwerke“ zu einer früheren Blüte antreiben könnten, die dann unter Umständen (trotzdem noch) von Nachtfrösten bedroht wäre (also an Abdeckung denken). Dünne Materialien, Bretterwände oder eben auch Mauern, die kaum zur Wärmespeicherung in der Lage sind, bekommen einen hellen

Anstrich. Ihre Aufgabe ist es, Licht und damit Wärme zu reflektieren. Das kann beispielsweise eine Ernteverfrühung zur Folge haben. Zu berücksichtigen ist jedenfalls, daß mit beiden genannten Wärmequellen gerechnet werden kann und muß und daß damit gezielt energiebewußt umgehen soll, wer Nutzen aus diesen Erkenntnissen ziehen will.

Apfelbefruchtung: Was zu beachten ist, auch wenn Du kein Experte bist

Haben Sie sich, lieber Gärtner, über die Jahre gesehen immer wieder gewundert, wenn einerseits ganz allgemein von einer grandiosen Apfelernte die Rede war, Sie andererseits froh sein konnten, wenigstens den engsten Familienkreis hie und da mal mit einem Früchtchen beglücken zu können? Großvater erinnerte kürzlich daran, daß die wenigsten Apfelsorten Selbstbefruchter seien. Man müsse folglich mindestens zwei zusammenpassende Sorten haben, um auf eine gute Ernte spekulieren zu können.
Aber so einfach ist das selbst dann nicht. „Es gibt diploide Sorten und triploide Sorten. Erstere können sich gegenseitig befruchten, letztere können von diploiden Sorten befruchtet werden. Eine Regel besagt, daß man wenigstens zwei diploide Sorten anpflanzen muß und immer zwei diploide Sorten mehr, als man triploide hat, im Verhältnis 1:3, 2:4, 3:5 und so weiter. Aber auch das garantiert noch keine gute Ernte, meine Lieben. Wichtig ist darüber hinaus noch, daß die Sorten, die sich gegenseitig befruchten sollen, sich überschneidende Blütezeiten haben." Meinte er einfach so, beruhigte uns dann aber: „Das hört sich alles furchtbar kompliziert an. Für den Gartenalltag allerdings ist das Wissen um diese Zusammenhänge nur dann wichtig, wenn Eure Nachbarschaft kaum Apfelbäume stehen hat, und es bei Euren Äpfeln Probleme mit der Fruchtbarkeit gibt."
Großvater rät nun dazu, sich bei Problemen mit der Fruchtbarkeit oder bei der Auswahl von neu zu pflanzenden Bäumen zuerst eine gute Übersicht über die Bestände in der unmittelbaren Umgebung zu verschaffen. Mit diesem Wissen wendet man sich anschließend an eine entsprechende Baumschule, bei der Auskunft einzuholen wäre, sowohl über Problemzusammenhänge wie Standortfragen als auch über gut kombinierbare Sorten ...
15 bekannte Sorten mit deren Befruchtern wollen wir aber gleich hier noch nennen: Die Tabelle auf Seite 110 zeigt, inwieweit die 15 bekannten Apfelsorten untereinander kombinierbar sind. In der rechten Spalte stehen geeignete Befruchtersorten für die Apfelsorten der linken Spalte.
Beispielsweise läßt sich die Sorte 'James Grieve' (2) mit den Befruchtersorten 'Weißer Klarapfel' (1), 'Cox Orange' (6) und 'Baumanns Renette' (11) befruchten.

Apfelsorte	Befruchtersorte
1. 'Weißer Klarapfel' (Augustapfel)	6, 8, 11
2. 'James Grieve'	1, 6, 11
3. 'Gravensteiner'	1, 11
4. 'Jakob Lebel'	7, 10, 12
5. 'Signe Tillish'	1, 6, 7
6. 'Cox Orange'	7, 9
7. 'Winter-Goldparmäne'	8, 11
8. 'Landsberger Renette'	1, 6, 7, 12
9. 'Berlepsch'	7, 14
10. 'Jonathan'	1, 5, 6, 7, 11, 14
11. 'Baumanns Renette'	1, 7, 8
12. 'Boskoop'	7, 11, 14
13. 'Champagner Renette'	14
14. 'Ontario'	7, 9, 11, 13
15. 'Rheinischer Bohnapfel'	7, 11, 14

Frostschutz für kleine Obstbäume erhält die fruchtigen Träume

„Was für Gemüse gut ist, muß für blühende Obstbäume nicht weniger pfiffig sein", dachte sich einst Großvater und teilte uns kürzlich mit: „Stellt bei drohendem Nachtfrost während der Blüte einige kleine „Öfen" unter die Bäume. Eure Öfen bestehen aus umgestülpten Blumentöpfen, unter die ein ordentlich lange brennendes Teelicht oder Grablicht kommt. Diese Methode hier hab' ich mir für die niedrigen Spindelbüsche oder das Spalierobst ausgedacht. Was guckt ihr so, das funktioniert, oder glaubt ihr mir etwa nicht?"

Frostschutzmittel für die Baumblüte

Eine originelle Form des Frostschutzes für die Baumblüte stellt folgende Methode dar: Bei Gefahr später, leichter Frühjahrsfröste (bis -2 °C) stelle man Eimer mit Wasser unter den schutzbedürftigen Bäumen auf. Das verdunstende Wasser sorgt für eine Art frostabweisenden Nebel, allerdings wirklich nur bei schwachen Frösten.

Oben:
Nicht nur Gemüse wird von den kleinen „Öfen“ bei drohendem Nachtfrost geschützt.

Die gängige Methode des Blüte-Frostschutzes ist das leichte Besprühen der Bäume bei sich ankündigenden Minustemperaturen. Wer die Schutzwirkung noch verstärken möchte, besorge sich Baldrianblütenextrakt und mische davon (Herstellerangaben beachten) dem Sprühwasser bei.

Obstblüte: Regnet's rein, greif doch ein!

Die einfachen Dinge des Lebens sind es nicht selten, die einem einerseits

Rechts:
Das verdunstende Wasser sorgt für eine Art frostabweisenden Nebel.

Mit der Kirschbaumblüte geht das Frühjahr unaufhaltsam los.

Kummer bereiten und einen wiederum andererseits in wohlfeile Stimmung versetzen.
Da ist zum einen beispielsweise der profane Regen. Und da kommen dann Obstblüte und Regen zusammen, und hin ist die Freude. Denn sind die Blüten erst einmal naß, ist es äußerst ungünstig um die Befruchtung eben dieser bestellt. Auf der anderen Seite steht aber die elementare Fähigkeit des Menschen, schütteln zu können. Diese schlichte Handlung, am Baum vollzogen, eventuell unter Hinzuziehen

von Stöcken, verhilft den Blüten zur rascheren Abtrocknung. Weil oftmals schon eine kurze Regenpause zur Befruchtung der Obstblüte ausreicht, sollte man die Fähigkeit des gezielten Schüttelns zu gegebener Zeit nicht gerade gering schätzen.

Verschiedene Wege – ein Ziel: Ende der Blattlausplage

Blattläuse, allseits bekannt und recht unbeliebt, bei trockenem, warmem Wetter zudem unverschämt ausbreitungsfreudig, regten schon immer auf und den gärtnerischen Erfindungsgeist gelegentlich auch an. Von den zahlreichen Methoden, die aus Großvaters Werkstatt stammen, sollen nachfolgend einige vorgestellt werden, die sich mit dem Gedanken des naturgemäßen Gartenbaus vertragen.

Die Abschneid-Methode

Da sich die Läusebanden zu Beginn ihrer Invasion nur an den Triebspitzen der Bäume einquartieren, kann man durch Abschneiden eben dieser bereits ganz schön spaßverderbend auf sie einwirken. Auch anfängliches Entfernen einzelner gut besuchter Blätter dürfte recht verheerende Auswirkungen auf den Blattlausbestand haben. Diese Art von Unfreundlichkeit den Blattläusen gegenüber ist bei allen Obstbäumen erlaubt, mit Ausnahme frisch veredelter Reiser.

Gegen das gutbekannte Übel der Blattläuse wußte Großvater vielerlei Rat.

Einfach abbürsten

Der Erfolg wiederholten Abbürstens der Läuse von Blättern und Zweigen sollte nicht unterschätzt werden; es stellt jedoch bei größeren Gärten bzw. Baumbeständen kein wirklich adäquates Verfahren dar. Ein scharfer Wasserstrahl ist die unerbittlichere Sprache heutiger Blattlaus-Gegner.

Die Bitternis-verbreiten-Methode

Als ziemlich tödlich gilt der Kontakt für Blattläuse mit bestimmten Bitterstoffen, wie sie in Wermutkraut *(Artemisia absinthium)* und Enzianwurzel *(Gentiana lutea, G. pannonica, G. punctata* und *G. purpurea)* zu finden sind. Will man diese weitreichende Wirkung nutzen, muß entweder ein Absud oder eine Art Tee aus den genannten Pflanzen hergestellt werden. Ein Absud, der nur aus holzigem Pflanzenmaterial (Wurzel u. ä.) gewonnen werden sollte, entsteht, indem man das Material, kalt aufgesetzt, zum Sieden bringt und etwa 1,5 Std. leicht weiterkochen läßt; danach wird abgeseiht. Die befallenen Pflanzen werden mit dem Absud bzw. der wie Tee hergestellten Brühe nach erfolgter Abkühlung gut befeuchtet.
Die Flüssigkeiten sollten so bemessen sein, daß sie schnell aufgebraucht werden, bevor sie nach einigen Tagen übler Geruchsentwicklung beginnen, vertreibende Wirkung auf ihre Anwender auszuüben, was ja nicht im Sinne des Erfinders wäre. Bitterstoffe enthalten neben den bereits erwähnten Pflanzen auch: Kalmuswurzel *(Acorus calamus)*, Schafgarbenkraut *(Achillea millefolium)*, Engelwurz *(Angelica archangelica)*, Tausendgüldenkraut *(Centaurium umbellatum)*.

Die Abseif-Methode

Als bestes Mittel wurde lange Zeit Seifenwasser gehandelt. Man verfährt hier bei der Herstellung wie beim Anrühren von Seifenlauge für die Rasur. Das Verhältnis von Wasser und Seife ist dann korrekt, wenn es beim Schlagen tüchtig schäumt. Nur für die braunen Läuse der Kirschbäume sollte die Mischung deftiger sein (mehr Seife).
Die Anwendungsweisen sind verschieden; gewöhnlich reicht es aus, das Seifenwasser mit einem groben Haarpinsel auf die befallenen Stellen zu streichen. Bei hartnäckigen Fällen hat sich die Arbeit mit einem Schwamm bewährt, der, gut getränkt, auf die befallenen Zweige gedrückt wird. Schneller geht's einem schließlich mit der Hand von der Hand. Dazu ergreift

Mit Seifenschaum läßt sich nicht nur der Bart „vertreiben", auch Blattläusen behagt diese schaumige Angelegenheit nicht.

Kapuzinerkresse setzt mit ihren kräftig-orangenen Blüten auf den Obstbaumscheiben nicht nur wunderschöne Akzente, sondern schützt die Bäume auch noch vor Blattlausbefall.

man tapfer eine Portion Schaum und streicht damit die Zweige von unten nach oben ein; so werden automatisch zusätzlich die Blattunterseiten benetzt, die auch von Blattläusen befallen sein können. Kleinere Zweige können auch einfach in das Seifenwasser getaucht werden.
Weil sich die Eier der Blattläuse von diesen Maßnahmen unbeeindruckt zeigen, sollte man sich nicht vor einer Folgebehandlung nach zwei bis vier Wochen drücken, dann sind nämlich die Blattlauslarven geschlüpft.

Blattläuse auf die Kresse locken

Man mache sich die Vorliebe von Blattläusen für Kapuzinerkresse zunutze und pflanze diese auf die Baumscheibe von Obstbäumen, die man vor den Blattschädigern schützen möchte. Die Läuse fühlen sich im allgemeinen von der Kresse stärker angezogen als von dem für sie ebenfalls verführerischen Blattwerk der Bäume.

Seife in das Raupennest, dem Obstbaum mehr die Ruhe läßt

Dort, wo's am schönsten ist, läßt man sich nieder, dachten wohl die Raupen

Die Vertreibung von Raupen in ihren Nestern hoch oben in den Obstbäumen auf Großvaters Art.

und bauten ihre Nester in die Zweige und Äste unserer Obstbäume. Egoistisch, wie wir nun mal sind, sorgen wir für ätzende Ungemütlichkeiten unter den Raupentieren, indem wir Seifenwasser (Schmier- oder Neutralseife) in die Nester befördern, d. h. diese mit der Lauge einpinseln.
Was nun mit den Nestern tun, die sich in verflixt unerreichbaren Höhen befinden? Praktisch ist hierfür ein Stock von nötiger Länge, dessen eines Ende mit Wollstoff umwickelt wird. Wolle bietet sich deshalb an, weil sie besonders reichlich Flüssigkeit aufsaugen und auch halten kann.
Mit Hilfe dieses Instruments erreicht man nun auch hoch angebrachte Nester von allerlei schädlichen Raupen, auf denen man dann die vollgesogene Wolle ausdrückt.

Heiße Dusche gegen Raupengespinste

Die verschiedenen Raupen richten im Schutz dichter Gespinste oft große Schäden im Obstbau an. Die Raupen müssen dort keine Angst haben, als Vogelfutter zu enden, da die Vögel die klebrigen Gespinste nicht nach Nahrung absuchen. Ein einfaches, bewährtes Mittel ist das Abspritzen mit einem Warmwasserstrahl, dessen Temperatur jedoch 45 °C nicht übersteigen darf. Am besten geht das freilich mit einer elektrischen Pumpe, die uns aus einem mit warmem Wasser gefüllten Bottich versorgt.

In solchen Gespinsten kann sich die Raupenbrut meist ungestört von Vögeln entwickeln.

Frostspanner fangen – in Wolle ihn bannen

Bevor es Leimringe fertig zu kaufen gab, wußte man sich auch durchaus des Frostspanners zu erwehren. Nach der alten Methode ging das so: Im Spätherbst wird um die betreffenden Baumstämme sogenannte feiste Schafwolle gewickelt, das ist ungereinigte und unversponnene Wolle; sie ist sozusagen mit dem Leimring-Effekt ausgestattet. Ende Januar werden die Wollgürtel abgenommen und „entschärft“. Früher wurde einfach verbrannt, heutzutage gibt es grundsätzlich strenge Auflagen, was das Verbrennen im Garten angeht. Tieferes Eingraben der „befallenen“ Fanggürtel stellt eine ökologisch sinnvolle Alternative dar; dies empfiehlt sich übrigens ebenfalls zur Vernichtung von mit Pilzen befallenem Obst.

Wer ganz konsequent vorgehen will, sieht nach, ob Nützlinge wie Ohrwürmer oder Marienkäfer in der Woll-Falle Unterschlupf gefunden haben. Sie werden herausgenommen und in einen Ersatz-Schlupf (z. B. mit Holzwolle gefüllte Behälter) gebracht. Hierin besteht auch ein Vorteil gegenüber den Leimringen: Wer diesen erst einmal auf

Ungesponnene Schafwolle leistet als Frostspannerfalle gute Dienste.

den Leim gegangen ist, dürfte rettungslos verloren sein.

Für Hühnerhalter: Nur keine Bange vor der Kirschfruchtfliege

Um die Kirschfruchtfliegen zu bekämpfen, kann man sich die Gewohnheit der Maden zunutze machen, sich nur relativ flach im Boden zu verpuppen. Im Herbst sollte der Boden um die

Viele Schädlinge sind für Hühner eine Delikatesse, so auch die Maden der Kirschfruchtfliege.

betroffenen Kirschbäume öfter aufgehackt werden, und die Maden müssen von eingetriebenen Hühnern verspeist werden. Das nächste Mal dann ein Tip für Hühnerlose. Ehrenwort.

Kirschen-Schutz: Mit Blinken und Klirren die Vögel verwirren

Weil wir unsere Kirschen genauso gerne essen, wie die Vögelchen das tun, müssen wir das liebe Federvieh bedauerlicherweise mit großväterlicher Raffinesse vom Schmausen abhalten. Wir brauchen dazu lediglich zwei Glasstückchen so miteinander zu verbinden, daß sie, im Baum aufgehängt, beim geringsten Lufthauch klirren und blinken. Für große Bäume empfiehlt sich der Ausbau des Systems. Unter Umständen sind da aber Größenordnungen erreichbar, die Anlaß zu nächtlichen Tumulten unter der Nachbarschaft geben könnten, so daß mit manchen vielleicht nicht mehr gut Kirschen essen ist. Daran sollte man denken.

Sägewespe auf Pflaume? Ast absägen?

Wer der Sägewespe wirklich nachhaltig an dem Ast sägen will, auf dem sie sitzt (und das würde nicht nur einer sein), sollte es mit dem Überbrausen

Herrlich reife Süßkirschen: Da schlägt leider nicht nur das Herz der Gärtner/-Innen höher.

der Baumkronen mit Holunderblüten-Absud versuchen, das hilft gegen den Befall. Die Behandlung muß, soll sie von Erfolg gekrönt sein, vor dem Öffnen der Blüte erfolgen und dann im Mai noch zwei- bis dreimal wiederholt werden. Ziel des Unternehmens ist es, die Pflaumen-Sägewespen durch die Spritzungen von der Eiablage abzuhalten. Für den Absud (Kaltwasserauszug) rechnet man eine Handvoll frischer oder einen Eßlöffel getrockneter Holunderblüten pro Liter Wasser.
Großvaters Arsenal an Abwehrmöglichkeiten enthält aber noch mehr: Die Wespen können zur Flugzeit mitunter schlicht und ergreifend von den Bäumen geschüttelt werden. Findet man das Insekt (schwarz, rötlich-braun-

Wenn die Zwetschgen so reich blühen, ist die Behandlung gegen die Sägewespe vorläufig abgeschlossen.

gelbe Beine, vier durchsichtige Flügel) am Baum vor, läßt es sich bei trübkühler Witterung auf untergelegte Tücher schütteln, denn bei schlechtem Wetter ist die Sägewespe recht unbeweglich. Bei schönem Wetter würde man das Tier durch die Rüttelei allerdings nur aufscheuchen, nicht verscheuchen (außerdem hat man dann sowieso viel Besseres im Sinn, als irgendwelche Insekten zu scheuchen). Wer vorbeugend etwas gegen einen Befall im nächsten Jahr tun möchte, muß die heruntergefallenen Früchte täglich aufsammeln und vernichten – ja, auch bei sehr, sehr schönem Wetter. (Abseits der Bäume können die madigen Früchte in einem etwa 1 m tiefen Loch unschädlich gemacht werden.) Um sich mit dieser Arbeit nicht ewig plagen zu müssen, kann das erwünschte Fallen der madigen Früchte durch mäßiges Baumgeschüttel beschleunigt werden.

Maden im Obst – hier ist der Trost

Es kann einen schon ordentlich fuchsen, wenn die ersehnten ersten Früchte eines jungen Baumes, von Maden angefressen, vorzeitig abfallen. Wem dies gewaltig aufs Gemütchen schlägt, sollte es sich mit etwas Arbeit kühlen und folgende Rettungsmaßnahmen zu gegebener Zeit einleiten: Gleich nachdem man des leidigen Befalls gewahr wurde, befördert man die unliebsame Konkurrenz mit einem kegelförmigen Schnitt aus der Frucht. Mit etwas Glück können die solcherart befreiten Früchte noch ausreifen und an der Schnittstelle neue Schale ausbilden und so über unwiederbringliche Verluste hinwegtrösten.

Die Mistel: Saugt sie allzu arg am Baum, schadet's leider mehr als kaum

Misteln stehen seit einiger Zeit in dem Ruf, gefährdet zu sein. Es heißt andererseits, nur für an unsere geographischen Verhältnisse unangepaßte Sorten bestehen keine guten Lebenschancen. Ihre geheimnisumwitterte Aura, ihr gutes Ansehen als Heilpflanze (etwa in der alternativen Immuntherapie) und nicht zuletzt das anmutige Aussehen blühender Misteln machen sie zu einer beliebten Pflanze, die sich der eine oder andere ganz gerne in die eigenen Garten-Bäume holt.
Vereinzelt auftretend, kann dieser Halbschmarotzer einem gesunden Baum keinen ernsthaften Schaden zufügen. In größerer Anzahl allerdings wirkt es sich schon öfter fatal für einen befallenen Baum aus, da die Wurzeln eines Mistelstrauchs tief ins Holz hin-

Links: In Herbst und Winter fallen die kugelig wachsenden Misteln auf.

einreichen und Wasser und Nährstoffe abziehen. Die einzige Methode, einen unter allzu üppigem Mistelbewuchs leidenden Baum zu retten, besteht in der althergebrachten Radikalmethode, die befallenen Äste großzügig abzusägen. Man kann davon ausgehen, daß die Mistelwurzeln noch bis zu ca. 1,5 m von der Befallstelle entfernt reichen.

Baum-Krebs – vorbeugen ist besser als heilen

Diese elende Krankheit macht nicht nur den Menschen zu schaffen, auch für Bäume kann sie zum schweren Leiden werden. Krebswunden an Bäumen müssen großzügig bis ins gesunde Holz hinein ausgeschnitten werden. Anschließend verschließt man die Schnittstelle, z. B. mit Baumharz (im Fachhandel nachfragen).

Möglich ist es auch, gar nichts auf die Wunde zu tun; unter ökologischen Gesichtspunkten betrachtet, ist dies einer chemischen Behandlung sowieso glatt vorzuziehen. Im Falle des partiellen, aber besonders naturgemäßen Nichtstuns sollte man vor allem dafür sorgen, daß die kranke Stelle sehr sauber, d. h. glatt ausgeschnitten wird. Es muß verhindert werden, daß sich Feuchtigkeit in fasrigen Ecken etc. staut, eindringendes Wasser muß unbedingt gut abfließen können. Der

Im Falle von Baumkrebs wird die kranke Stelle ganz glatt ausgeschnitten. Der Heilungsprozeß wird durch kleine Einschnitte am Wundenrand unterstützt.

Heilungsprozeß kann dadurch positiv beeinflußt werden, indem man immer wieder kleine Einschnitte in das junge Gewebe am Wundrand (in die Innenseite der sich bilden Wulst, dem Kallusgewebe) vornimmt, bis sich die Wunde vollständig geschlossen hat. Aus Erfahrung am eigenen Leib weiß sicher so mancher von uns, daß eine Wunde, wenn sie nicht durch Pflaster überdeckt ist, in der Regel schnell abheilt; allerdings müssen hier wie dort

So kann Baum-Krebs am Stamm eines Aprikosenbaumes aussehen.

wirklich hygienische Verhältnisse herrschen.
Oft liegt es am Standort, wenn Obstbäume krebsig werden; zu schwere Böden oder auch unterirdische Wasseradern werden beschuldigt. Bekommt man die Krankheit nicht in den Griff, muß man gegebenenfalls in den letzten sauren Apfel beißen und fällen, um es an einer anderen Stelle mit einer Neuanpflanzung zu versuchen. Dabei sollten tonige Böden bis in eine Tiefe von einem Meter verbessert werden (mit einer Sand-Steinmehl-Mischung), nasse Böden benötigen eine Drainage.
Zu Apfel- und Birnensorten, von denen man aus Erfahrung weiß, daß sie bei ungünstigen Bodenverhältnissen schnell Krebs bekommen, gehören:

- Äpfel
  'Berner Rosenapfel', 'Goldrenette von Blenheim', 'Champagner Renette', 'Landsberger Renette', 'Bohnapfel', 'Cox Orange', 'Gelber Edelapfel', 'Goldparmäne', 'Ingrid Marie', 'Jakob Lebel', 'Klarapfel', 'Ontario', 'Signe Tillisch'
- Birnen
  'Gellerts Butterbirne', 'Birne von Tongern', 'Winternelis'

Der Baumdoktor weiß Rat bei Gummifluß

Gummifluß kann Bäumen ordentlich zu schaffen machen. Der Pflanzendoktor weiß ein gutes Heilmittel aus der Natur: Sauerampfer. Die vom Gummifluß betroffenen Rindenteile werden sauber ausgeschnitten. Die Wunde muß nun mit zerquetschten Sauerampferblättern kräftig betupft und eingerieben werden, so daß der grüne Saft in das Holz eindringen kann. Die so behandelten Stellen heilen rasch, und gesunde Rinde wächst nach. Und weil es alle unsere geschätzten Steinobstarten betrifft, fühlen wir uns besonders zum heilenden Handeln verpflichtet.

Einreiben mit Sauerampferblättern hilft gegen Gummifluß bei Bäumen.

Kleine Spritztour – tolle Früchte

Die Ausbildung von Früchten kann dadurch ungemein gefördert werden, daß man die Bäume öfter mal mit abgestandenem Wasser bespritzt. Dies sollte möglichst abends geschehen, nur nie bei Sonnenschein. Zu beachten ist außerdem, daß es für eine erfolgreiche Fruchtentwicklung unerläßlich ist, bei übermäßigem Fruchtbesatz einen Teil zu opfern, also zu entfernen. Den verbleibenden Früchten kommt so die Ausbildungskraft in vollem Maße zugute.

Richtig Ausdünnen: Das T-Stadium

Nicht nur die jeweils kommende Apfelernte wird durch genügendes und termingerechtes Ausdünnen günstig beeinflußt. Man beugt damit außerdem einem unerwünschten Ertragswechsel im nächsten Jahr vor. Voraussetzung dafür ist allerdings, daß man diese Arbeit vor dem 20. Juni leistet. Die Bäume werfen um diese Zeit zwar von alleine allerhand ab; nur reicht diese „Selbstausdünnung", gemessen an den Ansprüchen der Menschen, meist nicht aus. Auch wenn es Überwindung kostet, sollte man auf 10 cm Trieb-

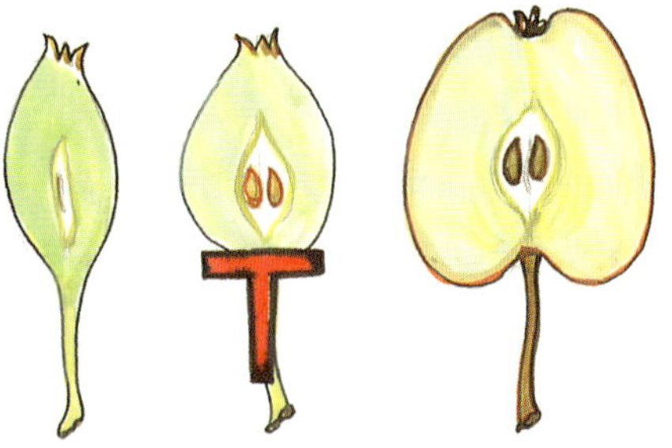

Nur Äpfel, die schon das T-Stadium erreicht haben (Mitte) bleiben nach dem 20. Juni noch am Baum.

länge nicht mehr als einen Apfel hängen lassen. Bei stark zu Ertragswechsel neigenden Sorten (z. B. Boskoop, Ontario, Berlepsch, Ingrid Marie, Gravensteiner) dünnt man eher noch mehr aus. Von Bedeutung ist nun, welche Fruchtansätze eines Fruchtstandes dranbleiben bzw. wegfallen. Obwohl die Frucht aus der Zentralblüte oftmals einen Entwicklungsvorsprung aufweist, entfernt man sie trotzdem, weil aus ihr häufig deformierte Äpfel wachsen. Entfernen soll man auch alle Früchte, die um den 20. Juni noch nicht das sogenannte T-Stadium (siehe Abbildung S. 125) erreicht haben. Solche „Spätentwickler“ gehören in der Regel zur Erntezeit nicht zu den sonderlich gut entwickelten.

Wohin mit dem Fallobst?

Nicht verwertbares, weil früh gefallenes Obst wird zweckmäßigerweise vollständig aufgesammelt und möglichst mindestens einen Meter tief vergraben. Hierdurch wird die gegebenenfalls in ihm nistende Schädlingsbrut sicher vernichtet.
Auch wenn sich die oft in großen Mengen anfallende Biomasse des Fallobstes auf den ersten Blick als Kompostmaterial anbietet, so ist davon doch dringend abzuraten, eben wegen möglichen Befalls mit Schädlingen, die man ansonsten ahnungslos auf die Beete im ganzen Garten verteilt.

Solche Falläpfel gehören nicht auf den Kompost, von wo man die Schädlinge sonst überall im Garten verteilen würde.

Die Früchte unserer Regsamkeit: Ernten, lagern, zubereiten

Wer abends erntet, hat mehr davon

In Zeiten, in denen es auf jedes Nahrungsquentchen ankam, war folgende Erkenntnis sicher viel wert. Abends geerntete grüne Pflanzen, die zur Ernährung von Mensch und Tier dienen, sind nahrhafter. Untersuchungen, die (bezeichnenderweise) in den Jahren des Darbens nach dem Ersten Weltkrieg gemacht wurden, erwiesen dies. Der Grund ist der vergleichsweise höhere Stärkegehalt (bis über 10 % mehr) abends geernteter Pflanzen gegenüber solcher am Morgen davor geernteter. Unter dem Gesichtspunkt einer ausgereizten Effektivität können solche Prozentpunkte schon recht interessant sein, vor allem, wenn größere Mengen Futtermittel gebraucht werden.

Erdbeeren schmecken besonders lecker aromatisch, wenn man sie in den Morgenstunden bis etwa 10 Uhr pflückt.

Beim Ernten immer schön pünktlich sein

Wir müssen nicht nur geduldig auf die richtigen Erntewochen warten, sondern sollten auch, wenn's endlich soweit ist, morgens nicht lange rumbummeln und möglichst bis ungefähr 10 Uhr unseren Tagesbedarf abgeerntet haben. Und zwar vornehmlich aus Geschmacksgründen. Denn bis zu etwa dieser Uhrzeit besitzen viele Gemüse- und Obstsorten den höchsten Aromagehalt. Wer sich von der Richtigkeit überzeugen will, sollte versuchsweise mit der Erdbeere anfangen. Es ist kaum zu glauben – aber wahr!

Beim Ernten Klimaschock vermeiden

Um eben diesen zu vermeiden, ist davon abzuraten, (einzelne) Pflanzen (z. B. Möhren) bei prallem Sonnenschein zu verziehen oder zu ernten. Die verbleibenden Pflanzen sehen sich schlagartig ihres Schattenspenders beraubt, was auf sie schockierend wirken könnte. Verbrennungen, Wachstumsstörungen, vielleicht auch erhöhte Krankheitsanfälligkeit könnten sich einstellen. Lieber die Ernte-„Gier“ zügeln und ein paar Stündchen abwarten.

Ernte-Spuren verwischen

Die Spuren, die nach der Ernte bleiben, bestehen meist in Form von Löchern. Und diese soll man nicht einfach so in der Landschaft belassen, sondern besser gleich nach ihrer Ent-

Geerntete Karotten hinterlassen tiefe Löcher, die Schädlingen Tür und Tor öffnen.

Wenn man Erntelöcher wieder zuzieht, schlägt man zwei Fliegen mit einer Klappe: Der Boden trocknet weniger aus und Schädlingen wird der Zugang versperrt.

stehung wieder zudrücken. Erstens verhindert man auf diese Weise eine erhöhte Verdunstung und die damit einhergehende Austrocknung des Bodens, was immer prima ist. Zweitens versperrt man Schädlingen, beispielsweise der Möhrenfliege, den Zugang in den Boden. Andernfalls würden sie nämlich unter Umständen ihre Eier in die offengelassenen Löcher hinein ablegen, wo sie in unmittelbarer Nähe der noch nicht abgeernteten Pflanzen lägen. Der heranwachsende Schädlingsnachwuchs hätte dann aber ein allzu einfaches Spielchen mit unseren Lieblingen.

Lange Freude an schönen, reifen und aromatischen Tomaten

Das wünscht sich so mancher Freund dieser wunderbaren roten Früchte. Hat man nun im Oktober, wenn die ersten Nachtfröste zu befürchten sind, noch eine große Menge Tomaten an den Stöcken, lassen sich diese auf folgende Weise vor Frost schützen und ideal nachreifen: Man legt die Pflanzen um, auf ein untergelegtes Brett oder eine flache, umgekippte Kiste. Darüber kommt ein entsprechend großer Frühbeet- oder Wanderkasten. Über Nacht zusätzlich mit Decken oder Strohmatten abgedeckt, sind die Tomaten vor Frost sicher, und die so nachgereiften Früchte sind viel aromatischer als die halbreifen, ins Haus geholten. Na, wem ist es die Mühe nicht wert?

Besonders aromatisch sind die auf dem Beet nachgereiften Tomaten.

Schwarzwurzeln mit Samthandschuhen anfassen?

Ganz so heikel ist es wohl nicht mit den schwarzen Wurzeln. Indes beim Ernten, so die gutgemeinte großväterliche Mahnung, sollte auf jeden Fall Vorsicht höchster Güte obwalten und jegliche Verletzung vermieden werden. Aus einer beschädigten Wurzel kann der Pflanzensaft herausfließen: Sie dürfte geschmacklich verlieren, und vor allem würde die Lagerfähigkeit darunter leiden.

Eine vergleichsweise erfreulich risikoarme Technik, mit deren Unterstützung das Wurzelgemüse aus dem Gartenboden in die Küche oder zur Lagerung in feuchten Sand in den Keller zu bekommen ist, besteht darin, parallel zu den Reihen jeweils einen Graben von mindestens einer Schwarzwurzeltiefe zu ziehen. Von der gegenüberliegenden Seite aus sticht man mit dem Spaten tief ein und kann dann die Wurzeln in den Graben drücken, ohne ihnen dabei auf gefährliche Weise nahezutreten.

Eine risikoarme Technik in diesen Zeiten, wo gibt's das schon?!

Mit dem Erntegraben ist die Gefahr gering, daß die empfindlichen Schwarzwurzeln bei der Ernte brechen.

Johannisbeere: Kommt der Busch in Stroh – bleiben Naschkatzen länger froh

Ein Tip für leidenschaftliche Johannisbeer-Nascher: Die seligen Stunden mit der roten Beere lassen sich vermehren, die Ernte also strecken, wenn man einige Büsche in Stroh einpackt.
Der richtige Zeitpunkt zum Packen ist gekommen, wenn die Beeren unlängst rot geworden sind. Und ausgepackt wird erst, wenn's einen nach dem Obst verlangt. Daß man besonders lieb und fürsorglich zu sich und andern ist, wenn man Stroh von Feldern benutzt, die die Chemieindustrie links und rechts liegen lassen, versteht sich mittlerweile von selbst.

Soll'n die Kräuter ordentlich locken, heißt es Obacht, bis sie sind trocken

Mit einer gewissen Behutsamkeit muß an die Trockentechnik von Kräutern wie Petersilie mit Hilfe von Wärme herangegangen werden. Sonst erhält man womöglich nur schwarzes, geschmacklich ziemlich nichtssagendes

Johannisbeersträucher zeitig mit Stroh verpackt, lassen einen die leckeren Früchte bis in den Winter hinein ernten.

Oben: Heilkräuter trocknen schonend im Schatten in Trockengeräten.

Rechts:
So wie hier, in der prallen Sonne, verlieren sich die ätherischen Öle der getrockneten Kräuter.

Unten:
In der Kräuterspirale gedeihen auf engem Raum viele verschiedene Gewürzpflanzen und Kräuter.

Gebrösel. Und zwar deswegen, weil sich die unsere Kräuter so verführerisch machenden ätherischen Öle in alle Windrichtungen verflüchtigen würden. Tee- und Küchenkräuter sollen nur bei mäßiger Temperatur (höch-

stens 30 °C), im Schatten bei leichtem Wind oder in Trockengeräten trocknen (Abbildung, siehe Seite 134). Sie sind dann nach etwa zwei bis vier Tagen fertig konserviert und können darauf zwecks Lagerung in luftdichte Gefäße abgefüllt werden.
Anders verhält es sich bei schleimhaltigen Kräutern, wie zum Beispiel Malve, Königskerze, Eibisch- und Queckenwurzel. Um die heilkräftigen Schleimstoffe zu erhalten, ist rasches Trocknen dieser Kräuter angesagt. Um die 40 °C sollten es schon sein.

Die Ernte beginnt immer zuerst auf der Sonnenseite eines Baumes. Hier reifen die Früchte schneller.

Hat man kein Trockengerät zur Verfügung, muß man Abstriche machen: man lege die Kräuter auf dunklen Tüchern in die pralle Sonne. Ziel ist es, sie nach spätestens zwei Tagen trocken zu haben. So läßt sich die verflüchtigende Kraft der Sonne noch ertragen.

Ernte & Reife richtig ausgereizt

Nicht alle Früchte eines Baumes werden gleichzeitig reif. Pflückt man zunächst nur einen Teil des Obstes, nämlich die Früchte, die auf der Sonnenseite, am Gipfel und weit außen hängen, werden die noch nicht reifen Früchte im Innern und an den Schattenplätzen noch merklich an Größe zunehmen, und zugleich wird ihre Reife dadurch noch hinausgezögert. So pflückt man länger schön knackiges, reifes Obst direkt vom Baum in den Mund.

Obst: knackig & saftig

Tage trockener Witterung während der Ernte entziehen dem Obst möglicherweise so viel Flüssigkeit, daß schließlich der ihm normalerweise eigene richtig saftige Biß fehlt. Damit einem beim Reinbeißen auch bei Trockenheit das „Obst"-Wasser im Munde zusammenläuft, empfiehlt es sich, einen Tag vor der Ernte betreffende Gewächse reichlich zu wässern.

Lagerraum zu trocken? Steine können helfen

Ist die Luftfeuchtigkeit in dem Raum, der für die Einlagerung von Obst und Gemüse vorgesehen ist, zu gering (Lagerobst und Lagergemüse ist Ihnen hier schon einmal vertrocknet, möglich in gut isolierten Neubauten), so kann dem mit einigen Ziegelsteinen abgeholfen werden. Man verteilt die Steine im Raum und muß nun aber auch daran denken, sie immer wieder einmal zu wässern. Die porösen Steine saugen sich voll und geben das kostbare Naß ganz allmählich wieder ab.

Lagerraum zu feucht? Salz kann helfen

Normalerweise werden wir in unseren Breitengraden weniger mit vorher beschriebenem Problem zu tun haben, sondern eher mit dem ganzen Gegenteil: zu feuchten Lagerräumen. Wer deswegen Lagerschwierigkeiten hat, sollte diese Methode erproben, ehe er sein Domizil aufgibt oder mit aufwendigen Sanierungsarbeiten beginnt: Je nach Größe des für zu feucht befundenen (Lager-)Raumes werden dort eine oder mehrere flache Schüsseln (verteilt) aufgestellt und mit Salz gefüllt.

Hier lagerte Großvater die Früchte seiner Regsamkeit.

Das Salz entzieht seiner Umgebung Feuchtigkeit und kann so schon deutlich Abhilfe schaffen. Man muß es natürlich regelmäßig gegen trockenes austauschen; das feuchte kann inzwischen (im Heizungskeller) getrocknet und später wiederverwendet werden.

Obstaufbewahrung ein bißchen mystisch

Sich in die Natur, in ihre Formen und Bewegungen einzufühlen und sie zu imitieren ist eine gute Grundlage für hilfreiche Einsichten in ihre Lebenslogik, die wir für unsere menschlichen Ansprüche gut nutzen können. Am besten werden die Äpfel und Birnen so gelagert, daß der Stiel nach oben gerichtet ist, denn die Früchte werden in der Regel schon vor der Reife gepflückt und sollten in ähnlicher Lage, wie sie am Baum normalerweise reifen, aufbewahrt werden.
Soll das Obst längere Zeit im Lager möglichst unbeschadet weilen, so muß es bei heiterem Himmel und abnehmendem Mond gepflückt und auf den eigenen Blättern gelagert werden.

Wetter und Mondstand bei der Ernte und Art der Lagerung beeinflussen die Haltbarkeit des Obstes entscheidend.

Freunde von Lagerobst aufgepaßt: Reifen steckt an!

Möchte man Gaumen und Vitaminhaushalt mit verschiedenen Apfelsorten, die man den Winter über lagern will, verwöhnen, so muß man zwischen Herbstsorten (sind bis etwa Dezember lagerfähig) und Wintersorten (sind bis ins Frühjahr hinein haltbar) unterscheiden. Diese beiden Gruppen sollten niemals zusammen in einem Raum gelagert werden. Äpfel scheiden während des Reifevorgangs nämlich ein Gas (Ethylen) aus, das auch die Reifung des umliegenden Obstes anregt. Liegt das Winterobst neben den früher reifenden Herbstsorten, hält sich jenes dann nicht wesentlich länger als dieses, und man müßte doppelt so schnell den ganzen schönen Vorrat verputzen. Ob dies Spaß macht, kommt auf die Mengen an.

So wie sie am Baum hängen, mit dem Stiel nach oben, werden Äpfel eingelagert. Da Reife „ansteckt", sollten Herbst- und Wintersorten nicht gemeinsam aufgehoben werden.

Apfel-Aroma: Gutes Lager, Geschmack nicht mager

Lageräpfeln soll man nach Möglichkeit nicht ihren letzten Herkunftsort anschmecken. Dem Aroma und zugleich der Haltbarkeit tut es gut, wenn man die Früchte nicht im Keller oder in ebenerdigen Obstkammern, sondern in höher gelegenen Vorratskammern unterbringt.
Geschmacklich soll es sich überdies auszahlen, wenn man Äpfel zusammen mit Hopfen oder Holunderblüten (getrocknet) in eine geschlossene Schachtel zur Aufbewahrung legt.

Obst in Holzkisten

Wer kleine Holzkisten oder -fässer mit gut schließendem Deckel herumstehen hat, kann diese mitunter einer sinnvollen Verwendung zuführen, zur Lagerung des Winterobstes zum Bei-

Für wertvolle Sorten lohnt sich die größte Sorgfalt bei der Lagerung.

spiel. Geeignet sind Spätsorten von Äpfeln und Birnen. Vor dem Einlagern wird das Obst ein bis zwei Wochen flach in einem trockenen Zimmer ausgebreitet, zum „Ausschwitzen".
In die Lagerkisten streut man unten eine Schicht trockenen Sand, darauf kommt eine Schicht Früchte, die einzeln in Papier zu wickeln sind. Jetzt folgt wieder eine Schicht trockener

Sand und so weiter, bis das Faß voll ist, die letzte Schicht schließt dann mit Sand ab. Nun werden die Behälter gut verschlossen, trocken und kühl, jedoch unbedingt frostgeschützt aufbewahrt. Der Inhalt der einzelnen Gefäße sollte so bemessen sein, daß man ihn, ohne arges Bauchgrimmen befürchten zu müssen, nach dem Öffnen alsbald aufnaschen kann.

Obst kann in Gläser rein, lagerst Du's ein

Ein weiteres, durchaus reizvolles Verfahren der Obst-Lagerung ohne aufwendiges Einkochen der Früchte wird so vorgenommen:
Man nimmt große Gläser mit entsprechend dimensionierten Öffnungen, wäscht sie gründlich und stellt sie warm, damit wirklich alle Feuchtigkeit verschwindet und die Luft in ihnen „dünner“ wird. In diese Gläser legt man nun (vorsichtig) die besonders guten Früchte, d. h. möglichst makellose, weder zu grüne, noch ganz reife, die bereits einige Tage zum Ausdünsten gelegen haben.
Werden dann die Gläser luftdicht verschlossen und kühl gelagert, bleibt der Inhalt lange frisch und knackig, fast so als käme er direkt reif vom Baum.

Die Konservierung von Obst mal ohne Einkochen: Luftdicht verpackt hält es lange frisch!

Apfelscheiben: Schön trocknen, schön selbermachen und auch noch schön sein

Wer kennt es nicht: In den tollen Apfel gebissen, kurz liegengelassen, und schon sieht's irgendwie „bäh“ aus. Entschließt man sich, Apfelscheiben oder -ringe selber zu trocknen, will der rechte Appetit auch oft nicht recht aufkommen: Braun runzeln die Stücke unangetastet herum, dabei ist trotz des dumpfen und eher abschreckenden Farbenspiels kaum mit Geschmackseinbußen zu rechnen.
Nun, das Auge ißt eben mit, und Großmutter hatte da doch so einen Trick. Richtig, einfach die frisch geschnittenen Apfelstückchen in Salzwasser gelegt, und sie sehen auch getrocknet noch lecker aus. Hinterher mit klarem Wasser abgespült, besteht auch keine Verwechslungsgefahr mit Salzgebäck.

Auch getrocknet ein Zungenschmaus: Äpfel, Birnen und Pflaumen.

Obst erst mal trocken, Geschmack muß nicht stocken!

Bleiben wir noch ein bißchen beim Thema Trocknen und sprechen über Äpfel, Birnen und Zwetschen.
Die Scheiben oder Schnitzel der Apfelfrucht müssen, damit sie gleichmäßig und vollständig trocknen, öfter gewendet werden. Benutzt man einen Trockenschrank mit Horden (Sieb als Auflagefläche), sollte auch deren Stellung gewechselt werden, also untere weiter nach oben etc. gelangen. Äpfel sollten am besten richtig durchgetrocknet sein (allerdings nicht schwarz werden), dabei jedoch noch weich und fleischig bleiben; mit einzuplanen ist, daß sie während der Lagerung noch Feuchtigkeit ziehen.
Birnen werden viertelweise getrocknet und ebenfalls gelegentlich gewendet. Anders als Äpfel indes, sollen sie nicht völlig austrocknen, ja gewissermaßen noch zäh sein, das Aroma bleibt so besser erhalten.
Beim Trocknen von Zwetschen ist darauf zu achten, daß keine unreifen oder wurmstichigen darunter sind. Es empfiehlt sich, mit der Ernte der fürs Trocknen vorgesehenen Früchte so lange zu warten, bis die Zwetschen am Stiel runzlig werden; alle wurmstichigen haben sich bis dahin nämlich bereits Richtung Boden verabschiedet. Wenn es der Baumumfang noch zuläßt, schüttelt man ordentlich und nimmt die hängengebliebenen zum Trocknen.

Hagebuttenmarmelade? Wir hätten eine Chance für sie – man muß nur wissen wie

Es gibt zweifelsohne vieles auf dem Marmeladensektor, was anerkanntermaßen zum Gaumenkitzel einer nicht

Möchte man sich an den tiefroten Hagebutten und deren Marmelade erfreuen, darf man Verblühtes der Heckenrose nicht abschneiden.

unbeträchtlichen Anzahl von Zeitgenossen beiträgt. Andererseits muß unumwunden zugegeben werden, daß Marmelade aus Hagebutten weniger oft oder, um ehrlich zu sein: eigentlich nie richtige Begeisterungsstürme an Frühstückstischen und anderswo auslöst. Großmutter hat das damals mitgekriegt, weil Großvaters Frühstückspausen immer so kurz waren, wenn nur Hagebuttenmarmelade auf dem Tisch stand. Tja, dachte sie sich, es fehlt halt doch die Abrundung, die man bei süßem Gebäck eben durch eine Prise Salz und bei den salzigen Gerichten mit einer Prise Zucker erreicht. Mit Salz wird man nun bei Hagebuttenmarmelade nicht viel ausrichten können, außer wahrscheinlich eine endgültige, störrische Verweigerungshaltung zu provozieren. Speziell dieses Problem betreffend, hatte Großmutter dann einst die richtige Eingebung.
Ihnen, werter Leser und Freund von erstklassigen Konfitüren (und Verwandtem), wollen wir hier an exklusiver Stelle das tiefe Geheimnis auf's Verschwiegenste kundtun: Zehn Minuten vor Ende der Kochzeit gebe man pro Kilogramm Hagebuttenmarmelade 1 Teelöffel Senfmehl hinzu. (Großvater soll dieser Sorte später einen Ehrenplatz im Regal der Köstlichkeiten eingeräumt haben.)

Kleine Wildkräuterküche: Was Großvater noch schmeckte

Bevor die ersten Salate und der frühe Spinat erntereif sind, haben die Wildkräuter schon längst ihr Blattwerk entfaltet. Vieles, was wir im eigenen Garten oft naserümpfend als lästiges

Der Spitzwegerich gehört unter anderen zu den Kräutern, die in Großvaters Frühjahrsküche ihren Platz haben.

Wildkräuter können in der Frühjahrsküche eine schmackhafte Bereicherung sein.

Grünzeug ansehen und lieber heute als morgen los wären, läßt sich auf grundanständige Weise vernichten: Man ißt es einfach auf. Hierfür werden die diversen Störenfriede zu appetitlichen, vitaminreichen Speisen verarbeitet.

Nicht nur die schon klassische Brennnesselsuppe oder der Löwenzahnsalat lassen sich auf den Tisch bringen. Auch Vogelmiere, Giersch, Melde, Gänseblümchen, Wegerich und das Wiesenschaumkraut sowie junge Erdbeer-, Himbeer- und Brombeerblätter bereichern die experimentierfreudige Frühlingsküche.

Für alle, die nach einer durch und durch ökologischen „Unkraut"-Vernichtungsmethode Ausschau halten, hier also einige allgemeine Entsorgungsregeln:

- Aus den ersten zarten Trieben von Giersch läßt sich gut Salat bereiten. Solange die Blätter noch hellgrün sind, schmecken sie eher mild; der herbe Geschmack entwickelt sich erst später.
- Wildkräutermischungen aus milden (Vogelmiere, Giersch) und herben (Himbeer- und Brombeerblättern) Arten können als Gemüse, wie Spinat angerichtet, unsere Geschmacksnerven in ausgezeichnete Stimmung versetzen. Kommt einem das Angerichtete etwas zu streng daher, läßt es sich mit Milch oder Sahne ohne weiteres entschärfen.
- Empfehlenswert ist eine Probe. Dafür wird von jeder Kräuterart eine kleine Menge kurz in Butter gedünstet und einem Geschmackstest

unterzogen. Je nach Standort und Entwicklungsstadium ist das Aroma der Kräuter mehr oder weniger ausgeprägt. So kann jeder seine eigene, ideale Mischung ausfindig machen, und mit der Zeit weiß man schließlich genau, wann man welches Kraut am besten auf den Tisch bringt.

❀ Wildkräuter lassen sich nicht nur zur Herstellung eigenständiger Gerichte heranziehen, auch als Beigabe für den geschätzten Gemüseeintopf eignen sie sich mindestens zur Vitamin- und Mineralstoffanreicherung. Soll der Eintopf eingedickt werden, nimmt man dafür am besten pürierte Kartoffeln, auch das mildert im Zweifelsfalle die mögliche Strenge der Kräuter.

❀ Und nicht zuletzt gelingt es dem Kenner, mit kleingehacktem Wildkraut Puffern oder Klößen jeglicher Manier den ausschlaggebenden geschmacklichen Pfiff zu entlocken. Guten Appetit!

Der Extra-Tip: Weisheiten aus dem Gartenalltag unserer Vorfahren

Unerläßliches Equipment – das Gartengerät

Gutes Gartengerät wirft man uns nicht gerade hinterher – es ist ungefähr so kostspielig wie zugleich notwendig. Über berauschende Qualität allenthalben wird zwar auf sämtlichen Kanälen gezwitschert, aber Gärtner sei wachsam! Viel Lärm um Nichts und Plastikzeugs ist auch hier die Regel, und für die Ausnahme ziehen wir den kundigen Großvater zu Rate.

Eine gute Investition für den eigenen gärtnerischen Erfolg und den zukünftigen der Enkel stellen Gerätschaften dar, die geeignet sind, Jahrzehnte zu überdauern. Gepflegt müssen sie werden, keine Frage, schon um die einwandfreie, möglichst leichtgängige Funktionsfähigkeit zu bewahren. Nicht nur die Metallteile müssen gesäubert und (über den Winter) eingefettet werden (Speckschwarte ist gut geeignet), mindestens so wichtig ist die Pflege von Holzteilen. Einmal jährlich mit

Gute Gartengeräte sind nicht ganz billig, halten aber bei guter Pflege viele Jahre lang.

warmem Leinöl eingerieben, bleiben sie einem sicher lange Jahre erhalten.

Kratzschuh fürs teure Werkzeug: Geräte abgekratzt und weggestellt

Gute Vorsätze sind billig – und die Gartengeräte stets sauber zu halten, nachdem man schon Stunden geackert hat, kostet zumindest Zeit. Konsequent zu sein, fällt einem vielleicht mit Hilfe eines Kratzschuhs leichter.
Er besteht aus einem keilförmig zugeschnittenen Stück Hartholz und hängt am besten an einer Stelle vor den Abstellplätzen, an der man vorbei muß (siehe Zeichnung). Hartholz ist besser geeignet als Metall, weil es zwar stabil genug ist, aber nicht so beschaffen, daß es auch schnell mal zu Beschädigungen an den Gerätschaften kommen kann.

Mit dem Kratzschuh aus Holz bekommt man jedes Werkzeug sauber und hat dadurch lange Freude an seinen Geräten.

Großvaters Mulch- & Komposthacke

Zugegeben: Ob unser Großvater dieses geniale Gerät bereits in Aktion hatte, wissen wir nicht so ganz genau. Aber beim Sammeln all der nützlichen Tips & Tricks bestach dieser Einfall durch seine ausnehmend schlichte Eleganz in jeder Hinsicht (unkompliziert, preiswert, umweltfreundlich). Diesen Tip darf man einfach nicht für sich behalten! Was wir brauchen, ist

Großvaters Mulch- und Komposthacke: Das zerkleinerte Material läßt sich in der Kiste gut zu seinem Bestimmungsort tragen; es muß nicht erst mühsam zusammengefegt werden.

eine stabile Kiste (Größe ungefähr 70 x 70 cm), deren Boden gegebenenfalls mit einem etwas dickeren Holzbrett verstärkt wurde, des weiteren einen (überzähligen, alten) Spaten, dessen Schnittkante messerscharf geschliffen wird. Alles, was nun zu streufähigem Mulch bzw. schichtbarem Kompostmaterial verhackstückt werden soll, kommt in die Kiste. Mit dem scharfgemachten Spaten ist der Rest dann ein Kinderspiel; selbst kleinere Äste lassen sich mühelos und ohne Gefahr für die lieben Fingerchen zerkleinern.

Haltbarmachung von Holzbehältern

Holzfässer und -kästen, die als Pflanzgefäße oder als Jauche- und Regenfässer genutzt werden, halten länger, wenn sie innen angeschwelt sind. Dazu werden die Innenflächen der Gefäße mit Brennspiritus angefeuchtet, anschließend die Gefäße schnell auf die Seite gelegt und mit zusammengeknülltem Papier, Holzwolle oder ähnlichem gefüllt. Nach dem Anzünden (unbedingt größeren Abstand halten, z. B. langen Stock verwenden!) darauf achten, daß die Innenflächen gleichmäßig anschwelen, gegebenenfalls die Gefäße wenden. Anschwelen soll man nur absolut trockene Gefäße. Bei feuchten besteht die Gefahr, daß sich das Holz verzieht, wodurch die Gefäße undicht werden würden. Diesen Geheimtip rückte Großvater erst nach langem Drängeln raus und weil ihm hoch und heilig versprochen wurde, daß man alle notwendigen Sicherheitsmaßnahmen gründlichst zu treffen pflegt.

Sprühtechnik - ganz ohne Technik

Die Auswahl an Sprühgeräten aller Art ist sicher umwerfend; vielleicht hat

Angeschwelte Holzfässer halten länger.

Die Anti-Technik-Methode beim Wassersprühen.

man jedoch einmal im entscheidenden Augenblick keins der Wundergeräte zur Hand, weil noch nicht besorgt, soeben verliehen oder wieder mal kaputt, kurz: Man ist techniklos. Wir lassen uns jedoch nicht kleinkriegen und besinnen uns auf den Umgang mit Notaggregaten.
Einen schlichten, nichtsdestotrotz passablen Ersatz stellt in solchen Fällen eine Bürste mit dichten Borsten (Kleiderbürste) dar. Nach dem Eintauchen in Wasser wird durch das Streichen mit der Hand über die Borsten der gewünschte Sprüheffekt hervorgerufen. Die Sprührichtung ist, den Naturgesetzen folgend, der Streichrichtung entgegengesetzt, was man in der Regel auch schnell lernt. Mitunter erweist sich so eine Anti-Technik-Methode sogar als echte Alternative zu größerem, unhandlichem Gerät, wenn etwa lediglich Pflanzen in Blumentöpfen oder Balkonkästen zu besprühen sind.

Was ist das Ei des Kolumbus?

Jene berühmte Frage kann auch dieses Buch leider wieder nicht beantworten. Das Frühstücksei des Kolumbus jedenfalls mag folgende Merkmale aufgewiesen haben: feste Schale, sattgelber Dotter, vorzüglich im Geschmack. Möglich, daß der für die Fütterung des Federviehs Verantwortliche an Bord dem Futter immer auch frische Beinwellblätter der gemeinen Art *(Symphytum officinale)* beigemischt hatte. Wer seinen Hühnern Gleiches gönnt, dürfte zumindest der Antwort auf die Qualitätsfrage des begehrten Produkts ein beträchtliches Stück nähergekommen sein.

Raschelnder Vogelschutz

Wem der Schutz insbesondere der Singvögel am Herzen liegt, kann dafür einiges tun. Er kann nämlich beispielsweise das Fallaub unter Bäumen, Hecken und anderen Gehölzen einfach liegenlassen.
Die Vögel erhalten wegen der „unterlassenen Pflegearbeit“ deswegen einen Schutz, weil das am Boden liegende Laub das lautlose Anschleichen von Katzen und anderen Vogel-Jägern unmöglich macht. Das Wesentlichste aber, was der Vogelfreund für den Schutz, die Einbürgerung und Ver-

Ans Federvieh verfüttern, verfeinert Beinwell das Aroma der Frühstückseier.

mehrung von erwünschten Vogelarten machen kann, ist das sachgemäße Aufhängen tiergerecht gebauter Nistkästen. Dies ist ganz wichtig, da die unpassenden Nistkästen an der falschen Stelle der Vogelwelt mehr schadet als nützt.

Insektenstiche …

… stecken wir schon meistens ohne großes Gejammer weg, sie haben jedoch nicht selten recht unangenehme Folgen. Das kann von nervendem Juckreiz bis zu starken Schwellungen reichen. Aber gegen jedes Übel ist ja bekanntlich ein Kraut gewachsen, so auch dafür. Das Kraut, das also extra gegen die unangenehmen Folgewirkungen der elenden Insektenstecherei gewachsen ist, heißt Spitzwegerich. Im Falle eines Falles soll man die Einstichstelle so schnell wie möglich mit Spitzwegerich einreiben. Damit der Saft auch an die Haut kommt, am besten die Blätter vorher zerkleinern, notfalls reißen. Wer Spitzwegerich nicht im Garten hat, kann sich im Fachhandel Samen besorgen oder ihn bestellen (siehe Bezugsquellenverzeichnis, Seite 176). Solche kleinen Erste-Hilfe-Aktionen ersetzen selbstverständlich nicht den Gang zum Arzt, wenn Zweifel an der Harmlosigkeit der Verletzung bestehen.

Flaschenbirne – reinzaubern kann sie jeder!

Wie wäre es mit einer Flasche Birnenwasser, in dem eine echte Birne schwimmt? Nur, wie kommt die Birne in die Flasche?
Ziemlich einfach: Am Birnbaum wird nach der Blüte an einem sonnig gele-

Raffiniertes aus dem Garten: Flaschenbirnen.

genen Zweig ein schöner Fruchtansatz herausgesucht und in die Flasche gesteckt bzw. die Flasche über den Fruchtansatz gestülpt. Besonders schön fürs Auge sind gelbe Sorten. Die Flasche muß so am Baum befestigt werden, daß bei zunehmendem Gewicht nicht alles abbricht (evtl. an

Die Birne im Glas, hier wird das Rätsel gelöst!

einem anderen Ast). Nach der Ernte wird die Flasche mit der Birne darin gut ausgespült und mit Birnenwasser aufgefüllt.

Tomaten in der Näh' – Mücken ade

Gehören Sie zu den Mücken-Geplagten? Und mögen Sie Tomaten?
Wenn bisher nicht, gibt es jetzt eine neue Chance für eine gedeihliche Partnerschaft zwischen Pflanze und Mensch. Gute Beobachter haben einst herausgefunden, daß die stechenden Plagegeister den Geruch von Tomatenpflanzen abartig finden. Können wir diese Einstellung nicht teilen, holen wir uns doch den sympathischen Mückenschutz auf Balkon, Terrasse und sonstwohin noch, jedenfalls dorthin, wo man vor allem sommers gerne ungepiesackt Mußestunden verbringt.

Buchsbaum – nicht ganz harmlos, aber etwas gefährlich

Buchsbaum scheint wieder in Mode gekommen zu sein, und weil er nicht ganz so harmlos ist, wie er uns auf den sympathieheischenden ersten Blick erscheint, soll an seine vielleicht (schon lange) in Vergessenheit geratene Gefährlichkeit bei allzu lockerem Umgang mit ihm erinnert werden. Wohin man ihn sich pflanzt, sollte also nicht ausschließlich unter dem Aspekt „schön fürs Auge" entschieden werden.
Von Kühen weiß man, daß sie keinen Bogen um den Strauch machen (im Gegensatz zu anderen Giftpflanzen) und sich arglos an ihm gütlich tun – mit durchaus elenden bis tödlichen Folgen. Diejenigen Gartenfreunde, die aus welchen Gründen letztlich auch immer zu den mehr kuhlosen Buchsbaum-Kandidaten zählen, sollten sich trotzdem nicht völlig in Sicherheit wiegen und lieber Gedanken anstellen über die Kombination der unter ihrer Obhut hoffentlich gesund und munter herumtollenden Kinder und Tiere mit

Tomaten vertreiben die Mückenplage auf dem Balkon.

dem fraglos leicht tückischen Gesträuch.
Als keineswegs drollig sind in diesem Zusammenhang ferner Überlegungen leichthin wegzuwischen, die sich auf den Verbleib anfallenden Schnittguts beziehen – der Kompost jedenfalls würd's überleben.

Der Mond spielt mit

Am Einwirken des Mondes auf irdische Vorgänge wie Ebbe und Flut zweifelt ernstlich kein Mensch (mehr). Es gibt aber außer diesen augenfälligen Erscheinungen auch noch viel subtilere Reaktionen auf die Ausstrahlungskraft unseres Erdtrabanten, deren Wichtigkeit für den Menschen und sein Schaffen nicht unterschätzt werden sollte.
Vorweg einige Bemerkungen zu uralten Arbeitsweisen mit Rücksicht auf die verschiedenen Mondphasen. Es wurde beispielsweise penibel darauf geachtet, daß Bäume, deren Holz für den Schiffsbau bestimmt war, nur bei abnehmendem Mond gefällt wurden. Bei zunehmendem Mond nimmt nämlich der Saftstrom der Bäume zu, so daß in dieser Zeit geschlagenes Holz wegen der in ihm verbleibenden Säfte und Feuchtigkeit, wurmbedingter Fäulnis und dem Holzfraß ausgesetzt war und damit vollkommen unbrauchbar wurde.
Diese Erkenntnisse auf eine Anwendung im Garten bezogen, bedeutet für uns: Das Pflanzen und Beschneiden von Bäumen soll man um des rechten Gedeihens willen besser bei abnehmendem als bei zunehmendem Mond besorgen. Andernfalls kümmern die Bäume häufig wegen des aufsteigenden und überschüssigen Saftes dahin, schlagen schlecht Wurzeln und „kommen nicht so recht vorwärts". Bei abnehmendem Mond hingegen liegt die größere und stärkere Kraft der Bäume in ihrem Inneren. Sie fassen schneller Wurzeln, halten sich besser und der Saft fließt auch nicht aus beschnittenen Stellen ab.
Edle und bekömmliche Kräuter dagegen (wie z. B. Basilikum, Thymian, Lavendel und Rosmarin) soll man bei zunehmendem Mond schneiden bzw. mit der Wurzel rausziehen. Hieraus hergestellte Heilmittel gelten als wirksamer, damit gewürzte Speisen als aromatischer.
Bei der Ernte von Obst und Gemüse muß man zwischen Lagergut und sofort zum Verzehr vorgesehener Nahrung unterscheiden. Zum Einlegen sollte man sich die „zusammenziehende" Wirkung des abnehmenden Mondes zunutze machen; das Lagergut hält dann länger. Umgekehrt verfahre man mit Obst und Gemüse, das zum baldigen Verzehr gedacht ist. Ein höherer Nährwert soll die positive Folge einer Ernte bei zunehmendem Mond sein.
Für das Jäten der Gemüse- und Blumenbeete wähle man die Zeit des abnehmenden Mondes im Frühjahr und Frühsommer. Es sollte dann beim Hacken darauf geachtet werden, die Nutzpflanzen nicht zu beschädigen, die dann ebenfalls empfindlich auf Verletzungen reagieren.

Celsius, Fahrenheit, Reaumur – zum Verständnis nun die Formel hier

Wessen Forscherdrang nach tiefer Gärtner-Weisheit selbst durch die weltberühmten Großvater-Bücher nicht zu stillen ist, wer gern in alten Folianten

Gärtner-Weisheit kann zu einer Wissenschaft für sich werden.

auf Schatzsuche geht, dem wollen wir nicht etwa beleidigt schwerstwiegende Informationen vorenthalten. So manch kryptische Hieroglyphe gilt es zu entziffern. Greifen wir nur einmal den Aspekt der Temperaturmessung in Grad Celsius (°C) heraus. Da staunt verwirrt der ahnungslos ins Wissensmeer sich Stürzende, wenn unversehens er konfrontiert sich sieht mit Bezeichnungen aus grauer Vorzeit, wie zum Beispiel „Grad Fahrenheit" (auch schlicht F genannt) oder auch „Grad Reaumur" (nicht weniger schlicht einst als nacktes R bekannt). Gestützt nun auf jene heiligste Säule abendländischer Kultur, der Mathematik nämlich, geben wir hier großzügig die Formel zur Umrechnung der verschiedenen Meßeinheiten preis:

$$\frac{C}{5} = \frac{R}{4} = \frac{F-32}{9}$$

Und damit das Ganze nicht nur als nette akademische Übung verbucht wird, sondern zugleich den Praktiker entzückt, müssen die beiden veralteten Temperatureinheiten in °C umgerechnet werden. Dafür gibt's jetzt hier die notwendigen Umrechnungs-Formeln:

$$C = \frac{5}{4}R$$

$$C = 5\,\frac{(F-32)}{9}$$

Kapiert? Für die Germanisten und Künstler unter uns Gärtnern mal zwei Beispiele: 20 Grad Reaumur sollen in Grad Celsius umgerechnet werden. Zunächst teile man 20 durch 4 und nehme dann mit 5 mal. Heraus kommt 25, das heißt, 20 Grad Reaumur entsprechen 25 Grad Celsius. Bis hierhin konnten wir uns problemlos folgen, also gleich weiter: 86 Grad Fahrenheit sollen in Grad Celsius umgewandelt werden. Zuerst rechnet man 86 – 32, teile das Ergebnis (54) durch 9 (= 6) und nehme mit 5 mal (6 x 5 = 30), d. h., 86 Grad Fahrenheit entsprechen 30 Grad Celsius. Das stimmt, oder der Taschenrechner spinnt.

Der Blumenduft der großen weiten Welt – man kann was tun, damit man ihn erhält

Viele Blütenpflanzen blühen nicht nur allerliebst – sie duften zu allem Überfluß auch noch mehr oder weniger sagenhaft. Aber längst nicht jedes dieser holden Gewächse strotzt vor Großzügigkeit, verströmt seinen Duft freigebig in die weite Welt hinaus. Oft muß man seine Nase tief in die Blüte stecken, um in den Genuß verborgenen Odeurs zu gelangen. Wen es nicht wenig reizt, einen Garten der offen umherstreifenden Düfte sein eigen nennen zu dürfen, der findet in der folgenden nach Blühzeiten geordneten Pflanzenliste hoffentlich verführerische Anregung.
Wie stark sich die Wohlgerüche verbreiten, hängt natürlich auch von Wind und Wetter ab. Außerdem spielt auch der Standort des Duftbeetes eine große Rolle. In einer Senke gelegen, entfaltet sich das Bukett des Pflanzenarrangements wesentlich intensiver, weil die Düfte nicht so stark dem Wind ausgesetzt sind.
Stellen Sie sich beispielsweise einen Sitzplatz in sanfter Senke vor, an deren Böschungen sich ein Ensemble von Duftbeeten betörendster Aromen entlangzieht. Oder eine elegante Pergola, die einen großen Teil Ihrer Gartenanlage umfaßt und überdeckt, sie bietet Platz für wohlriechende Kletterpflanzen. In der nachfolgenden Liste finden Sie sowohl Blumen als auch Sträucher und Kletterpflanzen.

Frühlingsdüfte von Februar bis April:

Krokus *(Crocus vernus)*
Vorfrühlings-Heckenkirsche *(Lonicera purpusii)*
Duftschneeball *(Viburnum fragrans)*
Alpenkresse *(Arabis alpina)*
Veilchen *(Viola odorata)*
Waldmeister *(Galium odorata)*
Goldlack *(Cheiranthus cheiri)*
Seidelbast *(Daphne mezereum*, giftig)
Kaiserkrone *(Fritillaria imperialis)*
Hyazinthe *(Hyacinthus orientalis)*
verschiedene Tulpensorten *(Tulipa)*
Stiefmütterchen *(Viola tricolor)*
Straußprimel *(Primula veris elatior)*
Lavendellaub *(Lavandula latifolia)*

Frühlingsdüfte von Mai bis Juni:

Maiwaldrebe *(Clematis montana perfecta)*
Maiglöckchen *(Convallaria majalis)*
Elfenbeinginster *(Cytisus praecox)*
Federnelke *(Dianthus plumarius)*
Duftflieder *(Syringa*-Sorten)
Schneeball *(Viburnum opulus)*
Glyzine *(Wisteria chinensis)*
Eberesche *(Sorbus aucuparia)*
Kanadaphlox *(Phlox adsurgens)*

Der Duft des nahenden Frühjahrs: Hyazinthen.

Sommerdüfte von Juni bis Juli:

Diptam *(Dictamnus albus)*
Türkenbundlilie *(Lilium martagon)*
Jelängerjelieber *(Lonicera caprifolium)*
Waldgeißblatt *(Lonicera periclymenum)*
Duftjasmin *(Philadelphus-*Sorten)
Sommerphlox *(Phlox-Arendsii-*Sorten)
Akazie *(Robinia pseudacacia)*

Vier Kletterrosen-Sorten und einige Edelrosen:

'Gruß an Zabern'
'Helene'
'Perle von Britz'
'Zephyrine Drouhin'
'Golden Dawn'
'Heinrich Wendland'
'Georg Arends'
'Etoile de Hollande'
'Dame Edith Helen'
'Crimson Glory'

Links oben:
Von den Blütenständen des Sommerflieders werden im Sommer zahlreiche Schmetterlinge angelockt.

Links unten:
Fest der Sinne im Sommer: Phlox.

Rechts oben:
Der Echte Jasmin darf in keinem Duftgarten fehlen.

Rechts unten:
Im Sommer verbreitet die Vanilleblume ihren süßen Duft.

Sommerdüfte von Juli bis August:

Schmetterlingsstrauch *(Buddleja-*Sorten)
späte Duftjasminsorten *(Philadelphus)*
Heliotrop *(Heliotropium-*Sorten)
Dufttaglilie *(Hemerocallis citrina)*
Duftwicke *(Lathyrus odoratus)*
Indianernessel *(Monarda didyma)*
Lavendel *(Lavandula latifolia)*
Duftgeranie *(Pelargonium odoratissimum, P. radens, P. endlicherianum,* letztere ist winterhart)
Reseda *(Reseda odorata)*
Hochsommerphlox *(Phlox paniculata)*

Herbstdüfte von September bis Oktober:

Balkanaster *(Aster amellus-*Duftsorten)

Chabaudnelken *(Dianthus caryophyllus)*
Herbstwaldrebe *(Clematis paniculata)*
Herbstphlox *(Phlox paniculata)*
Herbstflieder *(Polygonum polystachium)*

Die Züchter sind seit Großvaters Zeiten natürlich nicht untätig geblieben. Aus einem schier unglaublichen Reichtum an Auswahlmöglichkeiten kann sich der Gartenfreund heutzutage seine ganz persönliche Pflanzenwelt zusammenstellen. Vieles, was unseren Großeltern noch völlig unbekannt war, ist außerdem inzwischen aus fernen Ländern zu uns gekommen.

Die Blumenuhr

Am Öffnen und Schließen der Blüten verschiedener Blumen läßt sich die Tageszeit ablesen. Erforscht wurden bisher vor allem die Blühzeiten von Wildkräutern. Beispielsweise richteten sich früher die Landarbeiter auf dem Feld nach dem Bocksbart. Wenn dieses Kraut seine Blüten schloß, wurde Mittagspause gemacht.
Die in der nachfolgenden Liste angegebenen Uhrzeiten geben die Mitteleuropäische Zeit (MEZ) an. Die Blumen richten sich aber nach der Sonnenzeit, die von der MEZ etwas abweicht und noch mehr von der Sommerzeit (= MEZ + 1 Std.). Beim Anlegen der Blumenuhr ist außerdem noch zu beachten, daß auch die unterschiedlichen Lichtverhältnisse in den Gärten zu Abweichungen in der Genauigkeit führen können. Die Blumenuhr ist also eine Uhr für experimentierfreudige Gartenliebhaber, die gerne etwas für sie Neues probieren. Über die auf den nächsten Seiten genannten Pflanzenarten hinaus lassen sich, nach einigen Beobachtungen, sicherlich auch viele Kulturpflanzen mit in die Blumenuhr integrieren.
Unsere auf der Zeichnung vorgeschlagene Blumenuhr geht von 6 bis 18 Uhr MEZ. Die Blütezeit (Januar–Dezember) ist in der Liste in römischen Ziffern angegeben.

Es öffnen sich:

6 Uhr: Zaunwinde *(Calystegia sepium)* (VI-IX)
Gelbrote Taglilie *(Hemerocallis fulva)* (VII-VIII)
7 Uhr: Weiße Seerose *(Nymphaea alba)* (VI-X)
Ringelblume *(Calendula officinalis)* (VI-X)
8 Uhr: Habichtskraut *(Hieracium aurantiacum)* (VI-VIII)
Gauchheil *(Anagallis arvensis)* (VI-X)
9 Uhr: Ringelblume bei trübem Wetter
Pfingstnelke *(Dianthus gratianopolitanus)* (VI-IX)
10 Uhr: Malvengewächse, z. B.: Malve *(Malva moschata)* (VII-VIII)
Stockrose *(Althaea rosea)* (VII-IX)
Käsepappel *(Malva neglecta)* (VI-XI)
11 Uhr: Tigerblume *(Tigridia pavonia)* (VII-IX)
Stern von Bethlehem *(Ornithogalum umbellatum)* (IV-V)

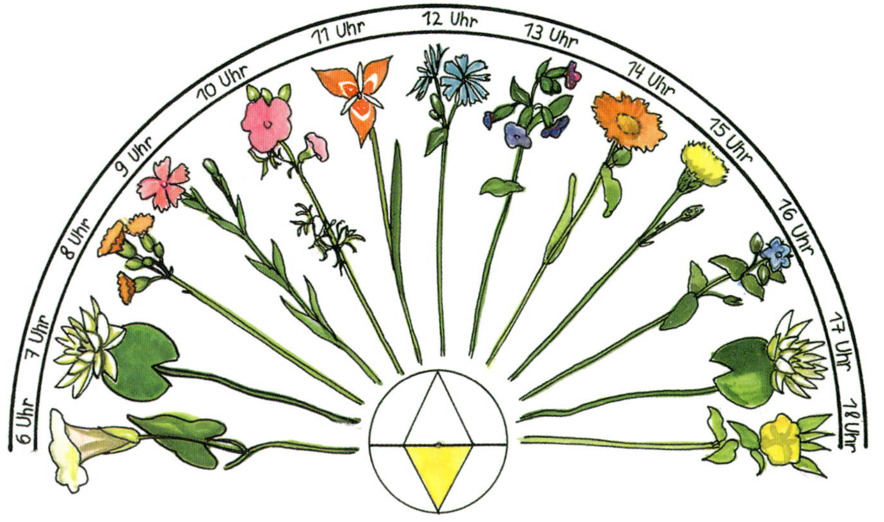

Das Beet für die Blumenuhr kann halbrund angelegt werden. Wenn die offene Kreisseite nach Süden zeigt und in der Mitte ein Stab in den Boden gesteckt wird, ist die Blumenuhr gleichzeitig eine Sonnenuhr. Der Schatten des Stabes fällt immer auf den Abschnitt, auf dem sich die Blüten gerade öffnen oder schließen.

16 Uhr: Wunderblume *(Mirabilis jalapa)* (VI-X)
18 Uhr: Nachtkerze *(Oenothera-Arten) (VI-IX)*

Es schließen sich:

12 Uhr: Gemeine Wegwarte *(Cichorium intybus)* (VII-IX)
Bocksbart *(Tragopogon pratensis)* (V–VII)
13 Uhr: Pfingstnelke (siehe oben)
Lungenkraut *(Pulmonaria-*Arten) (III-V)
Karthäusernelke *(Dianthus carthusianorum)* (VI-IX)
14 Uhr: Ringelblume (siehe oben)
Roter Spärkling *(Spergularia rubra)* (V-IX)
15 Uhr: Wurmlattich *(Picris echioides)* (VII-VIII)
Geflecktes Ferkelkraut *(Hypochoeris maculata)* (V-VIII)
16 Uhr: Gauchheil (siehe oben)
Zaunwinde (siehe oben)
17 Uhr: Weiße Seerose (siehe oben)

Der Wetterzoo

Singt der Buchfink vor der Sonne,
schüttet's bald in Faß und Tonne.
Kreisen Dohlen um den Turm,
gibt es Wind und oft auch Sturm.

Schreit der Hahn zur Schlafenszeit,
ist der Regen nicht mehr weit.
Ruft der Kuckuck oft und laut,
dumm, wer da der Sonne traut.
Steigt der Laubfrosch auf die Leiter,
wird das Wetter hell und heiter.
Beißen Mücken dich und Flöhe,
kommt nichts Gutes aus der Höhe.
Wälzt der Spatz sich faul im Sand,
zieht ein Regen übers Land.
Quakt der Frosch in seiner Grube,
sitzt du bald in deiner Stube.
Hörst du tags die Eule schrein,
wird's bald grau und trübe sein.
Heult der Hund durch Hof und Garten,
ist Gewitter zu erwarten.
Wenn die Mücken friedlich tanzen,
schnüre deinen Wanderranzen.
Stehn die Schafe dicht beisammen,
zucken bald der Blitze Flammen.
Sieht der Storch bekleckert aus,
tröpfelt's bald auf Dach und Haus.
Wenn die Kälber munter springen,
Lerchen sich zum Himmel schwingen,
Salamander aufwärts steigen,
Spinnen sich im Netze zeigen,
Kiebitzvögel tief bewegen,
gibt es sicher keinen Regen.

(Zuerst im „Nürnberger Kalendermann" erschienen laut Quelle: Paul Neukirchen, Neuer Rat aus alten Regeln, Berlin-Charlottenburg 1947)

Naturbarometer

Es geht gelegentlich auch ohne High-Tech. Wem es nach einer Alternative zum Wetterbericht aus Funk und Fernsehen verlangt, kann sich eine basteln: Von einem dürren Fichtenwipfel (etwa einen Meter lang) werden alle Seitenäste bis auf einen entfernt. Der Stamm wird auf einer Seite so abgeplattet, daß er an einer Wand (Gartenhaus o. ä) befestigt werden kann. Die abgeplattete Seite sollte sich seitlich und nicht gegenüber von dem stehengelassenen Ast befinden. Der Seitenast krümmt sich je nach zu erwartendem Wetter in Richtung nach unten oder oben. Der Ast zeigt die Wetterveränderung einige Stunden vorher an. Wird das Wetter

Das Fichtenbarometer zeigt Wetteränderungen schon einige Stunden vorher an.

schlecht, bewegt er sich himmelwärts, ist gutes Wetter zu erwarten, senkt er sich. Hat man einige Erfahrungen mit dem Fichtenbarometer gesammelt, kann man an der Wand Markierungen anbringen, die dem zu erwartenden Wetter entsprechen und in Konkurrenz zur amtlichen Wetterberichterstattung treten. Der Nachbar wird's vielleicht zu schätzen wissen.

Ein Naturkalender

Für den Frühlingsanfang hat der offizielle Kalender lediglich den 21. März anzubieten, jedes Jahr wieder, so was Stures. Die Natur weiß es besser. Ein Beispiel:
Der sogenannte Hochfrühling (Apfelblüte) beginnt in Deutschland je nach Lage etwa zwischen dem 10. April und dem 30. Mai, also in einer Zeitspanne von sechs Wochen. Damit man mit der Gartenarbeit nicht zu früh beginnt, kann man sich an bestimmten Naturerscheinungen, wie zum Beispiel Schneeglöckchen- oder Apfelblüte, orientieren. Aber nicht nur für das Frühjahr, auch für den Rest des Jahres kennt man solche Anhaltspunkte. Erstaunlich an der Beobachtung dieser Dinge ist, daß es sogar Unterschiede von bis zu zwei Wochen in benachbarten Gärten gibt!
Nur der Spätherbst beginnt tatsächlich in ganz Deutschland fast gleichzeitig, nämlich zwischen dem 10. und 20. Oktober.
Im Folgenden sind Regeln aus verschiedenen Quellen zusammengetragen, so daß einiges widersprüchlich erscheinen mag. Die Angaben sind also als Anhaltspunkte für Gartenfreunde sinnvoll, die mitzudenken und zu beobachten gewohnt sind. So könnte sich jeder durch gründliches Hinschauen, Ausprobieren und Notieren mit der Zeit seinen persönlichen Naturkalender zusammenstellen.

Regeln für das Frühjahr

Sind die Schneeglöckchen voll aufgeblüht, kann man mit den ersten Aussaaten und Pflanzungen im warmen Frühbeet beginnen.

Blüht der Huflattich, fängt die Zeit für das Freiland an: Schwarzwurzeln, Spinat, Puffbohnen, Möhren, Zwiebeln und Mairüben können ausgesät, Steckzwiebeln, Frühkohl und Schalotten gepflanzt werden. In schweren Böden sollte man damit aber warten, bis die Forsythien blühen.

Werden Gemüseaussaaten erst dann vorgenommen, wenn der Wein Blätter hat, wachsen die Pflanzen rasch heran und können die vorgezogenen Saaten durchaus noch einholen.

Entfaltet die Stachelbeere ihre Blätter, fängt auch der Rasen wieder zu wachsen an. Dann können Kohl- und Salatsaaten im kalten Kasten vorgenommen werden.

Zur Zeit der Magnolienblüte droht bei

Für Frühaufsteher und Nachtschwärmer: die Vogeluhr. Sie wurde im April 1934 in Westfalen aufgezeichnet und gibt die Durchschnittszeiten an. Für die Sommerzeit muß eine Stunde hinzugezählt werden (Quelle: Paul Neukirchen: Neuer Rat aus alten Regeln, Berlin 1947).

klarem Himmel noch Nachtfrost. Empfindliche Pflanzen müssen geschützt werden.
Im Mai orientiert sich die Gartenarbeit an den Eisheiligen (12.–15.). Kohlarten, Porree, Kohlrabi, Wurzelgemüse und die verschiedenen Salate können vorher gesät und gepflanzt werden. Nach den Eisheiligen kommen auch empfindliche Kulturen wie Tomaten, Gurkengewächse und Bohnen ins Freiland.

Regeln für den Sommer

Blüht der Holunder, können Winterporree und Endivie ausgesät werden. Gepflanzt werden auch Winterkohl und verschiedene Salate.

Blüht das Johanniskraut, ist es Zeit, letzte Saaten von Möhren, Salat und Buschbohnen vorzunehmen.

Den Beginn des Hochsommers zeigen die Blüte der Madonnenlilie und die Reifung der Roten Johannisbeere an. Das Spätgemüse wie Chinakohl und Knollenfenchel wird ausgesät und der Grünkohl gepflanzt.

Blüht das Heidekraut und sind die Beeren der Eberesche reif, können Aussaaten für die Herbsternte von Feldsalat, Radieschen, Spinat und Herbstrüben in die Erde.

Die Goldrutenblüte gegen Ende des Sommers zeigt die Zeit für den Heckenschnitt an. Die Brutzeit der Vögel ist auch vorbei, so daß eventuell vorhandene Nester in der Hecke nicht mehr gefährdet sind.

Ein Fingerzeig für den Hochsommer: Die Reife der Roten Johannisbeere.

Regeln für den Herbst

Spinat und Feldsalat für die Frühjahrsernte kann ausgesät werden, wenn Holunder- und Brombeeren reif sind. Um diese Zeit blüht auch die Herbstzeitlose. Jetzt gesteckter Knoblauch wächst besser als erst im Frühjahr in die Erde gebrachter.

Mit den ersten kalten Tagen ist zu rechnen, wenn die Zugvögel von Norden her über unsere Gärten fliegen.

Sind die Kastanien und Walnüsse reif, können erste Fröste auftreten.

Frostempfindliche Pflanzen müssen geschützt werden, Einlagerungsgemüse kann aber noch im Garten bleiben.

Verliert die Roßkastanie ihr Laub, wird der Garten für den Winter vorbereitet. Der letzte Rasenschnitt ist fällig. Wintergemüse kommt ins Vorratslager. Schwere Böden werden umgegraben, damit der Frost eindringen und die Erde lockern kann. Leichte Böden müssen nur gelockert und bedeckt werden.

Zur Zeit der Brombeerreife ist die Herbstsaat von Spinat und Feldsalat angesagt.

Großvaters kleine Wetterkunde, sie macht auch heut noch gern die Runde

Für den Fall, daß Ihr Wettersatellit gerade abstürzt, zur Inspektion muß oder die Batterie ausgelaufen ist, oder Sie ihm einfach nicht mehr glauben, erlauben wir uns höflichst, einige Pro-

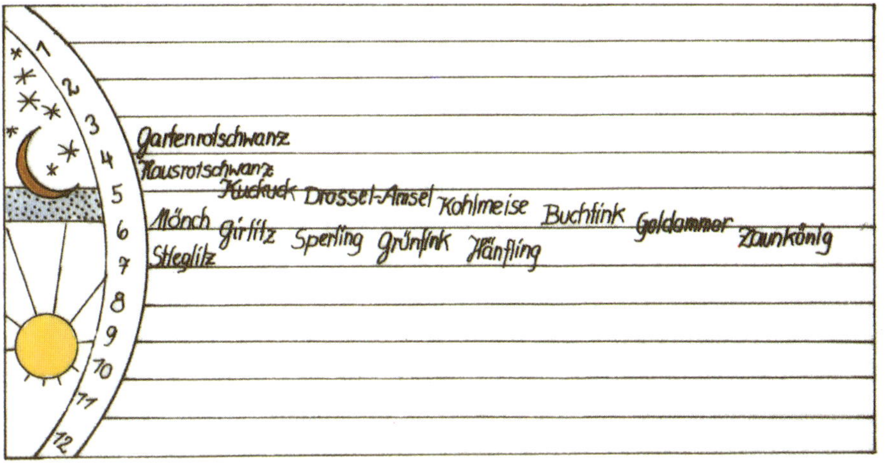

Wie auf der Zugvogeluhr abzulesen ist, kommen die ersten Vögel schon Mitte März aus dem Süden zurück. Die Nistgelegenheiten müssen dann schon bereitstehen.

ben aus dem großväterlichen Regelwerk zur Wetterkunde vorzustellen.
Mit Hilfe alter Wetterregeln lassen sich die Tendenzen des Wetters fur die folgenden Monate schon frühzeitig erkennen. Das kann zum Beispiel für rechtzeitige Vorbeugemaßnahmen gegen Pflanzenkrankheiten sehr nützlich sein. Für jeden Monat gibt es solche Regeln, die den Gärtner darüber informieren, wie sich das Wetter entwickeln wird.

Januar:

Süd- und Südostwinde bringen Frost und trockene Kälte. Bei Westwind hingegen ist kaum mit Minustemperaturen zu rechnen, und weht der Wind von Norden her, kann es in Tauwetter umschlagen. Sonst bringt der Nordwind – ganz anders als der Ostwind – nur mäßigen Frost.
Allgemein gilt: Ist der Januar eher mild gewesen, sollte man sich auf ein frostiges Frühjahr gefaßt machen. Genügend Abdeckmaterial für die Aussaaten sollte nun bereitliegen.

Wenn das Gras im Jänner wächst,
ist es später wie verhext.

Januar muß vor Kälte knacken,
wenn die Ernte gut soll sacken.

Februar:

Mit dem Wind verhält es sich im Februar ähnlich wie im Januar. Allerdings ist jetzt bei Nordwind eher mit Schnee und Kälte zu rechnen. Ein günstiges Jahreswetter kündigt sich an, sofern der Februar gleichmäßig kalt war.

Unter Eis und Schnee ruhen Pflanzen und Tiere im Winter.

Ist der Februar trocken und kalt,
kommt im Frühjahr die Hitze bald.
Wenn im Februar die Mücken geigen,
müssen sie im Märze schweigen.

März:

Aufschlußreich ist die Windrichtung um den 21. März herum. Sie gibt die Hauptwindrichtung für das Frühjahr und den Sommer an. Veränderliche Winde bedeuten dann auch veränderliches Wetter. Ein gutes Gartenjahr kann man bei einem kühlen und trockenen März erwarten.

Taut's im März nach sommerart,
kriegt April einen weißen Bart.

Ist der März zu feucht,
wird die Ernte leicht.

April:

Warme, leichte Regen während dieses Monats sind eine Wohltat für unsere

Gartenwelt. Bleibt das an sich typische, wechselhafte Aprilwetter aus, muß man befürchten, daß es im Mai nachgeholt wird.

Guter April,
schlechter Mai.

Ein nasser April
verspricht der Früchte viel.

Mai:

Um Aussicht auf einen warmen, dem Wachstum förderlichen Juni zu haben, sollte der Mai nur mäßig warm und eher feucht gewesen sein. Ein heißer Mai hat in der Regel einen kalten, nassen Juni zur Folge, der alles Wachstum stocken läßt und die Pflanzen anfällig macht für allerlei Pilzerkrankungen. Man sollte in solchen Jahren demnach bereits im Mai mit den vorbeugenden Maßnahmen beginnen.
Über Maigewitter darf man sich freuen, denn sie versprechen ein fruchtbares Jahr.

Mairegen auf die Saaten,
dann regnet es Dukaten.

Mai warm und trocken,
macht alles Wachstum stocken.

Juni:

Anders als Maigewitter kündigen Gewitter im Juni einen trüben Sommer an, was zwar dem Getreide und den verschiedenen Kohlarten zugute kommt, den eher empfindlichen, dafür um so schmackhafteren Gartenfrüchten aber den Garaus bereiten kann.
Über den Wind läßt sich im Juni nur vorsichtig sagen, daß es für die weitere Wetterentwicklung vorteilhaft zu sein scheint, wenn er uns vom Norden bläst.

Was im September soll geraten,
das muß schon im Juni braten.

Was im Juni nicht wächst,
gehört in den Ofen.

Juli:

Der Juli gilt für gewöhnlich als der heißeste Monat, für gewöhnlich. Sind schon die ersten Julitage regnerisch und kühl, wird es auch für den Rest des Monats nichts mit eitel Sonnenschein und Badefreuden.
Sind sowohl Juni als auch Juli unfreundlich gewesen, kann man sich damit trösten, daß der August mit großer Wahrscheinlichkeit Wärme spenden wird.

Nur bei starker Juliglut
geraten Birnen und Äpfel gut.

Regnet's an Margarethen (20. 7.),
gehn die Nüsse flöten.

August:

Jetzt geht der Sommer langsam seinem Ende zu (sofern überhaupt einer da war). Das Wetter ist jetzt eher ver-

änderlich. In der ersten Augusthälfte gehören häufige Gewitter zum normalen Monatsverhalten.
Achtung bei Nebel im August: Er bringt vielerlei Pflanzenerkrankungen mit sich, vor allem Pilzkrankheiten!

Was die Hundstage gießen,
muß die Traube büßen.

Lorenz und Bartel schön (10. und 24. 8.),
wird der Herbst auch gut ausgehn.

September:

Nun denn, es wird herbstlich. Im September achte man auf die Zugvögel: Ziehen sie nicht vor Ende des Monats davon, kann man mit milder Witterung bis Weihnachten rechnen.
Sind im September noch viele Schmetterlinge zu sehen, haben wir es im folgenden Jahr voraussichtlich mit reichlich Raupen zu tun.
Stört uns heutzutage nicht mehr, wenn es nicht gerade Schwammspinnerraupen sind ...

Durch des Septembers heitern Blick,
schaut nochmals der Mai zurück.

Was Juli und August nicht taten,
läßt der September ungebraten.

Oktober:

Meist ist der Oktober rauh, naß und windig. Es empfiehlt sich deshalb nicht, allzu gemächlich an die Ernte des Lagergemüses heranzugehen. Ist übrigens die Nußernte reichlich ausgefallen, kommt ein strenger Winter.

Trägt's Häschen lang sein Sommerkleid,
so ist der Winter auch noch weit.

Wenn die Bienen zeitig verkitten,
kommt bald ein harter Winter geritten.

November:

Die Witterung dieses Monats sollte man genau im Auge behalten, denn so wird der nächste März werden, ein sehr wichtiger Monat für das Gärtnervolk.

Ist der November kalt und klar,
ist trüb und mild der Januar.

Hat Martin (11. 11.) einen weißen Bart,
wird der Winter lang und hart.

Dezember:

Zwei Dinge im Dezember:
Erstens: Wie verhält es sich mit dem Winterbeginn? Läßt er auf sich warten, wird er sich dafür im Frühjahr Zeit lassen.
Zweitens: Wie sieht es aus mit Wintergewittern? Großvater meint: „Hat der Dezember Blitz und Donner gebracht, wird's im kommenden Jahr reichlich windig zugehen."

Kalter Dezember und fruchtbar Jahr,
sind vereinigt immerdar.

Weihnachten Mücken – Ostern Eis.

Mit Rauhreif im Herbst neigt sich das Gartenjahr langsam seinem Ende entgegen.

Literatur

(eine Auswahl verwendeter Literatur)

Allgemeine deutsche Gartenzeitung, herausgegeben von der praktischen Gartenbau-Gesellschaft in Frauendorf, dritter Jahrgang 1825. Erschienen bei Friedrich Pustet, Passau.

ANKENBRAND, LUDWIG: Die Bekämpfung der Obstschädlinge. Jungbornverlag, 1912

BECKER-DILLINGEN: Handbuch des gesamten Gemüsebaus. Paul Parey, 1943

BÖTTNER, JOHANNES: Praktische Gemüsegärtnerei. Trowitsch & Sohn, 1901

BOLAND, M. u. B.: Was die Kräuterhexen sagen. dtv, München 1983

BRESCHKE, J.: Tausendschön & grüne Bohnen. Delphin Verlag, München und Zürich 1982

BRUNS, A. u. H.: Biogärtner's Jahrbuch. Kösel, München 1985

CASPARI, DR. FRITZ: Fruchtbarer Garten, Naturgemäße Gartenpraxis. Heering-Verlag, 1948

FOERSTER, KARL: Gartenfreude wie noch nie, Kleines Gartenärgerlexikon. Verlag der Gartenschönheit, 1939

GÖSCHKE, F.: Der Hausgarten auf dem Lande. Verlag Hugo Voigt, Leipzig 1899

Hannoversche Garten- und Obstbau-Zeitung. Jahrg. 1902 und 1917–1922

HANSEN, DR. J.: Gemüsebau im Kleingarten. Verlag Joachim Boehmer, 1946

HESDÖRFFER, MAX: Praktisches Taschenbuch für Gartenfreunde. Berlin 1905

Illustrierte Gartenzeitung, Jahrgang 1858 und 1859

KOSMOS, Zeitschrift für angewandte Naturwissenschaften, dritter Jahrgang 1859. Erschienen bei Franz Wagner, Leipzig

MARTENS, ANNA UND SCHWAGER, HANS: Der neue Land-, Obst- und Gartenbau. Lebensweiser-Verlag, 1933

NEUKIRCHEN, PAUL: Neuer Rat aus alten Regeln. Siebeneicher Verlag, Berlin 1947

NEUKIRCHEN, PAUL: Gartenrausch. Siebeneicher Verlag, Berlin 1947

RÖDER, FR. (herausgegeben von Wilhelm Heinrichshofen): Der Hausfreund auf dem Lande, 2. Band. Magdeburg 1821

RUDOLF, PROF. DR. C. F. UND WIRTH, A. G.: Grundlagen und Fortschritte im Selbstversorger Gartenbau, Heft 2. Ulmer Verlag, 1943

RÜMPLER, TH.: Illustrierte Gemüse- und Obstgärtnerei. Berlin 1879

SCHILLING, DR. K.: Lebensgemeinschaften der Gartenpflanzen. Landbau-Verlag, Berlin 1952

SCHNEIDER, J.: Ernte, Aufbewahrung, Versand des Obstes. Verlag Hachmeister & Thal, Leipzig 1910

SCHULZ, PAUL F. F.: Häusliche Blumenpflege. Verlag von Quelle & Meyer, ca. 1900

WINKE: Abtei Fulda, Hefte 1961–1968

Württembergisches Obstbuch, Selbstverlag des Württ. Obstbauvereins e. V., 1905

Bezugsquellenverzeichnis

Obst

Südflora Baumschulen
Peter Klock
Stutsmoor 43
22607 Hamburg 52
– Obst in Kübeln, auch Südfrüchte –

Baumschule Bergt
Thaler Landstr. 26
31812 Bad Pyrmont

Krämer Baumschule
Bielefelder Str. 202–206
32758 Detmold

Baumschule Rinn
Heuchelheimer Str. 129
35398 Gießen

Knipping Bernhard
Baumschule
Hellweg 6
46499 Hamminkeln-Dingden

Artländer Pflanzenhof
49635 Badbergen

Herr Baumschule
Postfach 1229
53340 Meckenheim

Hans Bartsch
Baumschule
Nuthgottestr. 4
65366 Geisenheim

Baumschule Pfänder
Im breiten Löhle 18
72622 Nürtingen

Christoph Ulmer
Baumschule
Grabenstr. 34
73235 Weilheim/Teck

Versandbaumschule Brenninger
Hofstarring 2
84439 Steinkirchen

Wilhelm Hofmann
Baumschule
Hauptstr. 36
91094 Langensendelbach

Walter Scheuermann
Baumschule
Wertheimerstr. 5
97941 Tauberbischofsheim

Baumschulen in Österreich:

Baumschule Gustav Ranseder
A-4980 Antiesenhofen

Baumschule Johann Reisegger
A-4773 Eggerding

Baumschule Dipl-Ing. Hauer
A-4760 Raab

Baumschulen in der Schweiz

Flora Baumschulen AG
D. Grevsmühl
CH-8215 Hallau

T. Spreng
Baumschule
Haldimoosstr. 22
CH-4922 Bützberg

T. Suter
Baumschule
Pilgerstr. 67
CH-5405 Baden-Dättwil

F, Zemp
Baumschule
CH-6277 Kleinwangen

Wild- und andere Kräuter

Peter und Monika Klock
Postfach 520 604
22596 Hamburg

Daniel Rühlemann
Am Himpberg 32
27367 Sottrum/Stuckenborstel

Blauetikett Bornträger GmbH
Postfach 30
67591 Offstein

Egmont Wolff
Hauptstr. 19
74541 Vellberg/Großaltdorf

Dieter Köhler
Rainerstr. 4
83104 Tuntenhausen

Saatgut

Samen Mauser Quedlinburg
Postfach 13
06472 Quedlinburg

Treppens Samen
Berliner Str. 88
14169 Berlin

Carl Sperling
Hamburger Str. 35
21339 Lüneburg

Allerleirauh GmbH
Saatguthandel
Kronstr. 24
61209 Echzell

Silvia & Peter Lendi
Bioterra-Samen
CH-6981 Bedigliora

Stauden und Ähnliches

Baum- und Rosenschule
Schlüter
25335 Bokholt-Hanredder

Rudi Hartmann
Postfach 1503
25405 Pinneberg

Heinz Klose
Rosenstr. 10
34253 Lohfelden

Staudenkulturen Wauschkuhn
34346 Hann. Münden

Georg Arends
Monschaustr. 76
42369 Wuppertal

Bernd und Gabriele Wetzel
Oberkohlfurth
42349 Wuppertal

Willumeit
Heidelberger Landstr. 179
64297 Darmstadt-Eberstadt

Kayser & Seibert
Odenwälder Pflanzenkulturen
Postfach 1162
64373 Roßdorf

Hans Götz
77761 Schiltach

Staudengärtnerei
Gräfin von Zeppelin
79295 Sulzburg-Laufen (Baden)
– Katalog gegen 10 DM Schutzgebühr –

Rolf Peine
An der B 471
82296 Schöngeising

Hersteller und Versender von Dünge- und/oder Pflanzenschutzmitteln für den biologischen Gartenbau

Neudorff GmbH
Produkte in vielen Fachgeschäften erhältlich

Oscorna Düngemittel
Produkte in vielen Fachgeschäften erhältlich

Snoek GmbH
Tannenweg 156
27356 Rotenburg

Natur & Garten
Riesenbeckerstr. 63
49479 Ibbenbüren

Keller Biogarten und Gesundheit
Konradstr. 17
79100 Freiburg

Ludwig Engelhart
Schloßgut Erching
85399 Hallbergmoos

BIOCO GmbH
Robert-Bosch-Str. 9
88677 Markdorf

Register

Die **halbfett** gedruckten Seitenzahlen kennzeichnen Abbildungen.

I

J

K

L

KOSMOS

Erlebnis Garten

Was Großvater noch wusste

Kaspar Huche
Neue Tipps vom Großvater

160 Seiten
160 Abbildungen

ISBN 3-440-08246-6

Der zweite Sammelband des Bestsellers „Was Großvater noch wußte" mit jeder Menge neuer Tipps aus dem wertvollen Gartenwissen unserer Großeltern. Die Themen reichen von gesunder Gartenerde über natürlichen Pflanzenschutz bis hin zu richtiger Lagerung und Konservierung. Hinzu kommt ein Spezialteil über „alte Hausrezepte" mit vielen Rezepten für Schnäpse und Liköre. Nützlich und humorvoll – das richtige Geschenk für Gartenfreunde.

ISBN 3-440-07295-9

ISBN 3-440-07398-X

ISBN 3-440-07603-2

www.kosmos.de

kosmos

Susanne Bruns
Joachim Stammer

Was Großvater noch wußte